|厦门大学人类学与民族学系田野调查报告丛书之七|

闽南山河人的社会与文化

余光弘　杨晋涛　杨洁琼　主编

目　录

第一章　导　言 ……………………………………… 余光弘　1
第二章　山河村农业经营方式的转变 ………………… 花　秦　10
　　前　言 ……………………………………………………… 10
　　一、自然生态环境和土地所有制 ………………………… 11
　　二、传统农业经营 ………………………………………… 15
　　三、现代农业的转型 ……………………………………… 19
　　四、原因及影响 …………………………………………… 29
　　结　语 ……………………………………………………… 31
第三章　山河村的荔枝种植 …………………………… 马雪婷　33
　　前　言 ……………………………………………………… 33
　　一、荔枝种植概况 ………………………………………… 34
　　二、1949 年以前的荔枝生产 ……………………………… 40
　　三、人民公社时期的荔枝生产 …………………………… 43
　　四、改革开放后荔枝生产的发展 ………………………… 48
　　五、日常生活中的荔枝 …………………………………… 55
　　六、荔枝生产的衰落 ……………………………………… 57
　　结　语 ……………………………………………………… 60

第四章　山河村的民居建筑……………………江　芬 62

前　言…………………………………………………… 62

一、民居与环境………………………………………… 63

二、民居建筑形态……………………………………… 65

三、房屋的建造………………………………………… 81

结　语…………………………………………………… 91

第五章　山河村的人口与家庭……………………梁如玉 93

前　言…………………………………………………… 93

一、人口结构…………………………………………… 94

二、家庭结构…………………………………………… 99

三、分　家……………………………………………… 106

四、奉　养……………………………………………… 114

结　语…………………………………………………… 122

附录　山河村家户调查表……………………………… 123

第六章　山河村沈氏宗族研究……………………程世全 124

前　言…………………………………………………… 124

一、沈氏宗族的源流…………………………………… 125

二、沈氏宗族的标志…………………………………… 130

三、沈氏宗族的仪式…………………………………… 142

四、沈氏宗族的组织…………………………………… 146

五、沈氏宗族的关系…………………………………… 149

结　语…………………………………………………… 154

附录一　二十四世正直祖·各房头清明节必备祭品清单…… 156

附录二　山河沈氏系谱图……………………………… 157

第七章　山河村的聚落宗教………………………张华丽 200

前　言…………………………………………………… 200

目 录

一、山河村的祠庙 ⋯⋯⋯⋯⋯⋯⋯⋯⋯⋯⋯⋯⋯⋯⋯ 201
二、祠庙的祭拜 ⋯⋯⋯⋯⋯⋯⋯⋯⋯⋯⋯⋯⋯⋯⋯⋯ 208
三、佛祖生庆典 ⋯⋯⋯⋯⋯⋯⋯⋯⋯⋯⋯⋯⋯⋯⋯⋯ 214
四、祖公生庆典 ⋯⋯⋯⋯⋯⋯⋯⋯⋯⋯⋯⋯⋯⋯⋯⋯ 216
结 语 ⋯⋯⋯⋯⋯⋯⋯⋯⋯⋯⋯⋯⋯⋯⋯⋯⋯⋯⋯⋯ 222
附录一 重修大庙碑记、庆成楹联 ⋯⋯⋯⋯⋯⋯⋯ 224
附录二 祖公生祝文 ⋯⋯⋯⋯⋯⋯⋯⋯⋯⋯⋯⋯⋯⋯ 225
附录三 2012年祖公生祝文 ⋯⋯⋯⋯⋯⋯⋯⋯⋯⋯ 226
附录四 2012年迎祖队伍排列顺序 ⋯⋯⋯⋯⋯⋯⋯ 226
附录五 迎请太始祖沈公队伍顺序排列 ⋯⋯⋯⋯⋯ 227
附录六 祖公生祭礼仪式 ⋯⋯⋯⋯⋯⋯⋯⋯⋯⋯⋯ 227

第八章 山河村的家庭宗教 ⋯⋯⋯⋯⋯⋯⋯ 铁艳艳 229
前 言 ⋯⋯⋯⋯⋯⋯⋯⋯⋯⋯⋯⋯⋯⋯⋯⋯⋯⋯⋯⋯ 229
一、家 宅 ⋯⋯⋯⋯⋯⋯⋯⋯⋯⋯⋯⋯⋯⋯⋯⋯⋯⋯ 230
二、家庭祭祀 ⋯⋯⋯⋯⋯⋯⋯⋯⋯⋯⋯⋯⋯⋯⋯⋯⋯ 235
三、家宅的厌胜物 ⋯⋯⋯⋯⋯⋯⋯⋯⋯⋯⋯⋯⋯⋯⋯ 243
四、岁时祭仪 ⋯⋯⋯⋯⋯⋯⋯⋯⋯⋯⋯⋯⋯⋯⋯⋯⋯ 249
结 语 ⋯⋯⋯⋯⋯⋯⋯⋯⋯⋯⋯⋯⋯⋯⋯⋯⋯⋯⋯⋯ 252

第九章 山河村妇女的日常生活 ⋯⋯⋯⋯⋯ 张小红 255
前 言 ⋯⋯⋯⋯⋯⋯⋯⋯⋯⋯⋯⋯⋯⋯⋯⋯⋯⋯⋯⋯ 255
一、衣 ⋯⋯⋯⋯⋯⋯⋯⋯⋯⋯⋯⋯⋯⋯⋯⋯⋯⋯⋯⋯ 256
二、食 ⋯⋯⋯⋯⋯⋯⋯⋯⋯⋯⋯⋯⋯⋯⋯⋯⋯⋯⋯⋯ 268
三、住 ⋯⋯⋯⋯⋯⋯⋯⋯⋯⋯⋯⋯⋯⋯⋯⋯⋯⋯⋯⋯ 280
四、行 ⋯⋯⋯⋯⋯⋯⋯⋯⋯⋯⋯⋯⋯⋯⋯⋯⋯⋯⋯⋯ 283
五、生 理 ⋯⋯⋯⋯⋯⋯⋯⋯⋯⋯⋯⋯⋯⋯⋯⋯⋯⋯ 286
结 语 ⋯⋯⋯⋯⋯⋯⋯⋯⋯⋯⋯⋯⋯⋯⋯⋯⋯⋯⋯⋯ 290

闽南山河人的社会与文化

第十章　山河村的生育与养育习俗 …………… 雷春香 291
　前　言………………………………………………… 291
　一、祈子习俗………………………………………… 292
　二、孕期及生产过程………………………………… 295
　三、产妇及婴儿有关的习俗………………………… 298
　四、怪胎及杀婴习俗………………………………… 302
　五、抚育婴孩风俗…………………………………… 304
　六、婴幼儿疾病的民间疗法………………………… 309
　结　语………………………………………………… 313

第十一章　山河村的医疗保健系统 ……………… 岳　圆 315
　前　言………………………………………………… 315
　一、出　丹…………………………………………… 316
　二、凉　草…………………………………………… 322
　三、民俗治疗法……………………………………… 324
　四、地方医疗体系…………………………………… 331
　五、山河村人的健康问题…………………………… 339
　结　语………………………………………………… 344
　附录一　《居民健康档案》封面…………………… 346
　附录二　《居民健康档案》表单目录……………… 347

表格目次

表 2-1　堆料成分表
表 2-2　山河村经济收入情况统计表
表 2-3　青辣椒种植物料成本
表 3-1　1999—2013 年山河村土地占有情况表
表 3-2　山河村荔枝生长周期与劳动周期
表 5-1　年龄与性别统计表
表 5-2　教育程度统计表
表 5-3　山河村家庭结构统计表
表 5-4　山河村家庭结构表
表 5-5　分家时父母存殁情况
表 5-6　分家模式统计表
表 5-7　父母奉养方式统计表
表 6-1　山河沈氏各宗祠表
表 6-2　山河村庙会理事会成员及房支关系表
表 11-1　诏安县新农合医疗费用报销规定一览表
表 11-2　山河村不同年龄段男女罹患高血压人数统计表
表 11-3　山河村糖尿病不同年龄段男女人数统计表

图片目次

图 1-1	山河村村落图	图 4-10	"五马拖车"
图 1-2	诏安县位置图	图 4-11	"五马拖车"透视图
图 1-3	山河村位置图	图 4-12	后楼
图 2-1	耕地承包合同书(1)	图 4-13	"七包三"示意图
图 2-2	耕地承包合同书(2)	图 4-14	"竹竿巷"平面图
图 3-1	1.环状剥皮;2.上泥包膜	图 4-15	高山埔带"竹竿巷"
图 3-2	荔枝运输路线图	图 4-16	"出牛腿"风格的现代房屋
图 3-3	采收荔枝的工具	图 4-17	撞杵
图 4-1	震山大寨正面	图 4-18	丁斗拱
图 4-2	震山大寨示意图	图 4-19	火星头
图 4-3	现存八卦寨寨门	图 4-20	金星头
图 4-4	现存八卦寨旧街貌	图 4-21	木星头
图 4-5	八卦寨复原示意图	图 4-22	斜脊
图 4-6	方形官印式门簪	图 4-23	各式灰塑
图 4-7	"四点金"平面图	图 5-1	人口统计图
图 4-8	下山虎	图 5-2	核心家庭
图 4-9	"下山虎"平面图	图 5-3	主干家庭

图 5-4	扩张家庭		图 8-9	祖公袍
图 5-5	分家文书之一		图 8-10	门符
图 5-6	分家文书之二		图 8-11	浴帘上的大吉
图 6-1	山河沈姓十九世雍穆祖至二十五世世系简图		图 8-12	八卦与大吉
			图 8-13	剑狮
			图 8-14	剑狮
图 6-2	震山祖祠外观		图 8-15	过厅彩
图 6-3	震山祖祠内厅		图 8-16	石敢当
图 6-4	震山祖祠内之奇柱		图 8-17	笔尾
图 6-5	大夫第		图 8-18	毛笔、葫芦、照镜和八卦
图 6-6	怡和公厅			
图 6-7	沈氏家庙远景		图 8-19	模具
图 6-8	文山祖祠外观		图 9-1	老人发髻上的铁簪和耳勺
图 6-9	文山祖祠内厅			
图 6-10	叶太恭人祠		图 9-2	头钗
图 7-1	村庙简图		图 9-3	麻绳状的银手镯
图 7-2	大火烛		图 9-4	短衣斜襟
图 7-3	游火烛		图 9-5	长裤
图 8-1	太极		图 9-6	工分票
图 8-2	八卦		图 10-1	银牌
图 8-3	谢土用品		图 10-2	箍铜锁
图 8-4	供品		图 10-3	狗尾巴草
图 8-5	三界公炉		图 10-4	鸡屎藤
图 8-6	供奉祖先		图 10-5	桃心叶
图 8-7	供奉祖先		图 10-6	竹心叶
图 8-8	供奉祖先		图 10-7	金不换

图 10-8　竹子菜
图 11-1　化骨符
图 11-2　诏安县新型农村合作医疗证
图 11-3　草药医生沈美顺主治疾病
图 11-4　草药医生的药瓶
图 11-5　山河村不同年龄段村民罹患高血压频率图
图 11-6　山河村高血压患者不同年数病史频率图
图 11-7　山河村不同年龄段糖尿病患者频率图
图 11-8　山河村糖尿病患者不同年数病史频率图

第一章

导　言

◎ 余光弘

　　山河村①是诏安县西潭乡所属的一个行政村,原名山宝雷 suā a lui,诏安县城在其南南东方约 10 公里处,西潭乡治所在则在其南南西方约 4~5 公里处。虽然距离县城及乡治均不远,山河村与外界的联系却并不方便,甚至可能是今不如昔;在村境之东及南流过的东溪及其支流,昔时曾经提供水运之利,但近年由于河道淤浅,早已不能行船。不再有水运之利后,至今山河村只能仰赖并不平整的乡村道路与外界联系,也未有公交车路线经过,提供村民经济的交通运输。尽管厦深铁路东西穿越村境,村民利用的并不多,主要还是依靠私人拥有的小轿车与摩托车,循道路东南行往县城及漳州、厦门市区,或西行接连汕头、广州。

　　山河村属南亚热带海洋性季风湿润气候,气候温和,年平均温 22℃,无霜期长达 360 天,月平均降雨量 144 毫米。山河村域是平原略带丘陵的地貌,地势从西北向东南倾斜,西北部为鸡笼山形成的丘

---

① 以下对于山河村的概况介绍是抄录或改写自福建省历史文化名村——诏安县山河村(山宝雷村)编委会 1999。

陵地带，东南部为东溪流域的冲积平原。村庄周围山环水绕，内部则池塘、河港星罗棋布，水源充沛，土地肥沃，田野广阔。全村现有田地1401亩，园地668亩，果林地360亩，主要作物除水稻外还有荔枝、青梅、李子等水果，及甘蔗、林木等经济作物；其中荔枝、青梅最为重要，2010年有荔枝林450亩，年产量60万公斤，青梅林340亩，年产量50万公斤。

2013年山河村居民户数大略的统计是810户，人口数约3100人。诏安向有"沈半县"之称（福建省诏安县地方志编纂委员会1999:1097），全县人口以沈姓者占多数，山河村即是沈姓的单姓村。据村中流传的族谱记载，山河村远在清代康熙初即已建村，沈氏族人在此生息繁衍三百余年，其中人才辈出，以沈之骁与沈宝善父子最为后人称道。2012年1月山河村荣膺第四批"福建省历史文化名村"之称号，2014年12月，入选第三批中国传统村落名录。

我们会选择山河村做为田野点是基于一个极为特别的机缘。2013年2月我徙居厦门大学校园内的周转房，甫迁入九日即遭梁上君子光顾，故急找人装设防盗网。经营防盗网的林毅先生因此带工人到家丈量门窗尺寸，工人忙碌时我与林先生攀谈；知道他是漳州人后，我告以每年暑假均会带学生在漳州的农村做田野调查实习之事，并出示已出版的成果璞山、顶城、北山等调查报告。林先生略翻阅后大感兴趣，提议我该年的调查就到他的故乡诏安去。原来林先生还是诏安县厦门流动党部的书记，所以在诏安有丰富的人脉资源。5月时我再与林毅先生联系，他立即向中共诏安县委常委、组织部的江智诚部长报告，我们赴诏安踩点时，江部长就指示吴建华副部长及林东明科长引导我们前往"福建省历史文化名村"的山河村。在与时任村书记的沈耀喜及村主任沈琼雄两位先生初步沟通后，我们极为他们的诚意与热情感动，立刻选定山河村做为我们暑期田野调查实习的田野点。

事后证明我们的选择非常正确。当时山河村两委不仅在有限的村财中挪出经费，为我们每人购买一张新床、整修村部原本闲置的房

第一章
导　言

间做为我们的卧室、添设卫生间诸如热水器等的设备，让我们得以"安居乐业"。我们在山河村停留期间，平常的照拂也可说无微不至，经常赠送水果为大家解暑，更能设身处地不待我们提出要求即先解决问题。例如某日得到通知隔日全村将停水停电，我们正愁如何在无水无电的状况下挨过漫漫长日时，琼雄村主任适时出现，告诉我们山河村两委已组织数名村民，隔日开车带我们到诏安的名胜九侯山、悬钟村的关帝庙游览。原本难过的一天竟然转变成愉快的出游，并与同行村民在较频密的互动中增进感情。

　　我们在山河村的调查始于2013年6月14日，在7月28日结束返回厦门，前后共45天。调查队由厦门大学人类学与民族学系的杨晋涛教授与我领队，参加的学生（及其负责的研究主题）有2012级的硕士班学生花秦（农业）、马雪婷（荔枝种植）、江芬（民居建筑）、梁如玉（人口与家庭）、程世全（宗族组织）、铁艳艳（家庭宗教）、张小红（妇女生活）、雷春香（生育与养育习俗）、岳圆（医疗保健）、魏本嫒（老人福利），及2011级硕士班学生杨洁琼（婚俗）。2012级的博士班学生厦门籍的钟鹭艺是随队的闽南语翻译，并未有特定的调查研究主题；队中还有一名成员是鞍山师范学院思想政治理论课教学科研部的讲师张华丽，2012年7月至2013年9月到厦门大学访学，听闻此一调查实习要求加入，负责搜集聚落宗教的资料。

　　除魏本嫒未按规定做完调查，提早离队，以及杨洁琼在调查期间严重摔伤，必须离队返家休养，两人因此未能完成田野调查报告外，参加田野调查实习的其他学生都在2013年9月完成报告初稿。他们完成的初稿，在杨晋涛教授与我多次的审阅并提供修改意见后，再三再四的改写，才逐渐形成定稿。现在丑媳妇要出来见公婆，我们的调查成果终于出版了。必须声明的是本书的出版并非代表所有学生的报告都能达到严格的学术水平，而是对于他们在炎夏溽暑中，在一个半月内每日马不停蹄地在山河村中搜集资料，以及其后整理资料、撰写报告和一再改写报告，种种的辛劳和努力的奖励。当然本书也能为山河村的社会文化各层面留下一些记录，中国农村正面临激烈

闽南山河人的社会与文化

变迁，或许本书保存的一鳞半爪，就是未来要了解山河人祖先文化智慧的唯一资料。

我们在山河村搜集资料的过程中语言是一个很大的障碍，很可能造成资料的效度（validity）问题。克服语言问题本来是人类学田野调查中必须面对的，也是我们历年田野调查实习中实际遭逢的困难之一，不过在南靖、东山、金门、华安等地，我个人或闽南籍的同学总能多少施以援手。但 2013 年的问题却显得更为突出，首先是田野调查队的主力 2012 级的硕士生中全班没有一位会讲闽南语的，虽然特别征召厦门籍的博士生钟鹭艺加入，不料山河人操的闽南语与厦门及台湾的闽南语竟然存在沟通上的困难。我们曾在山河邂逅一位漳浦人，他听我与鹭艺的对话后大为兴奋，他说他在山河打工两年才约略能听得懂一些山河的闽南语，听我们两人的对话则绝无挂碍。虽然学生都能尽力发展关系，找到山河村人在访谈中担任翻译，我却无法如同往年一般，在阅读他们报告时为其中的关键词注音做把关的工作，也因此本书的土语拼音并未做统一，常是学生各自寻觅熟悉闽南语拼音的同侪代为标注的。这是引用本书的资料时必须特加留意的，也希望发现其中讹误的学界先进及诏安乡亲能够不吝指正。

本书得以出版必须感谢很多单位及人士的大力支持。在田野调查期间，我们得到山河村广大村民及村两委干部的热情接待与协助，是我们调查工作顺利完成的最主要助力，山河乡亲的情谊我们会铭记在心。虽然我们在山河村时很多乡亲提及希望这本书的书名是《闽南山宝雷人的社会与文化》，而非《闽南山河人的社会与文化》。考虑到本书或可为"山河历史文化名村"未来的宣传产生一些助力，书名与正式行政区划的地名自然不宜有异，故还是采用后者为书名，敬请山河乡亲能够理解包涵。

在调查期间我们也得到漳州市、诏安县各级领导的支持，漳州市政协杨银玉副主席、文史委涂志伟主任多次过问与关心；诏安县政协主席李南泽、原副主席黄艺敏、文史委主任沈惠德，多次深入山河村，十分关心支持，协调解决调查中的问题。中共诏安县党委常委、组织部江智诚部长除引介我们到山河村外,还多次派遣吴建华副部长及林东明科长前往山河探视我们。西潭乡党委及政府领导更是从各方面为我们的调查提供各种支持和方便。对于上述领导及干部的关怀与协助,谨在此表示最深的谢意。

我们还要感谢厦门大学研究生院,提供调查经费给我们。更要感谢资助出版经费的山河村两委,以及市、县政协文史委的大力协助,西潭乡党委萧华顺书记的重视支持,使得本书得以顺利出版。附录的两张地图是程世全同学所改绘,山河村村落图的原图取自《福建省历史文化名村——诏安县山河村(山宝雷村)》;山河村在诏安县的相对位置图之底图则取自百度的地图。

参考文献

福建省诏安县地方志编纂委员会(编)
 1999 《诏安县志》。北京:方志出版社。
福建省历史文化名村——诏安县山河村(山宝雷村)编委会(编)
 2011 《福建省历史文化名村——诏安县山河村(山宝雷村)》。

闽南山河人的社会与文化

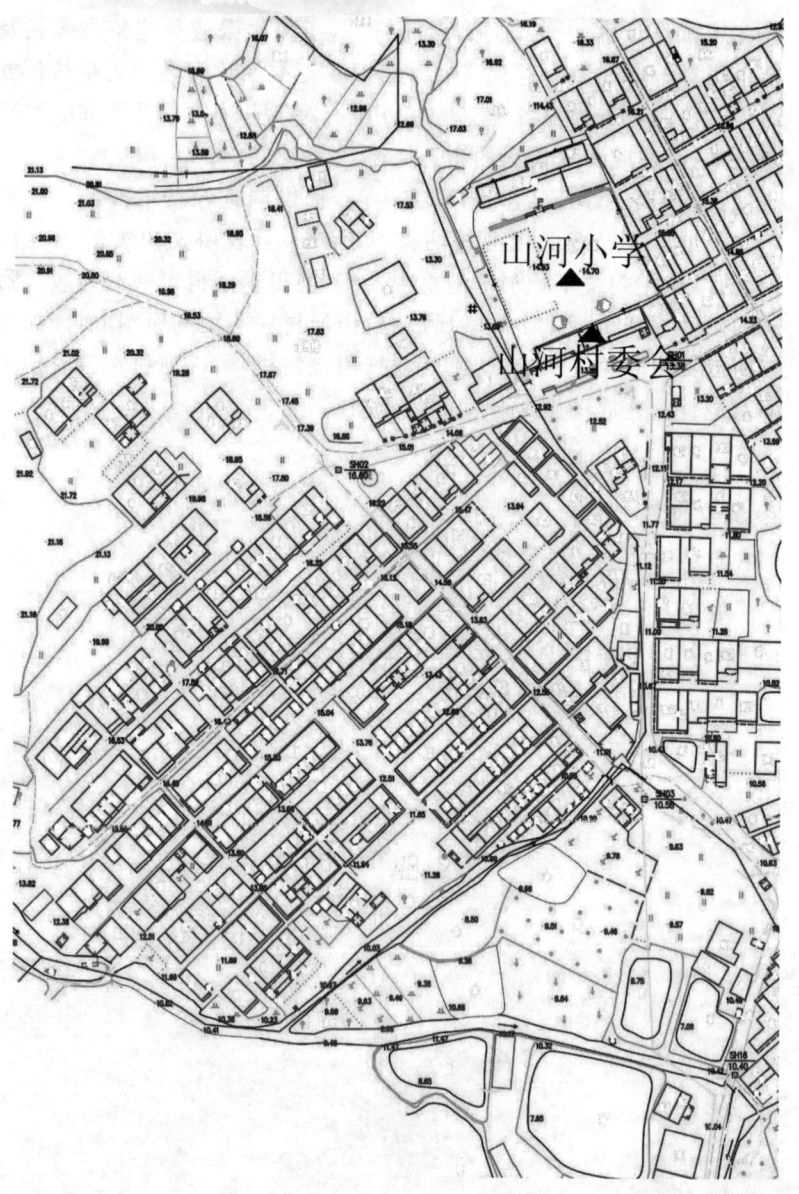

图 1-1　山河村村落图

第一章 导言

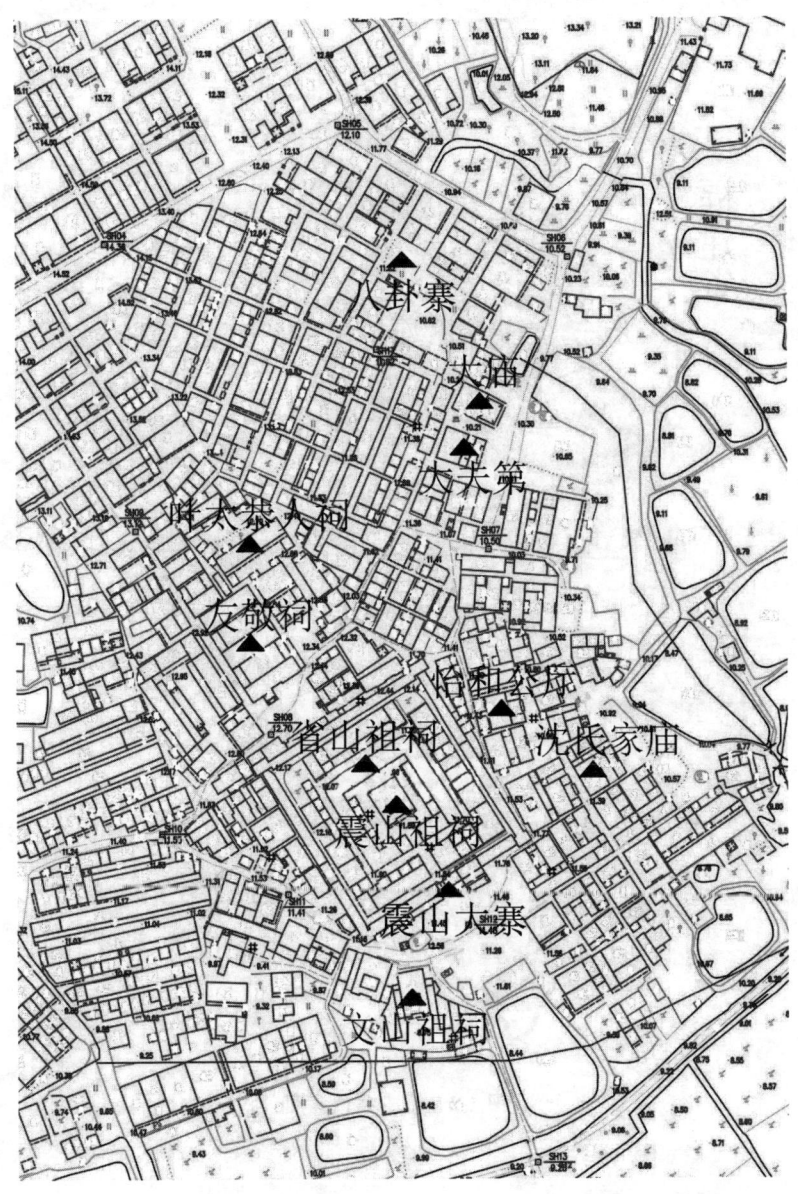

闽南山河人的社会与文化

图 1-2 诏安县位置图

第一章 导言

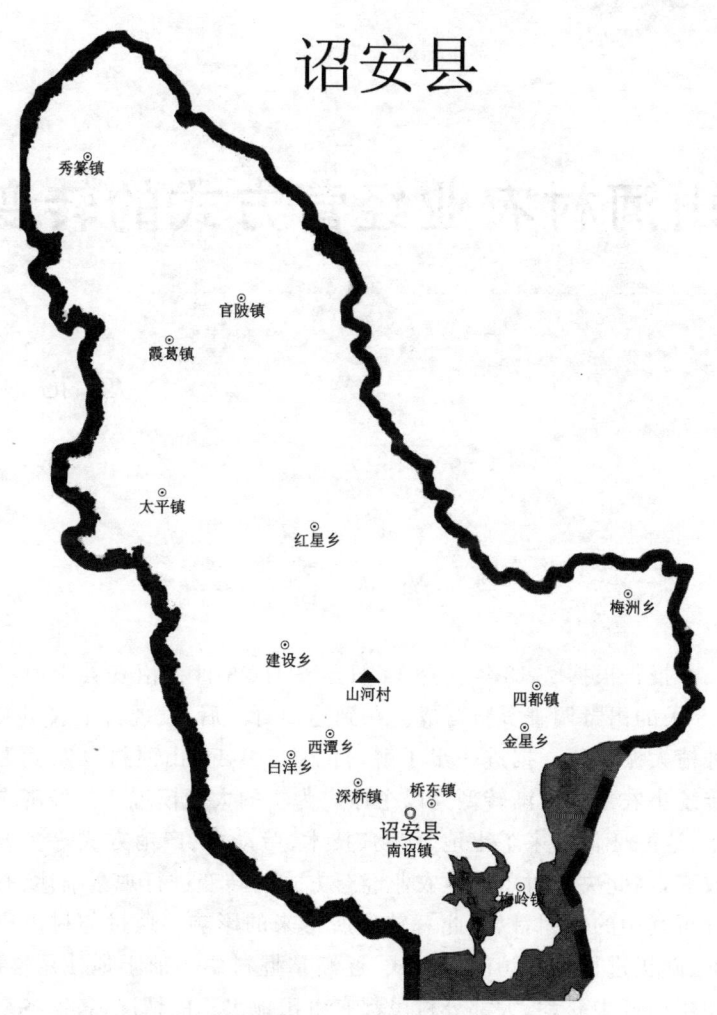

图 1-3　山河村位置图

第二章

山河村农业经营方式的转变

◎ 花　秦

前　言

本报告根据 2013 年 6 月 14 日至 7 月 28 日在诏安县山河村为期 45 天的田野调查资料写成。在到达田野点后,发现村中农田大规模种植大棚蔬菜。据进一步了解,自 2009 年起,山河村以家庭为主的传统小农经营逐渐转型为以个体户为主的大规模现代化经济作物栽培,这一变化带来了土地、作物、技术、劳动力、产销方式等多方面的改变,因此决定对山河村农业经营方式的转变进行观察描述,并试图分析其中的原因,以及此一转变所带来的影响。通过与村民广泛交谈、随机进行家户访问等方式,逐渐掌握村中当前土地使用情况。从初步访谈中获悉,大部分村民都有将田地出租的情况,各家各户租出的面积虽不尽相同,但是租赁对象却集中在少数几位村民,其后与这几位租地者进行交流,从而获知他们各自是如何进入大规模经济作物种植这一领域,以及如何使其经营良好运作。涉及农业经营方

第二章
山河村农业经营方式的转变

式的转变这一问题,转变后的现况可以通过参与观察、深入访谈来了解,对于转变前的情况则只能通过访谈来获取资料。虽然村中土地登记册对土地租赁多少有些记录,但是具体到每家每户租出的面积却没有详细资料,只能通过对出租者的访谈获得相关数据。

本章共分为六节,除前言和结语外,第一节介绍山河村农业发展的基础条件,包括自然生态环境和土地所有制。第二节对传统农业形态进行描述。第三节叙述现代农业经营情况。第四节在前文的基础上分析这种转变发生的原因以及它所带来的影响。

一、自然生态环境和土地所有制

农业生产的先天条件包括土壤、气候、水文等基本要素,农业的经营方式又受到劳动力、灌溉水源、畜力、耕种技术、基本生存需要、经济效益等后天因素的影响。山河村在农业发展过程中,自然环境和土地所有制都在平稳之中略有变化,本节简略介绍山河村自然环境和土地所有制的情况。

(一)自然生态环境

诏安县位于福建省南端与广东交界处,有"福建南大门"之称,东接云霄县,西邻广东省饶平县,北有平和县,东南与东山县隔海相望,总面积1247.29平方千米(诏安县志编纂委员会1999:1)。西潭乡位于诏安县西南,山河村在西潭乡东北方向,村庄地貌较为简单,平原附带小丘陵。地势从西北向东南倾斜,西北部为鸡笼山形成的丘陵地带,东南部为东溪流域的冲积平原。东溪是诏安县的"母亲河",同样也为山河村提供基本的灌溉水源。此外在村落与田园连接处,又有两条汇聚群山泉流的小河,一条位于村庄外西侧,另一条从村庄内经过缓缓南流,与东溪支流交汇。山河村属于亚热带海洋性季风湿润气候,四季如春,气候温和,年平均气温22℃,无霜期360天,月平均降水量144毫米。村庄内部水源充沛,土层较厚,土壤肥沃,田

11

闽南山河人的社会与文化

野广阔(上引书:85)。这样的自然环境为村庄发展亚热带作物和水果提供了良好的条件,盛产稻米、甘薯、花生、甘蔗等作物,以及荔枝、青梅、李子、龙眼等水果。

(二)土地所有制

1951年,山河村与龙坑村合为龙山乡,土地改革工作队进村丈量土地,进行土地改革,昔时的佃农都获得土地,达到耕者有其田的境地。土地改革之后,农民手中拥有了土地,但是牲畜、生产工具严重缺乏,仅仅依靠农民家庭式的经营无法保证生产。1952年,村民通过自愿合作形成"互助组",暂时解决生产资料不足的问题,但因为"互助组"规模小、不固定,无法彻底解决生产问题。1953年,国家下达对粮食资源进行统购统销的计划经济政策,即国家对粮食进行计划收购和计划供应,要求农民将生产的粮食卖给国家,再由国家对整个社会的粮食需要统一分配供应。农民的生产以交付粮食为基本农业生产目标,如何能够按时按量完成生产任务成为农民的第一要务。为保证交粮任务的顺利完成,村里于1955年和1958年先后成立初级合作社和高级合作社,走上集体化生产道路,社员私有的主要生产资料归合作社集体所有,并组织集体劳动。劳动以生产队派工为主要方式,全村分为12个生产队,以生产队为单位统一进行农事劳动,生产队将任务划分到每个生产小组,再由每个生产小组自行耕种,每人按照劳动量赚取工分,女性每日8个工分,男性每天10个工分,年终结算,整个生产队的收入减去成本之后,结余的收入平均后制定出一个工分的价值,基本上一个工分折合为3角到5角钱;再按照工分结算,多劳多得,少劳少得,有些人工作量不够,其工分不抵分得的粮食,便要以现金给生产队补足差额。集体耕种的方式并不能调动村民生产的积极性,常出现出工不出力的情况。因此生产力低下,生产队的经营效果越来越差。

不过此一时期山河村发展值得肯定的是村中水库的建设,1959年村民自筹资金,加上主管部门的支持,由群众投工投劳在鸟田修建

第二章
山河村农业经营方式的转变

水库,并于1960年完成,水库的兴建解决了一般土地的灌溉问题,确保了农户丰收。1959年至1963年,村中先后建成中小型水库11个,包括乌田、牛脚人、乌猪坑、三丘田、雷打坑、汉巫坑、虎空仔、蟆古石、了坑、龟相拉、大埔坑,为之后的农业发展奠定了良好的基础。

随着国家分田到户政策的推广,1979年起诏安农村均实行包产到组、包产到户、联产承包等农村经济体制改革。山河村也于此时开始小规模分田到户的尝试,到1981年时全部田地分配完成。土地划分时是由村委会指挥,各生产队具体执行,将每个生产队的土地划归给个人,凡是在1980年11月15日12:00前出生的村民都可分得土地。全村的土地经过丈量之后,不同质量的土地分别划分成为13个片段,其中一个片段做为机动土地,以便进行多退少补(抽补),12个生产队抽签决定各自拥有的土地,好坏搭配。各生产队抽得的土地由其内部再进行划分,丈量后也根据土地质量的不同进行二次划分,具体方法是用每种质量的土地总面积除以队里的总人数,再经过抽签决定各自的土地位置,从而将土地划分到个人。经过一年时间基本上划分完成,平均每人分到5分水田和3分旱地。此外农具也进行分配,村民可保留个人的锄头、桶等简单的用具,但犁、耙、兑子须交由集体统一分配,将这些农具分别进行定价,工具的名称写在纸上然后抽签,抽到工具的村民支付相应的价钱购得此工具,这些村民购买工具所支付的钱再分给未抽到工具的村民,以确保分配的基本公平。

1983年发生"4·9"洪灾,从4月9日起特大暴雨持续三天,降水量达到483毫米(诏安县志编纂委员会1999:111),农田受淹严重,所以重新划分土地,并从原来的12个生产队合并为9个生产队,土地经过重新丈量后再分给生产队,由每个生产队自行分配给各个村民小组,小组再按人口分地给各户,人口数根据当时划定的出生时间为准,已出嫁的女儿无权分配土地。1985年到1998年,土地的所有状况基本未发生变化。

1999年,漳州市农业局统一印制更换新的耕地承包合同书(图

13

闽南山河人的社会与文化

2-1、图 2-2），明确登记承包期限、承包面积、四至、具体权利义务等，本文所述的现代农业经营中土地承包也是以此耕地承包合同书为依据。以下仅就水田、旱地分配情况做一介绍，有关村中山林、果树等的分配情况，可详见本书马雪婷所写《山河村的荔枝种植》一章。

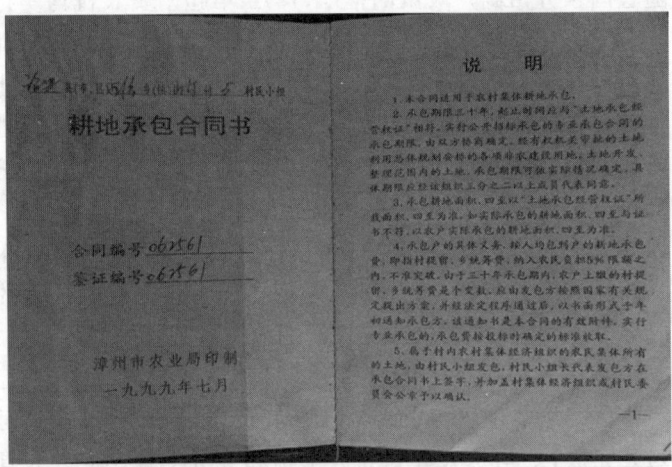

图 2-1 耕地承包合同书（1）

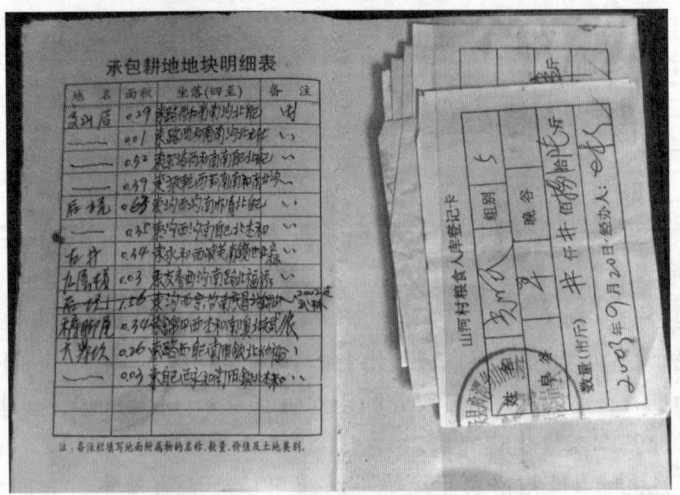

图 2-2 耕地承包合同书（2）

二、传统农业经营

传统农业是自给自足的小农经营方式,尚未摆脱"靠天吃饭"的模式,因此自然条件成为农业生产最重要的因素。分田到户前后至20世纪90年代初期传统农业的经营在产量和质量上虽有所提升,但未从根本上改变其经营的固有模式,依旧呈现土地不集中、分散经营、产量低的特点。

(一)稻米的种植

稻米是传统的粮食作物,村民的饮食习惯是早、中餐为稀米粥,晚餐为干饭,或者早餐为稀米粥,午、晚餐为干饭,这样的饮食结构也决定了稻米在从事农业生产的家庭中占有重要位置,虽然目前山河村稻米种植仅限于后坑,但过去种植稻米是相当普遍的现象。以往山河村大多数田地均可种植双季稻,即早稻和晚稻,两季品种相同,早稻在清明节前18～20天下种,生长期通常在阳历3—7月;晚稻在早稻收完之后下种,生长期从7—10月,无论早晚稻,在稻米的整个生长期内都需要时刻关注其生长情况,一方面按时施肥提供养分,另一方面适时处理病虫害。村民使用的肥料为复合肥及尿素的混合物,肥料浇灌过多或不及均会损害稻苗,影响产量。蚊枯病、稻飞虱、稻穗菌的预防和治理也是确保收成的关键,其中蚊枯病最为致命,如果水稻得了蚊枯病就会像被开水烫过,必须及时使用井冈霉素以防进一步损害。稻飞虱是在温度连续出现25摄氏度以上的高温时出现的一种病害,这种虫子会蚕食稻秆,标正速刺吡虫啉和敌敌畏的混合物可以很好地扼制虫害的发展。水稻出穗时要及时用三环挫抗菌,否则30天之内稻穗会全部死光。由于土地肥沃,灌溉相对便利,山河村的稻米产量较为稳定,亩产可达到1200～1300斤。收割时,后坑因地势起伏需要人力收割,而其他地点均联系收割机,以每亩100～110元的价格收割。村民将一部分稻谷直接出售,另一部分留供自家食用。

(二) 其他传统作物的种植

除水稻外，地瓜、甘蔗、花生也是山河人重要的传统作物，作物的种植受到天气、地理等自然因素的严重限制，早稻的种植要根据农历正月、二月份的雨水量决定，如果降水量少，便无法种植水稻，改种豆类、花生等耐旱作物。在风调雨顺的年份，清明前后是农事繁忙的时期，惊蛰过后花生进行栽种，清明前后十几天要进行早稻插秧，清明时节种植甘蔗，经过这一段时间的集中农事劳动后，农民可以享受农事相对清闲的时间。到7月份又要开始忙碌，早稻和花生相继收获，花生收完之后种植地瓜，同时晚稻也要及时种植，到农历十一月晚稻、甘蔗都到了收获期。

花生可以充当零食食用，也可以用来榨油，还可以加工成各种糕饼的馅料，是山河人种植较多的作物。花生一般在3月份播种，7月中旬收获，各家除留一部分食用外，基本都出售给到村中收购花生的龙坑商人。

甘蔗是制糖的主要原料，也是居民饮食中的必需品。20世纪50、60年代，岑头有糖厂榨制红糖和白糖。20世纪80年代，诏安县花墩大糖厂开榨，村民将甘蔗卖给糖厂制成糖出售，但其经济价值较低，每百斤仅能卖到15~16元，且费时费力，致使甘蔗的种植逐年减少。糖厂的倒闭也导致甘蔗种植的消失，现在村中已经无人种植甘蔗。

地瓜是山河人重要的粮食作物，与稻米交替成为饭桌上的主食，或将之与稻米混合制成地瓜饭食用，也可以制成地瓜干、地瓜粉出售或食用，至今依旧是村民种植的重要粮食作物之一。

(三) 黄麻、蘑菇的种植

为了增加收入，山河村农户尝试收益较好的经济作物进行栽种，如黄麻、蘑菇的种植。诏安山区的官陂、秀篆为黄麻的主要产地，出

第二章
山河村农业经营方式的转变

产的黄麻籽成为诏安外销的大宗农产,长期以来供需稳定。20世纪80年代初期,福建农林大学作物科学学院在诏安县推广黄麻的种植,并将《怎样种黄麻》一书发放到村中,组织村民学习,当时供销社每年定时收购,使得黄麻籽有稳定的销量,另一方面极高的经济利益也促使村民进行尝试。1982年,山河村里少数人开始在田间地头的边角地种植黄麻,黄麻的生长需要的水量少,山河村冬季雨水少,适宜其生长。据推算,当时一亩地可收500斤,以每斤4元的价钱出售,每亩地便可赚取2000元。当时一头耕牛仅值500～600元,可见黄麻的经济效益极高。经济利益的刺激以及稳定的销售渠道使得村民敢于进行扩种,但1983年供销社不知为何并未进行收购,致使大量的黄麻滞销损坏,同时因为夏种秋收的黄麻耽误了当年晚稻的种植,造成双重的损失,村民自此便不再种植黄麻。

与黄麻不同,真正成为村民普遍尝试的第一种经济作物应该是蘑菇,山河人所种的蘑菇就是被称为草菇的品种,是一种优质、高产的食用菌,广销国内外市场。20世纪80年代中期,蘑菇生产已经成为山河村一项成规模的重要副业,温和的气候和充沛的雨量也有利于蘑菇的生长。1986年,蘑菇一斤可以卖到3.8元,每平方米可产30～40公斤,经济效益让村民开始尝试种植。至1990年,全村80%的家户都有不同规模的种植,最大的可达2000平方米。到1994年收购价格基本还能维持在每斤2元以上,但到1995年春天收购价急剧下跌至0.7元。据村民推测,其原因可能是受到1997年亚洲金融危机的影响。之前面向日本的蘑菇出口量锐减,村民也因此遭受到损失,且这一说法在时间上有矛盾之处。经查阅相关统计资料,1995—1996年蘑菇产季,整个诏安县冬季蘑菇栽培面积已达1000万平方米(福建省诏安县农业区划办公室1998),推测蘑菇供过于求是导致价格骤跌的主要原因。

蘑菇种植无疑是劳动密集型产业,需要投入大量的人力物力,复杂的工序也耗费大量时间。蘑菇的生长要经过堆料—发酵—入棚—施肥—除草—喷药—采摘这些阶段,山河村多用的堆料是由稻草和干牛粪混合而成的发酵草料做为培养基(具体配比可见表2-1),这种类型是蘑菇种植中最为传统也是历史最久的,每堆发酵草料的总量不得少于800斤,否则堆形太小,不利堆温的升高和保持,如此大的用量需要平时收集、储藏,等到适当的季节集中进行堆制发酵,通常采用一层稻草一层干牛粪的顺序依次堆积,一周左右翻堆一次,经过一个月左右、四到五次的翻堆,发酵基本完成,此时微生物生长充分,培养料发酵均匀,用刀将发酵成熟的培养料切成3～5厘米的碎草段待用。在等待发酵的一个月时间里要在田间搭设大棚,棚架采用竹子搭设,每两根一组,分别将一端插入土中另一端用绳子绑紧链接,使之成为拱形骨架,骨架上覆有塑料膜,膜上再铺上稻草,直至棚中不透光,以满足蘑菇生长避光、潮湿、通风的条件。棚内的布置考虑到合理利用空间和便于管理采收两方面的因素,一般一间棚内搭设三行床架,靠棚壁的两行单侧采摘,宽约1米,中间一行两侧采摘可宽至1.8米。堆料在进棚时,先一堆一堆放在床架上,不急于马上摊开,每间大棚尽可能一次进满堆料,确保一棚内蘑菇可以在同一温度下生长。进棚完成后就要开始放置菌丝,等到生出菌丝之后的20天盖上细土,并根据土壤的干湿情况适时喷水,当蘑菇长到2～3.5厘米时要及时采摘。采摘时要用锋利的小刀将蘑菇的根部切掉,防止撕裂菇柄,达到收购标准的蘑菇早上能采摘的绝不留到下午,下午能采摘的绝不留到第二天,以免因为高温环境使得伞叶变薄,降低品次。采摘后的土壤要及时喷水,并在留下的空洞内填上细土。

  1993年蘑菇销量很好,有的收购者直接到田间收购刚采摘的蘑菇,种植户自家的人力往往不足以满足巨大收购量,故常以"帮工"的形式找村民帮忙。在这种情况下不用付给工钱,只要请采摘者吃饭即可。除销售新鲜蘑菇外,也有将蘑菇用盐巴煮熟后腌制加工成半成品出售的方法。1993—1994年半成品一顿可以卖到12000元,1994—1995年骤跌至1800元。也正是从1995年起,村中不再有人种植蘑菇,积压下无法出售的蘑菇各家只能顿顿食用,搭设棚子用的竹质棚架被用来烧火,覆膜也以每斤0.5元的价格贱卖。

表 2-1　堆料成分表

成分	用量
稻草或麦秆	500 斤
牛粪(干)	500 斤
硫酸铵	10 斤
尿素	5～6 斤
过磷酸钙	5 斤
碳酸钙或石灰	15 斤

　　从 20 世纪 80 年代开始实行农村土地家庭承包责任制到 20 世纪 90 年代实行多种经济作物的尝试种植，获得土地的农民强烈的生产激情迸发出来，生产积极性被充分地调动起来，农村社会经济有了一定的发展。同时，社会主义市场经济的逐步建立，以家庭联产承包责任制为核心的农村生产经营体制逐渐暴露出一些缺陷，小农户经营难以满足市场经济下大规模生产的需求，分散的土地、落后的生产技术，以及机械设备与科学管理方法的缺乏，使得传统农业经营在市场经济环境中越来越处于劣势地位。随之而来的是农户外出打工寻求新的发展，劳动力外流成为山河农业向现代农业转型的一个被动因素。

三、现代农业的转型

　　在市场经济条件下一旦出现供大于求的情况，农户便会受到影响而蒙受损失，稻米、地瓜、花生等传统作物，便会重新成为农民在遭受损失之后寻求稳定的出路。经历不同经济作物的种植之后，山河农民重新将传统作物的种植做为经济来源，但是这种情况无法达到致富的目标。20 世纪 90 年代，村中开始有少数人出外打工，部分土地抛荒。这一转变致使粮食种植的经济收益在村民收益总量中所占的比重逐年下降,而副业逐年增长,尤其是在20世纪90年代末至21世纪初急速增长。根据山河村刊印的《诏安乡土大观系列丛书——山河村历史文化丛书》中经济收入情况统计,可清晰地看到此一转变。部分未出外打工的村民,利用抛荒的土地,开始进行季节性小规模蔬菜种植,寻求更大的经济利益。

表 2-2　山河村经济收入情况统计表

	粮食作物	经济作物	副业
20世纪60年代	60%	30%	10%
20世纪70年代	60%	25%	15%
20世纪80年代	50%	30%	20%
20世纪90年代	45%	35%	20%
21世纪初		40%	60%

(一)季节性小规模蔬菜种植

村中依旧从事农业生产活动的村民以栽培传统作物为主,一些农户利用两季水稻的间歇期,租种土地进行经济作物的规模化种植,承包方式机动灵活,并呈现出季节性的特点。这种农业经营模式只有个别农户从事,可做为承包经营的初始尝试。沈振顺自2000年起,以这种季节性租种的方式种植芥菜,起初仅利用自家田地和亲戚邻居家抛荒的土地,后来种植面积一度扩大到40多亩,范围也扩至村中其他家户的土地,在10月和6月种植两季芥菜,经过两年的尝试摸索,芥菜种子每斤50元,夏芥菜每亩需要1斤种子,产量为2000斤,而冬芥菜只需要10克即1元种子便可收获8000斤,故决定放弃产量较低、质量较差的夏芥菜,因循芥菜喜寒的特性,专门进行冬芥菜的种植。到2003年开始有计划地进行大规模栽种,每年在晚稻收割之后通过口头协议的方式进行土地承包,种一季芥菜之后

第二章
山河村农业经营方式的转变

将土地交还出租方进行水稻种植。承包来的土地较为分散,租期也有所不同,除几亩因主人长期在外打工而抛荒的土地可以进行长期租种外,其他都是短期租赁。土地因地力的不同,价格也有差异,每亩从 600 到 800 元不等,例如门前位于山河村东南,土地较为肥沃,且地势平坦,耐旱性强,地下保湿率高,又符合芥菜生长所需的含土量高、含沙量少的要求,所以位于门前的农地租赁价格相对较高。后坑地处村西,土地黄土含量高,上层是黑土下层是黄土,肥力不如门前的土地,价格相对较低。

  在种植芥菜之前,先要由人工或者机器进行除草,用容量 20 公斤的水桶混入除草剂进行仔细定向喷洒,并将田地整成成排的沟垄,沟宽 30~40 厘米,垄宽 50~60 厘米,与此同时要开始育苗工作,将一块土地分为 4 厘米×4 厘米的方格,然后将种子埋入,当芥菜长出 3 片左右的叶子时便可移栽至除过草的田里,每一垄上种两排,这两排分别距垄边 15 厘米,两排中间间隔 30 厘米,每两株之间间隔为 30 到 40 厘米,种下后定期施复合肥,每 7~10 天进行一次,将肥料用定量器皿均匀浇洒,除草剂也要在种下后的 15~20 天进行喷洒,且要避免撒到芥菜之上,除草也可以持小刀割除,在生长期内要视生长情况进行喷药杀虫或者杀菌,视病害情况进行处理。害虫食用芥菜叶,而病害会使菜叶腐烂,所以对于病虫害要以预防为主,整个种植期要喷药 3、4 次。灌溉水源包括自然灌溉和抽水机两种,当雨水充足的年份,沟里的水和雨水或泉水便足以保持水分,在旱年时要打井用抽水机抽取地下水进行灌溉。经过 75~90 天的生长,在农历的 2 月中旬或者 3 月初芥菜便可收割。整个种植期内的工作都交由工人作业,承包人须在村中自行联系,其中一部分工人逐渐固定。芥菜有专人进行收购,主要销往广东澄海。低投入高产出的性价比、灵活的租种方式、相对成熟的种植技术、稳定的销路、促使沈振顺的芥菜种植维持十年之久。

  与芥菜种植相类似的还有马铃薯的种植,不同的是承包土地种植马铃薯的并非本村人。在冬季稻子收完之后,承包者租赁部分后坑土地种植马铃薯,承包面积达数百亩,农民比较乐意将土地租出,一方面因为在农闲时可以通过土地出租收取租金,另一方面土地在马铃薯收获之后不用翻地便可直接种植水稻,省时省力。因本文主要记述山河村农业经营方式,故此处对非本村人的马铃薯种植不拟多做介绍。

(二)大规模青辣椒种植

以芥菜和马铃薯为代表的季节性小规模蔬菜种植初步呈现出土地集约化、规模化生产,但真正使山河村农业经营向现代农业转变的应该是2009年以后大规模的蔬菜种植。

2009起,村中开始出现大规模承包土地的现象,土地从各家各户分散经营转变为集约化生产经营,并逐渐突破原本农户土地经营规模小、农业生产率低下、生产成本相对较高、地块零散分布、生产技术落后、收入少等方面的限制。造成这一变化的原因有两个方面,其一是劳动力外流致使村里人口年龄结构改变,造成有效劳动力不足,在土地总额不变的情况下,土地成为一种富余资源,土地所有者失去议价地位,使得村中有经济资源和能力的人可以以低廉的价格承包使用这些土地。另一方面,村中一些较早出外打工的人获得基本资金积累后,产生回到村中从事大型农业生产的想法。

目前村中承包土地主要是用于大棚青辣椒的种植,以下从选地建棚、选种育苗、定植、田间管理、果实采收等方面对辣椒的种植进行介绍。

1. 选地建棚

选择肥沃、平坦、灌溉方便的土地进行机械化平整,铲去原来的田埂,并按规划预留新的田埂,以便收获时小货车可停靠在离收获点较近的田埂边装车。机器翻土、松土后,留出宽度1.5~1.7米的垄,并在垄上覆膜。搭建无立柱大棚,其骨架材质为竹质或者钢质,每两根的一端在顶上对接缚紧后,另一端插入地下,深度为30~40厘米,跨度为4.7~5.1米,骨架上搭塑料薄膜。

2. 选种育苗、定植

品种选择至关重要,要选用果大质优,抗病虫性强,商品性好的品种。果实长短粗细基本一致的辣椒,在市场上才有较强的竞争力,也就能带来良好的经济效益。冬季育苗在12月上旬到1月上旬,用方格板进行育种,方格板为6×12共72个小方格,每格底部有一个方便排水的小孔,将土覆于方格板之上,用手挖小洞将种子埋入,盖上细土并喷洒适量的水,每天喷洒一次以保持水分,过量的水分会自行从格子下方的圆孔排出,避免根茎被水过分浸泡。经过一个多月后可将种子埋入田中,在2月底或3月初,待芽长出10厘米左右便可将各个小方格整体种入先前已覆上薄膜的土地,挖开小方格大小的薄膜将方格逐个种下。4月初便可开始采收,直到8月上旬拔秧,进行第二季的种植。夏季育苗在8月底或9月初,9月下旬或10月上旬移栽到大棚内,1月中旬进入采收阶段。

3. 田间管理

一方面是对棚内室温的调节,棚内的温度要控制在15~28℃,可保证青辣椒正常生长发育,白天温度控制在24~28℃,有利于保持养分,晚间控制在15~18℃,防止茎叶生长过旺。5—8月份由于日照较强,棚外须用遮阳网遮蔽阳光降温,同时减少过强的阳光直射,还要加强通风换气。灌溉和施肥基本实现自动化,喷灌设备在每排大棚的一端有一个控制开关,可控制此排的喷水器,施肥设备由发动机提供动力,黑色橡胶管输送,棚与棚之间用较粗的管子相连,每棚则从较粗的管子引入较细的管子进行该棚的施肥,连接处都有开关进行调节控制。还要注意观察辣椒成熟后茎叶的生长情况,以免成熟的辣椒重量增大后压弯枝干;如发生这种情况,要及时用绳子捆绑枝干,保证其向上生长。

4. 果实采收

辣椒一般在开花后的30~35天,长度即可达11厘米左右,果实生长饱满,果皮变硬且富有光泽,颜色也变成深青绿色,此时便可即时采摘上市。采摘辣椒的工人分固定和零散两种,前者为8小时工作制,上午6点到10点,下午2点到6点,工资为半月或月结,后者则根据工作时间日结。工人基本上以女性为主,除负责采摘辣椒外还负责收盖大棚膜,拆搭棚架,喷药等工作,工资为35元/天。

表 2-3 青辣椒种植物料成本

单位:亩

名称	数量	单价	金额
青辣椒种子	3包	125元/包	375元
钢管架	110对	25元/对	2750元
塑料薄膜	900平方米	2.5元/平方米	2250元
喷灌设备			140元
化肥农药			2500元
合计			约8000元

　　山河村青辣椒种植采用薄膜遮阴篷和地膜覆盖技术,在南菜北运的形势下,不仅能在广大北方地区冬天青辣椒生产淡季期间上市,还能够在其他反季节基地的秋淡季和春淡季时期进行必要的补充,获取经济效益。2013年青辣椒收购均价为每斤2元[①],亩产10000斤左右,扣除每亩的物料成本(参见表2-3),包括每亩栽种2800株,共需3包种子,每包125元,钢管架110对,每对25元,薄膜900多平方米,1平方米2.5元,喷灌设备140元,农药化肥因地质条件不同而有差异,总计约2500元;人工方面,由于租种土地面积越大相应雇工数量越多,须支付的工资也就越多,以租种土地面积达50亩的农户支出的人工费用计算,40~50天的生长期需要雇工10~15人,工资每天每人35元,共需1.5万元到2.5万元,也就是说对于租种

---

　　① 青椒收购价格迭有涨跌,最高为产期之初每斤3元,到后期的低到1元不等,故以均价计算。

面积达 50 亩的农户来论,不到 3 亩的青辣椒收益便可支付工人工资,平均每亩所需的雇工工资是 300~500 元。收支相抵后每亩可收益 1 万余元,经济效益颇高。

(三)大规模土地承包的经营模式

对比 20 世纪 90 年代的蘑菇种植、2009 年以前的芥菜种植和 2009 年以后的大棚青辣椒种植,结合现代农业①的内涵界定(刘志澄 2003)可看出,在讨论农业经营方式这一问题时,重点已不在于种植什么,而在于使用什么,怎样种植,如何发展。因此结合村中现有的承包情况,可将其分为五个类型,即以沈海清为代表的与公司合作经营;以沈琼雄为代表的自行发展有机农业;以沈雅松为代表的花苗养殖及生态园经营;以沈俊祥为代表的大农户经营;以及在这种转变过程中出现的以沈河南为代表的职业土地承包中间人。

耕地分散是限制传统农业发展的重要因素之一,同时也是发展现代农业需要解决的首要问题。导致耕地分散一是因为农村承包地分配时追求绝对公平,将全村耕地按照质量好坏划分,每户分得每种质量等级土地中的一份;二是每家每户因生老病死、婚丧嫁娶产生的人员增减影响到土地的增减;三是农户之间小范围调整,使得已分散的土地进一步细碎。这给承包土地带来一定的困难,承包土地的面积越大,所牵涉的农户就越多,五位农户的承包过程经历半年到一年不等,涉及户数也都多达 300~500 户。

沈海清 2009 年起开始在村中承包土地,逐家逐户商谈承包土地事宜,承包以村中土地登记册为标准,不分好坏按照每亩 350 元的统一价格标准承租,以免发生纠纷,租期 10 年,租金年付。与此同时谋

---

① 现代农业是"以现代科学技术及其应用水平、现代工业技术及其装备水平、现代管理技术及其管理水平、现代农产品加工及其加工水平、现代农产品流通技术及其营销水平为基础的、产供销相结合的、贸农工一体化的、高效率的新型农业"。

求与超大集团、景南公司等农业龙头企业合作。经考量最终确定与景南公司合作，景南农业开发有限公司是漳州市一家成立于2006年的中美合作企业，以农产品开发、加工、销售为主的专业化科技型企业，与其合作可以大大节省启动资金，也可以通过与龙头企业科技特派员交流，了解学习到新品种、新设备、新经营模式，还可以利用村中的廉价劳动力，降低生产成本。合作前期投入约60万元，沈海清与景南公司的投入比为1∶2，包括租金、整平土地、机械农具、灌溉设施、施肥设施等，景南公司派遣技术人员负责具体种植管理，除青辣椒种植外，主要发展反季节蔬菜，如"漳绿1号苦瓜"、"天光一本大葱"等，并实行科学休耕轮作，在蔬菜种植期间加种一季水稻，以达到杀灭病原的目的，同时深翻土地、增施氮肥、农家肥、有机肥等，改善土壤结构、保持土地的肥力和保水性。

沈琼雄从上海打工回到村中后，一面竞选村长，一面利用在外工作已积累的资金欲发展农业生态园。租地过程中发现实际土地面积与村中土地登记册有异，生产队时期为减少征粮任务，常将一亩地上报为6、7分，加上道路沟渠、田埂铲平后增加的土地，承包80亩实际可达到100亩左右。租地经过7个多月的努力才完成，山河村700多户村民中的一半人都与之达成租种协议。承包结束后并未立即发展生产，甚至任其抛荒七个多月，在此期间寻求适合的发展模式，最终决定进行反季节蔬菜的种植。确定目标后开始机械化平整土地，将原本杂乱种植着各种作物或者果蔬的土地放火烧尽，由推土机整体推平，平整后的土地曾吸引某些公司开出每亩1000元的价格承包土地。不同于沈海清与公司合作发展的模式，沈琼雄选择自行注册成立"诏安璟泰蔬果专业合作社"，聘请技术人员、管理人员及农工，进行反季节蔬菜的种植；配备拖拉机、耕作机、高压杀虫打药机、动力喷雾机等先进农机具；形成种植、加工、销售一体的农业产业链。经过三年的发展，经营规模不断扩大、盈利能力增强，也欲通过产品认证和品牌建设，进一步扩展销售渠道，增加收益。

除大棚蔬菜种植外，山河村还陆续出现了土地经营的新模式，如

第二章
山河村农业经营方式的转变

沈雅松"诏安雅坤花木园"的花苗养殖。他开始承包土地也同样是以在外打工积累的资金用于新发展,种植花苗的想法是通过人际关系交往圈与友人商量,并参考漳浦成功的花苗养殖案例,考虑到漳浦土地租金和人力均是山河的2倍,在这种投入大、收益期长的行业里,占据了成本低的优势,综合各方面的考量后决定的。试想通过自身在山河村种植花苗成为模范先锋,引导全村村民进行大规模养殖,进一步从养殖者变成中间商,一方面向村民售卖花苗,另一方面收购村民养殖的花苗,寻求与绿化工程单位进行合作。从2013年3月份开始共承包45亩土地,因花苗种植所需要的是半山地地区,故与其他承租人的竞争较小,如遇到不愿出租的村民,便与之协商后采用交换的方式换得土地使用权,荒地租金每亩500元,承包期限10年,已下秧苗的田地另计算种子费用进行补偿。花苗养育基地前期投入约在30万元,包括承包土地、挖掘池塘、水渠、基地建设、花苗购买等,正常运营中每年的投入在10万元左右,包括劳力、农药、化肥等,他与合伙人各占百分之五十的股份,收益则五五分成。在栽种之前聘请专业花苗养育人员进行前期勘察,了解土地是否适宜花苗的生长,并利用网络资源查找、发布苗木信息寻求销路。目前栽种的花木有十几种,共9000余株,每种种植1000株左右,一方面可以丰富种植类型,另一方面可以分散投资,避免品种单一带来的风险。因处于起步阶段,具体的收益还有待观察。

如果将上述三人称为农民企业家,沈俊祥则应被称为种植大户。他租种的土地分为两部分,总面积约50亩,分别种植水稻和大棚青辣椒、苦瓜。租种方式以找其他村民商量为主,不订立合同,未设立年限,每年商量后支付租金承包土地,这也使得继续租种变得越来越困难,许多村民不愿将土地继续出租,或者因他人出更高价钱失去土地的租种权。因为承包土地面积相对较小且分散,在管理方面也带来麻烦,又因为所承包土地先天条件的不足,地势低易造成内涝,须承担相应的风险,2013年雨水较多,致使所栽种的毛豆和青辣椒都遭到雨水浸泡,为尽量弥补损失,或将土地改种水稻,或将大棚塑料薄膜拆卸,留下骨架嫁接苦瓜。但 2014 年还是得继续种植青辣椒,否则前期投入的材料等成本约合 20 万元就被浪费。青辣椒经过简易的流水线装箱,工人将采摘的辣椒集中到收货点,由一两个工人进行挑拣,品相较好的青辣椒装箱,每箱约 30 斤,以每斤 2 元的价钱出售给商贩或者县城的菜商,品相较次的已过熟、开裂、成红色的辣椒另外装箱,以每斤 4 毛的价钱出售给辣椒酱加工厂。在品种、设备等物质资料的投入以及劳动力的雇佣上与沈海清、沈琼雄无异,但承包面积较小,应对灾害的能力较差。

  沈河南承包门前到裤脚尾(位于村东南,与门前土地相接)的 90 多亩土地,自留 10 亩左右种植辣椒,其余全部转租给他人。他所租用的土地涉及村中 140 户,每户从数分到数亩不等,以每亩 500 元的价格承租,合同期限 10 年,租金年付,并在每年一月付清。他承包土地的资金或从银行借贷,或找他人借用。租种沈河南 80 亩土地的人并非山河村人,他在诏安县许多村庄都有承租土地种植蔬菜,这些谋求土地种植蔬菜的外来人员的存在,促使沈河南这类中介人的产生,他们扮演着中介服务的角色,在土地流转过程中连接散户与大户,顺应土地流转加剧的浪潮,从中赚取价差获利。

  总结以上几个类型可以观察到承包土地进行大规模农业发展者的共性,即较强的学习能力,非农的工作经历,资金积累达到一定水平。从事农业集约化、规模化、机械化、商品化经营时,善于运用现代耕种设备、现代科学技术及理念、现代营销发展模式,增大经营规模,增强辐射带动能力,逐渐使他们从农户转变成为新型农民、专业户[①]或者专业大户[②](曾福生 2011:4—10),进一步运用现代化机械设备,

---

  ① 专业户是"从事专业化和商品化农业生产经营,其土地规模、生产技能、管理和经营水平、经济效益、企业家精神和市场适应能力均优于农户与家庭农场之间,呈现出过渡性"。

  ② 专业大户是"达到适度规模经营的农户,专业性较强、商品率高、经济能人、产业链条、功能明显,具有科技和信息扩散力和带动力"。

聘请专业技术人员，创立品牌发挥品牌效益，谋求更大的发展。

四、原因及影响

从前文叙述可知，山河村农业经历了从传统到现代的转变，大规模土地承包发展现代农业成为主流，在这一深刻转变的背后有着多方面的原因，如市场经济、国家政策、思想观念等。此一转变也给山河村人的生活带来相应的影响，土地耕种方式、经营方式、农业生产主体都发生改变，产生的带动作用也使整个山河村农业呈现出发展特色农业，大户带动小户共同发展的态势。村中当前出现了适宜进行大规模蔬菜种植的土地余量不足的情况，受此影响出现两个新的发展态势。其一，一些小户欲发展大规模蔬菜种植，只能承包村里较次一等的土地，或者到周围其他村庄寻求土地。据了解，村中小户在后坑承包的有三户，面积均在4、5亩。另一户则在邻村（上陈村考坑下）承包土地40余亩，欲在明年下半年开始蔬菜种植。其二，有些小户改变发展思路，将农田改种番石榴，利用大户所不租种的地势较低的土地种植不怕水的番石榴。沈振坤以每亩420元的价格承包20余亩土地发展番石榴种植，共栽种2000余棵。番石榴是一种全年可收，可供食用、榨汁、切片制干的水果，产量销量都相对稳定，每斤的价格维持在2元左右，为沈振坤带来了可观的经济效益。

目前国家大力支持土地流转，以激活农村土地利用率，面对农村劳动力大量外流，土地大面积荒废无人种植管理的现状，鼓励一些人进行土地承包，在不改变土地用途的条件下，实行使用权的转让、出租，推行大规模机械化、现代化、生态化的农业生产，并提供相应的资金支持，以推进现代农业的发展。农业示范区、农业合作社的出现，都是在探索现代农业发展模式下出现的，都致力于发展不同于原来的农业发展方式，力图改变在一定面积的土地上，投入一定量的生产资料及较多的劳力，以扩大生产的精耕细作式发展模式。现代农业转而探求运用高新技术、农学知识、机械化作业，以达到高产、优产、高效的新型发展方式。

2013年《中共中央、国务院关于加快发展现代农业、进一步增强农村发展活力的若干意见》的文件强调，鼓励和支持承包土地向专业大户、家庭农场、农民合作社流转，发展多种形式的适度规模经营。在这种政策指引下，出现了几种经营类型：种植大户经营、龙头企业直接经营、专业合作社经营、龙头企业和合作社联营。除龙头企业直接经营这种方式外，山河村存在着其他三种经营方式。农业产品生产基地规模不断扩大，促进了一乡一业、一村一品的区域化经济发展格局的形成，带动了与之相配套的农副产品加工业和市场体系的形成。以前文提到的"天光一本大葱"为例，不同于以往旧品种在秋末播种，来年春末扦插，秋季霜降时节收获，但是产量较低、品质较差，且易造成上市时间集中，短时间内供大于求，影响经济效益；反季节大葱的种植将大葱提前在夏末播种，秋季进行扦插，来年夏季收获上市。这样就与秋收大葱错开了供应时间，此举适应市场需求，从而获得良好的经济效益。这种利用产品品质差异、季节差异、营销服务差异的反季节蔬菜种植，给村民带来了较高经济效益。

在农业生产方式的转变中，村民的思想也在不断发生变化。当前村中一些土地已租出的村民想要重新获得土地的使用权，即在租赁合同规定的出租期结束后不再出租土地，持此想法的村民的土地主要位于门前，当初以每亩500元的价格出租10年，但是随粮食价格上涨，每斤谷子的价格在1.4元左右，一亩地一年能产2000斤谷子，扣除劳力、种子、农药、肥料等成本能净赚1400元。如此算来每亩地每年租金仅有500元，实际上是亏损900元，因此村民想要收回土地自己发展。山河村土地承包通过两种途径基本达到农业规模化、集约化、产业化生产对土地的基础要求，一种是通过出租—承租，即农民将其承包的土地经营权出租给大户，双方规定出租期限和租金等，承租人获得一定期限的土地经营权；另一种是为了耕种需要，对土地的承包经营权进行交换，从而使土地连片成区。从积极方面讲，土地流转扭转了农村土地抛荒、无人耕种的局面，解决了农业生产收益低、效率差的问题,有利于推行农田的规模化、现代化管理,农业大户、专业户的形成,以及新型农业的发展;但从另一方面讲,经过出租的土地原始边界已经被破坏,土地开始流转后是否能够回归?当前已出现一些村民或因为靠土地维生的保守观念,或因为经济利益推动欲自行发展,产生收回土地的想法,而承包者也只能通过提高租金的手段来暂时解决这一问题,2009年350元一亩的土地租金现在已经涨到1000元一亩,不断提高租金并非长久之计,也不能从根本上消除村民收回土地的想法,如何能使农民思想发生转变,适应身份转变,真正融入新的农业发展模式或者农业合作社之中,是土地流转后需要解决的问题。

结　　语

　　从整个西潭乡农业的发展情况来看,山河村当前大型承包经营的现象与西潭乡政府进行的农业发展规划是相一致的,正在向农产品经营模式多样化,以及"一村一品"农业产业格局转变,逐渐从传统的封闭、粗耕、资源依赖型,转变成为以市场为导向、土地集约、科技推动的现代农业。这一转变使得农村地区不仅提供农产品和劳动力,更是将农村发展成为包括生态、文化相结合的新型村落社区,这也与山河村历史文化名村建设的目标一致的。

　　发展农业专业合作社,推行"大户牵头、带动种植"的经营模式,优化产业布局,提高土地使用率和经济效益,帮助和引导农民发展特色农业,及时掌握市场信息,促进农民增产增收。通过整合土地资源、土地转包、有偿出让使用权等形式,促使土地向种田能手和科技能人集中,培养一批专业种植大户,并使农业生产基地形成群体规模,逐渐向专业村、品牌村发展,是当前农业发展的主导方向。目前山河村已有"诏安璟泰蔬果专业合作社"、"漳浦璟南农业开发有限公司"、"龙海旺辉蔬菜合作社"三个蔬菜种植基地,另外还有"诏安雅松花木园",这些经营者通过向村民租赁土地,将原本分散且长期抛荒的土地进行集中规划,并利用大片成规模的土地发展集约化、专门化的生产,提高了土地利用率。当前国家土地政策大力支持土地流转,推行大规模机械化、现代化、生态化农业生产,并提供相应的资金支持。但经过出租的土地原始边界已经被破坏,土地开始流转后如何回归的问题,能否只通过不断提高租金,从而抵消村民的损失,消除村民拿回土地的想法。换言之,如何能使农民适应身份转变,真正融入到农业合作社中,是土地流转后需要解决的问题。因此农业生产方式的转变,现代农业发展的过程仍值得继续观察。

参考文献

诏安县地方志编纂委员会(编)
    1999   诏安县志。北京:方志出版社。

怎样种植黄麻编写组(编)
    1971   怎样种植黄麻。上海:上海人民出版社。

沈庭辉、沈建聪
    2012   山河村历史文化丛书。

刘志澄
    2003   加快现代农业建设。农业经济问题(4):4—8。

曾福生
    2011   中国现代农业经营模式及其创新的探讨。农业经济问题(10):4—10。

福建省诏安县农业区划办公室
    1998   诏安县"稻—稻—蘑菇"栽培模式试验与推广。中国农业资源与区划(4):47—49。

第三章

山河村的荔枝种植

◎ 马雪婷

前　言

　　本报告是根据2013年暑期在山河村为期45天的田野调查所获资料撰写的。主要介绍自山河村建村以来,面对不同的社会环境,村里荔枝种植产业的变化,以及一百多年来荔枝是如何融入当地人的生活并对其社会经济产生影响,原本预想的主题是全面介绍山河村的经济生活,随着调查的深入,发现荔枝的生产始终贯穿全村的经济生活,并在其中起到关键性的作用。村里生计方式和经济生活的改变与荔枝生产方式的改变有极大关系,且调查期间正处于荔枝采收期,故在调查的中后期,将调查的重点转移到荔枝的生产上。由于村里缺乏相关文字记录,资料大部分以对报道人的访谈取得。改革开放后至今的资料收集则以观察和访谈为主。虽然曾试图从乡政府收集荔枝生产的统计数据,但由于资料缺失,不能获得。文中的统计数字多来自于1999年版《诏安县志》,县志资料截至1996年,1996年后的数据是经由报道人的账本和回忆取得。由于语言沟通障碍和调查时间的限制,并不能完整地呈现山河村经济生活的全貌,但仍可以从荔枝生产的发展变化,反映村庄经济生活的发展变化。

山河村种植荔枝已有一百多年的历史,在这一个世纪以上的漫长时间中,荔枝的生产从未间断,但在不同的历史阶段,荔枝的种植和销售呈现出不同的特点。传统时期(本文中传统时期指1950年土地改革前)荔枝生产的发展相对缓慢,但经过几代人的探索,村中形成一套独特的管理和销售方式。1949年新中国成立后,国家进行社会主义改造,荔枝树被收归公有,荔枝生产改归生产队统一管理,国家统购统销。改革开放后,荔枝树的所有权被下放到每个家户中,荔枝生产受到市场经济体系的刺激,村民种植荔枝的积极性大增,荔枝的种植规模也有前所未有的增长。进入21世纪后,市场进入低迷期,村民的收入得不到保障,纷纷放弃对荔枝的管理,开始外出打工,荔枝的生产因此衰落。

一、荔枝种植概况

土壤、气候和地形等自然因素是一地区开展农业生产的基本条件,对该地区作物的选择、种植结构都形成关键性的影响。本节主要介绍山河村的自然条件、土地占有以及荔枝种植的基本过程。

(一)自然条件

诏安属南亚热带海洋性季风气候,东南面临台湾海峡,受低纬度及海陆位置影响,光、热、水资源丰富。日照时间长,气候温暖,冬无严寒,夏无酷暑,雨量充沛。年平均气温21.3摄氏度,无霜期达349天以上,年平均降雨量1442.3毫米,集中在4—9月,尤以6—8月为甚。风向以东南、西南风为主,西北风次之(诏安县志编纂委员会1999:85)。山河村属于诏安县的丘陵台地地区,海拔200～500米,为河谷盆地向山过渡的丘陵地带。热量充足,农作物一年三熟,系多种果树生长的适宜区(上引书:80)。

第三章
山河村的荔枝种植

山河村的土壤可以分为水稻土和砖红壤性红壤两种,水稻土主要分布在东南部的平原地带,由东溪冲击形成,适合种植水稻。砖红壤性红壤主要分布于西北部的丘陵和山地地区,适合多种果树的生长。

荔枝是典型的亚热带水果,对气候的反应特别敏感,只能在年平均气温20~25摄氏度的北热带、南亚热带和部分由特殊小气候的地区正常生长结果。要求年降雨量达1500~2000毫米,日照时数1800~2100小时(曾一春2011:11)。荔枝的生长对土壤的适应范围很大,无论是冲积土、沙质土、黏质土、红壤、黄壤、砖红壤均能生长(上引书:12)。根据荔枝的生长条件,对应山河村的南亚热带海洋性的气候、多山的地理条件和砖红壤的土壤特质,可以看出这一地区是很适合栽培种植荔枝的。

(二)土地占有

山河村的土地包括水田、旱地和山林三种类型。水田位于村庄西南部的平原地带,种植水稻,旱地分布于近山的丘陵地带,种植蔬菜和部分果树,山林位于本村东北部,种植林木和果树。其中水田和旱地由村委会按人口平均分给各家,山林则以承包的方式进行分配。

改革开放后,农村实行家庭联产承包责任制,山河村于1979年进行第一次土地分配,按人口将村中的土地平均分给村民。后因村中人口增长以及1983年洪水冲毁部分土地,1983年村中进行第二次土地分配,分配方法不变,凡是在土地分配前出生的村民均可以分得一份土地,分配时依土地条件好坏搭配,以示公平,一经分配30年不变。1994年村委会对村民的土地进行丈量登记,并于1999年发放土地承包登记表,此后除分家及某些土地的出租和转让带来的土地变动外,山河村土地承包的所有关系并未发生大变动。

从村委会取得1999年山河村的土地占有登记表,有助于了解山河村目前的土地占有情况。每个村民小组分别有一本土地占有登记表,以户为单位统计了全村的土地占有情况,因数据太多不便全部列出,所以用简单随机抽样的方法随机抽取 20 户来代表全村的土地占有情况(表 3-1)。根据统计,全村共有水田 1401 亩、旱地 833 亩,人均占有耕地 0.745 亩,而福建省人均耕地占有面积为 1.80 亩(中国农业年鉴编辑委员会 1999),山河村的人均耕地占有还不及全省人均占有面积的一半,可见山河村的耕地资源相对匮乏,村民依靠种田仅能勉强维持生计。

表 3-1　1999—2013 年山河村土地占有情况表

户主	人口数（人）	水田承包面积（亩）	旱地承包面积（亩）	承包总面积（亩）	人均承包面积（亩）
沈建周	5	1.92	1.54	3.46	0.692
沈金国	6	2.14	2.23	4.37	0.728
沈火明	4	1.67	1.7	3.37	0.843
沈细货	6	2.86	2.46	5.32	0.887
沈财福	4	1.68	1.89	3.57	0.893
沈宗治	3	0.85	1.69	2.54	0.847
沈江海	3	0.62	0.89	1.71	0.57
沈荣水	5	2.4	3.26	5.66	1.132
沈淑庆	5	2.03	2.23	4.26	0.852
沈才生	3	0.78	0.62	1.4	0.47
沈华林	3	0.93	1.22	2.15	0.717
沈大顺	5	1.89	1.77	3.66	0.732
沈良荣	4	1.67	2	3.67	0.918
沈雄武	3	0.85	0.76	1.61	0.537
沈建各	4	1.31	1.12	2.43	0.678
沈振聪	4	1.16	1.69	2.85	0.713
沈成光	4	1.37	1.43	2.8	0.7
沈绍同	2	0.74	0.4	1.14	0.57
沈建福	4	1.23	1.1	2.33	0.583
沈镇发	4	1.26	1.13	2.39	0.598

第三章
山河村的荔枝种植

由于靠山的地理环境,山林是村中另一种土地资源,建村以来,村庄北面的大片山地就是村中的公共财产。传统时期,山林主要为村民提供柴薪,并未被大规模开发。公社时期最先由果林队对村里的山林进行开发,砍伐原生树木种植橡胶和果树。改革开放后,山林的分配几经变动。1987年第一次被承包给村民,几年后经村委会回收又依分田方法按人口分配,分配后规定个人不能毁坏原有树木,村民只能捡拾一些薪柴。1992年村委会再次回收了已分配的山林,将其分为9份以投标的方式承包给村民,承包期限为30年,一经承包可以自行对山林进行开发,在提倡"毁林种果"的时期,大量原有的林木被砍伐,重新种植荔枝、龙眼、李子等果树。

综上所述,在耕地资源相对匮乏的山河村,大片丘陵和山林的存在,为村中发展果树种植的发展打下基础,果树栽培成为农田经营的重要补充。

(三)荔枝的种植

中国是世界上栽培荔枝最早的国家。荔枝最先的名称是"离支",见于公元前2世纪汉代司马相如的《上林赋》中"隐夫薁棣,答遝离支"李善注引曰:"离支,大如鸡子,皮粗,剥去皮,肌如鸡子中黄,味甘多酢少"(吴淑娴1998:6)。福建荔枝的来源和开始栽培的年代还未见比较确实的记载,但福建、广东和海南一带海上交通在东汉时期就已经开始,后来三国时期吴国向南开拓,闽粤海上交往更加频繁,推断福建荔枝在唐以前的六朝时期(420—589)从广东传来的可能性最大。宋以后福建栽培荔枝中心逐渐南移,在明清时代,闽南漳浦、漳州、诏安已成为福建荔枝的主要产地(上引书:11)。

荔枝的品种繁多,在诏安一带种植的荔枝90%以上是乌叶(或称黑叶)荔枝,山河村所产的主要也是这一品种,现在主要分布于广东潮州、汕头、福建诏安、漳浦、平和等地。

乌叶荔枝植株高大,生长旺盛,树冠半圆形,60年生树高约10米,冠幅6米,主干周径110厘米。树皮灰黑色,粗糙,纵裂明显。生长期可长达百余年。果中等大,平均重19.0克,卵圆形、歪心形或短心脏形,果肩平或微耸,稍一高一低,高起一边肩略宽,果皮暗红色,薄而较坚韧,皮厚约0.1厘米,龟裂片较大,大小基本一致,龟裂平坦。果肉乳白色,肉质软滑,多汁,甜味带微香。味香甜无渣,品质上,鲜食、制罐、制干均宜,加工品质好。适宜栽培在较肥沃湿润平原或缓坡地带(上引书:180)。

闽南地区的荔枝很早就采用高压育苗的方法进行繁殖。高压育苗又称空中压条或圈枝,是在枝条与母树不分离的状态下,进行环状剥皮,包扎生根基质,促进枝条长根后,才锯离母树,使枝条成为新植株。高压育苗全年均可进行,但以2—5月最适宜。此时枝条积累的养分较多,树液开始流动,易于剥皮,且此时气温渐高,湿度亦较大,有利于发根和管理。一般选择无病虫害、丰产优质、生长健壮的母树进行(漳州市农业局经作站1985:25)。先环状剥皮,在入选枝条上,距离分枝10~20厘米处,以刀将树皮环割两圈,两道割口距离3~4厘米,在两道割口中间纵切一刀,将皮剥去,见到白色木质部。其次上泥包膜,先准备含有一定养分而又通气良好的发根基质,一般用2/3的红壤拌1/3干牛粪,在发根基质中加入一定的水分调和均匀,捏成泥团,用泥团包住环剥部位,再用塑料薄膜包扎(见图3-1)。大约3个月左右的时间,待高压的苗木发出第二次根时,才将育苗部分锯离母枝,植入土壤中(上引书:31),一棵新荔枝的栽培就完成了。

荔枝树枝梢的生长可以分为春梢、秋梢和冬梢三次,其中秋梢适合结果。荔枝的花期集中在清明节前后,管理荔枝主要的劳动周期也是从这时开始。根据品种不同,荔枝开花可以分为早花、中花和晚花,前后相差1周左右的时间。开花期间要进行人工疏花,否则花开得太密,不利于结果。开花后荔枝进入果实生长期,要定期进行农药的喷洒,主要目的是防虫防病。荔枝上的害虫主要有荔枝蒂蛀虫、荔枝椿象、荔枝细尖蛾、小灰蝶等(曾一春2011:110),主要的病害主要包括荔枝霜疫霉病、炭疽病、酸腐病、斑点病等(上引书:106)。在采摘前还要喷洒保果剂,防止提前落果。荔枝于夏至前后成熟,夏至后

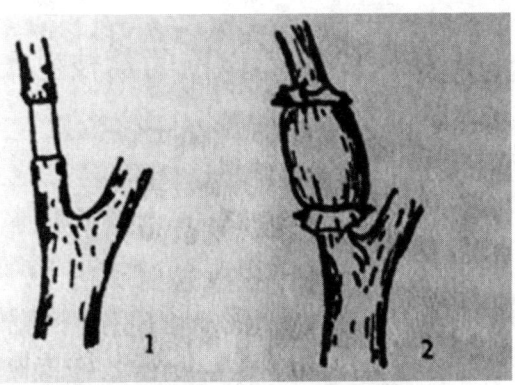

图 3-1　1. 环状剥皮；2. 上泥包膜

一周是主要的采摘期。采摘完毕后，荔枝的主要劳动周期结束。秋冬时期，对荔枝的管理主要是施肥与修枝，为第二年的生长打下基础（见表 3-2）。

表 3-2　山河村荔枝生长周期与劳动周期

月份（节气）	生长周期	劳动周期
1 月（小寒至大寒）	花芽形成、分化	
2 月（立春至雨水）	花蕾期、花器分化期	
3 月（惊蛰至春分）	花蕾期	除草
4 月（清明至谷雨）	盛花期、春枝期	疏花
5 月（立夏至小满）	幼果发育期	定期喷洒农药
6 月（芒种至夏至）	果实膨大、成熟	保果、采摘
7 月（小暑至大暑）	枝梢生长	修剪枝叶
8 月（立秋至处暑）	枝梢生长	施肥
9 月（白露至秋分）	枝梢生长	修剪秋梢
10 月（寒露至霜降）	枝梢生长	控制冬梢
11 月（立冬至小雪）	花芽分化期	追肥、松土
12 月（大雪至冬至）	花芽分化期	

二、1949年以前的荔枝生产

1949年以前,村里自给自足的小农经济还未受到冲击,荔枝的种植保持以家户为单位的传统生产方式。

(一)荔枝的引进

山河村的荔枝生产有悠久的历史,因为年代久远,村中已无人能确切地说出最早开始种植的时间。被问到的村民都会回答:"荔枝是我们祖先种下的,在我们小时候荔枝树就已经很大了。"村里一位80岁的老人回忆年幼时荔枝树的高度即已达十余米,且已经果实丰茂,而一棵荔枝树从树苗到十几米的成年果树大约需要20年左右的生长时间,根据村民的年龄和荔枝的生长速度推测,村中荔枝的种植大约始于清朝末年或民国初年。时至今日这些祖先种下的老荔枝树已有一百年以上的历史,一百多年来这些荔枝一直是山河村经济生活不可或缺的组成部分。

对于村中荔枝的来源,村民说法不一,有些说法是和祖先传说相联系,真实情况难以考证。可以比较确定的是诏安县内拥有百年以上荔枝树的村子仅有后港村、溪南村和山河村,山河村荔枝的引进与其他两村有密切的关系。村民对荔枝的来源主要有三种说法,其一是来自于陈姓的后港村,后港村人自认是开漳圣王陈元光的后代,而山河村为沈姓单姓村,村民认为其祖先是开漳圣王陈元光的部下沈世纪。传说陈元光与沈世纪交好,两村在昔时往来密切,山河村的荔枝便是从该村引入。另一种说法是村中的荔枝来自溪南村,其中并无特别的故事。第三个说法是荔枝由祖先从海外带来。真实的情况已经难以考证,所以无法确定任何一种说法的真实性。

(二)荔枝的种植

1949年以前,村中的经济生活主要是以户为单位的小农经济,

第三章
山河村的荔枝种植

商品经济开始萌芽,荔枝的种植和销售就是表现之一。荔枝并非粮食作物,大量种植荔枝的目的不在于供自家食用,剩余的就要寻找销路实现交换。由于年代久远,又缺乏文献资料的记载,这一段历史仅能通过访谈村里的老人来了解。根据报道人的回忆,荔枝属于家中的私产,荔枝的所有权并未集中于一两个富裕的家庭,村中各家户都有数量不等的荔枝树。多者可以达到百余株,少者也有数十株。

昔时商品经济尚不发达,荔枝是村中家庭现金收入的主要来源之一,村民很重视荔枝树的管理。荔枝树的管理主要包括修枝、施肥、除草和驱虫几个部分,那时村民对于荔枝树枝叶的保护十分重视,即使在采摘时,也不会将树枝砍下,而是爬到树上去采摘果实,尽量减少对枝叶的伤害。荔枝树在他们心中是一种拟人的存在,要细心呵护,尽量减少伤害,枝叶茂盛是荔枝树健康茁壮的表现,随意砍伐是对荔枝树的一种伤害。每年仅在收获后对荔枝树进行谨慎的修剪。推测原因,可能是当时荔枝树还比较年幼,没有现在的高大,不用担心荔枝树过高而难以采收的问题;另一方面在荔枝树幼年时过度砍伐可能会导致荔枝的死亡,故村民对剪枝持谨慎的态度。昔时并无化肥可用,肥料主要是农家肥和豆饼,从北方运来的豆饼直径一米左右,也被村民称为"北豆",要到县城购买。施肥时将豆饼磨碎,混入农家肥中发酵,经过一个月左右,在荔枝树下埋入混合好的肥料。除草的工作完全依赖手工,因为山河村的荔枝树大都种植在山上或靠近山带,如不及时除草,杂草过高就很难进入荔枝林,所以要频繁的进行除草。当时并没有特殊的方法可以处理荔枝的病虫害外,一旦发生就束手无策,大量减产,造成当时荔枝的产量很不稳定。除了虫害,气候也对产量有很大的影响,村里种植的乌叶荔枝喜旱不喜水,如果在开花时出现连续阴雨或雾霾天气,也容易造成减产。荔枝的采收一般采用竹梯,较高的地方就要爬到树上去采收,每年都会有个别村民因为采收荔枝从树上跌下,造成伤亡。

（三）荔枝的销售

荔枝是一种极不容易保鲜的水果,如白居易的《荔枝图序》所述:"若离本枝,一日而色变,二日而香变,三日而味变,四五日外,色香味尽去矣。"早期信息和交通都相对闭塞,进行荔枝的销售并非易事,经过几代人的探索,村里荔枝的销售形成了一定的模式。

夏至刚过,荔枝进入采收季节后,村中就会有人合伙组织收购荔枝。那时村民大都从未走出过村子,能组织荔枝收购者大多有一定见识和胆量,或是家族内曾经有人进行过此种生意,有一定经验。收购的荔枝主要销往诏安县城和汕头,不过当时县城人口不多,购买力也有限,大部分荔枝被销往汕头。

村中荔枝销往汕头是山河村的传统,始于何时已难以考证,但时至今日荔枝成熟时,仍然有村民用摩托车将荔枝运往汕头。在改革开放初期,荔枝运往汕头仍然保持着传统时期的路线,可见这一传统影响之深远。这与两地间的地理、文化与经济密不可分。汕头地处广州北部沿海地区,是最靠近福建的一个市,离诏安仅70公里,是清朝末年最早被西方列强入侵的地区之一。清政府于1858年签订中英《天津条约》,1860年又签订中英《续增条约》,根据这两个条约1860年汕头成为潮州府治下的主要出海口,成为通商口岸,正式开埠通商。沿海的区位优势和通商后商品经济的快速发展,使汕头成为潮汕地区距离诏安最近的一个重要商品集散地,山河村一百多年来都将荔枝销往汕头,也就不难理解了。

荔枝在村里收购完毕后装入竹筐包装,筐底垫上水柳叶做简单的保鲜。包装完毕就要尽快运往汕头,一般都要连夜出发。村里那时还没有修路,到汕头走水路最快,故须先雇人将荔枝挑到邻近的营头村,乘小船先运往县城,从县城上岸再雇人陆路运往最近的港口宫口港,从此再转尖底货船走海路运往汕头,这条路线到达汕头要2天左右的路程(见图3-2)。

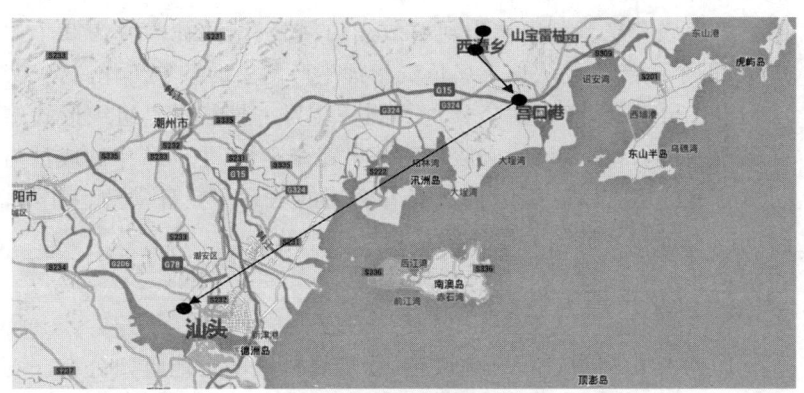

图 3-2　荔枝运输路线图

货船到达汕头便与当地的商行联系,此后在汕头的生活与生意都要依靠商行。昔时汕头各类商行繁多,一般选择口碑好有信誉的商行进行合作,合作关系一经确立往往代代相传持续很久。商行为贩售荔枝者提供免费的食宿,根据掌握的信息尽快为货物找到买家,帮助双方达成交易,商行从中抽成获利。在商行的帮助下,来自乡村的商人在陌生的城市便可以快速立足并完成交易。如果恰好遇到香港来采购的货船,便可以卖出比平时高的价格。卖出荔枝后,村民并不会马上返回,而是采购一些村里不能自产的物品回村售卖,采购同样也需要依赖商行。

荔枝的出售不仅给村民带来了财富,也让一些人走出村庄,将外界的信息带回村里,这是村庄和外界接触的重要渠道。

三、人民公社时期的荔枝生产

新中国成立后,政府对农村地区进行了社会主义改造,逐步建立农业生产合作社。山河村也不可避免的经历此一过程,其生产组织形式从互助组到初级社再到高级社。互助组主要是以邻居和亲属为基础,在生产过程中进行合作。初级社和高级社阶段就形成了一定的组织形式和规章制度。山河村成立山河公社,公社内分为9个生产队,每个生产队设队长1名负责指挥生产队中的各项工作,村民劳动均以工分计算,年底由公社进行统一结算。虽然村里组织形式遭强行改变,但村里传统的宗族体系并未完全瓦解,生产队中的成员与村里原有的房支宗族组织仍然有着密切的联系。在日常的运作中,行政的力量和宗族的力量往往是相互交织的。

(一)荔枝所有权的变化

1953年山河村进行土地改革,逐步将村民的土地收归公有。荔枝树做为重要的经济作物也被收归公有,但荔枝树的分布不像农田那样整齐,且不是粮食作物不必做为公粮上交,在实际操作中有一定的灵活性。土改后村中荔枝树的所有权可以分为公社所有和每家每户的自留果,其中公社所有的部分又可以分为生产队所有的老荔枝和果林队新种植的荔枝。

公社接管了大部分祖上留下的老荔枝,并分配给9个生产队具体管理和销售。果林队虽未分得荔枝,但在山林的开发中新种植了大量的荔枝。果林队是公社为开发村庄北部大片山林而成立的一个组织,在其他平地村庄并不常见,其不隶属于任何一个生产队,直接由公社管理。果林队成员是从9个生产队中挑选的,其劳动也计入工分,年终回原生产队领取。果林队开发山林的方法主要是砍伐原生树木,较平坦的改为田地,地势较陡的改种果树。种植的作物主要有水稻、荔枝、龙眼、青梅和橡胶。果林队所有的荔枝树都是新种植的,由果林队员管理,收获后交给公社统一出售,收入平均分入每个生产队。而果林队所开发的田地由于地处山林中,不必承担征谷的负担,收成一般供山上看管果树的队员食用,如有剩余须交给公社,年终计算工分时平均分到9个生产队中。果林队基本实现了自给自足还有所盈余,所以在当时果林队员是一个美差。

自留果树是在集体经济中保留下来的少见私有形式。自留果树一般位于村里的房前屋后或自家院内,属于各家房屋的一部分,不便收回统一管理才得以保留,由每个家户自行管理,果实主要是供村民自家食用。在人民公社的末期,村民生活困难,自留果也成为大胆的村民私下销售以增加收入的来源。报道人指出曾在荔枝收获时收集自家和亲友自留果树的果实,骑自行车连夜运往广东饶平地区出售。因为那时体制还未下放,从事这种生意是非法的,只能在晚上走山路。而饶平地区属于汕头市场开放较早,富裕的人也比较多。出售荔枝成为村民在困难时期的一项收入,这也是在当时的体制下,村民为了生存而做出的努力之一。

(二)荔枝的管理

人民公社时期,生产队与果林队同属公社,对于荔枝的管理形式基本相同,而村民的自留果树管理相对简单。下文主要介绍生产队对于荔枝的管理和销售。

与传统时期相比,公社时期的荔枝管理显得相对简单,因为那时全国经济陷入困难,为解决温饱问题政府重视粮食生产,强调以粮为纲的政策,而荔枝等非粮食作物的生产则不被重视。在荔枝树归公后,村民从荔枝生产中得不到实际利益,生产积极性下降,不再如前那般用心管理。尽管如此,出售荔枝的收入仍然是公社重要的收入来源之一,因为这笔收入的存在,山河公社在当时整个西潭乡算是比较富裕的一个公社。

公社对荔枝的日常管理主要包括施肥和除草。在公社初期仍无化肥可用,即使到了后期生产队可以得到一定数量的化肥,也几乎尽数施于粮食作物。那时会在荔枝树下种植豆子和花生,豆子和花生收获后,就任由其根茎叶在地里腐烂,做为荔枝树的肥料。当时也没有除草剂,除草主要依靠人力,生产队定期组织村民为队内的荔枝树除草,并计入工分。对于虫害也无农药可用,主要依靠生态系统的自然平衡。如果遇到虫害爆发,村民根本束手无策,只能任由荔枝大量减产。

每年夏至后,荔枝进入收获时节,生产队会组织村民进行荔枝的采收,采收一天算一工①。采收时禁止偷吃荔枝,一旦被发现或举报就会取消当天的工分做为惩罚,并被生产队通报批评,比较严重的可能被扣掉几天的工分。公社时期的荔枝树已经有六七十年左右的树龄,加之早先村民对荔枝树的细心呵护,当时的荔枝树已经十分高大,最高的可达20米以上。故采收荔枝须借助竹梯或带钩子的竹竿(见图3-3),身手比较矫健的年轻人也会爬上树梢采荔枝。这时的采收就不如传统时期那般小心翼翼,树上的人直接将有果实的树枝折断扔到树下,树下的人再进行摘果。因为没有任何安全保障措施,采荔枝摔伤仍然是常见的事,对于摔伤的人生产队所能给予的

图3-3 采收荔枝的工具

补偿就是让其休息,工分照算。但那时集体劳动,个人并不能得到什么益处,所以大家工作的积极性不是很高,一些比较难采的荔枝大多数都被放弃了,再加上管理比较简单,所以那时的产量是比较有限的。

(三)荔枝的销售

荔枝收获的季节,各个国营罐头厂会来荔枝产区组织收购,由公社出面进行统一销售。山河村由于地处偏远,无公路可达,须将荔枝运往临近交通相对便利的后溪(今西潭乡政府所在地)或诏安县城进行销售。运输荔枝一般使用独轮车或扁担。到后溪需1小时左右,

---

① 公社时期计算工分的单位,10分=1工,年底时按工分结算收入。

而到县城则需 2 小时左右。由于市场被国营罐头厂垄断,所以每年收购的价格基本保持稳定,在每市斤 1 角 2 分到 1 角 4 分之间。

罐头厂、供销社和生产队之间有合作关系,为了鼓励生产,生产队每卖 100 斤荔枝给罐头厂,供销社就可以提供 20 斤化肥的购买权限给生产队,虽然现在看来这样的权限是微不足道的,但当时化肥是很紧缺的资源,对于农业生产至关重要,所以荔枝的销售对生产队来说是重要的收入和化肥的来源。罐头厂每年根据计划定量收购,荔枝丰收时可能不能被全部收购,若有剩余,生产队则将荔枝分给每家每户,供村民自家食用。

(四)收入的分配

出售荔枝的所得归生产队统一支配,在年底时与其他收入一起,按工分分给村民。工分的计算方法如下:第一步先将所有的收入扣除成本和税收,剩余的除以公社所有人今年挣的工分,就可以得出此生产队每工的钱数。每个生产队的收入情况不同,一工分的钱数自然就不同。第二步再按照村民所挣的工分,扣除统筹费、农业税,就是村民今年的所得。因为粮食私人不能买卖,一般是以粮食抵现金,村民很少能拿到现金。粮食的分配七成按人口,三成按工分分配。按人口分的粮食每人都有,将所有粮食乘以百分之七十,然后除以全生产队的人数,就得出每人应得的粮食数量。粮食不是无偿分配,要用挣工分所得的钱来相抵,如果挣的工分和按人口分的粮食不能相抵,所得的粮食就相应地减少了。剩下的三成按工分分配,把所有粮食乘以百分之三十,此一部分除以所有人挣的工分,就得到一工分多少粮食,这一部分只要挣了工分就会有,多少与工分相关。

若一个生产队一年收入扣除成本剩余 10000 元,粮食剩余 10000 斤,这个生产队共 50 人,所有人挣的工分有 20000 分。所以一工分就是 5 角钱。张三今年做了 200 工,就收入 100 元。粮食 7000 斤按人口分,一人平均 140 斤。按当时国家定的粮价,一斤 4 角,3000 斤粮食按工分分配,每工 0.15 斤,国家规定统筹费每人 20

元。所以张三今年所得的收入就是 100－140×0.4－20＝24 元,所得的粮食就是 140＋200×0.15＝170 斤。

在人民公社时期,荔枝的生产经历了由私到公的转变,尽管管理相对简单,技术相对落后,但荔枝的种植和管理并没有间断。

四、改革开放后荔枝生产的发展

改革开放后所有制形式再次发生变化,实行农村土地承包责任制,土地被分配到各家,原来生产队所有的荔枝树也被分到各个家户中,原果林队拥有的大片山林和果树也经历了几次承包和分配,最终被分到村民手中。社会环境的变化将农村的经济生活卷入市场体系,受到市场的刺激,在这一时期山河村的荔枝生产有了新的发展,特别是在 20 世纪 90 年代初,荔枝再次被大规模的种植,新增荔枝树的数量甚至超过了原有的老树。荔枝的经营模式也随之发生转变,荔枝的价格的变动,也牵动着每一个村民的生活。

(一)荔枝树的分配

集体时代结束后,原来归集体所有的土地和荔枝树于 1980 年被分配给各户。荔枝在那时是有一定经济价值的作物,为了公平起见,村里制定一套荔枝树分配的办法,分为编号、定价,分配到各个村民小组,村民小组再分配荔枝树到每户,以及各户认领荔枝树四个步骤。

1. 编号、定价

在荔枝树分配前,先由村干部和村民小组的组长对村里所有待分配的荔枝树逐棵进行编号、定价。一般根据所处位置、长势、每年产量等标准来判断一颗荔枝树的价格,产量高、长势好、位置靠近村庄的价格就高,反之价格相对较低,每棵荔枝树的单价根据质量好坏在 15 元到 60 元之间浮动。

荔枝树定价后,所有荔枝树的价格相加,算出总价。用总价格除以总人口数量,就可以得出每个人在本次荔枝树分配中应得的相应价格,无论男女老少,一视同仁,平均分配。

2. 分配到各个村民小组

村中共有 9 个村民小组,是公社时期 9 个生产队的遗存。分配时,先将荔枝树分到每个村民小组,再由村民小组分给村民。每个村民小组的人数不同,但大致每组在 400 人左右。

根据人口数量以及每人平均应得的价格,可以算出每个小组在这次分配中应得的价格。以人数最少(价格最低)的那组应得的荔枝树为标准,把所有荔枝树划为 10 片,每一片都是好坏相间。其中 9 份用抓阄的方式分给 9 个小组,第 10 片留作机动用地,补给不足的组。将做好的阄书放到一个竹筒中,由每个小组的组长抓取。人数最低的组分得的荔枝树是正好合适的,而其他组的不足,再将剩余的一片调配补给不足的组。在补足的过程中,依然遵守好坏搭配的原则以示公平。

3. 小组分配到各户

荔枝分到村民小组后,由村民小组以户为单位分到每个人,亦采取抓阄的方式,但抓阄的方法不同。先统计每户的人口数量,乘以每个人应得的价格,就可以得出一个家户在这次分配中应得的荔枝树价格。做阄书时分为正反两面,正面露在外面,写这一户应得的价格,反面写每户户主的名字。为防止作弊找一个不识字的人来抓;抓出一个阄书后,先按正面所写的价格随机分配相应价格的荔枝树,再打开阄书看是何人所得。分配中如果应得的价格和荔枝树未能匹配,生产队会按照价格以现金来补足。直到每一户都按人口分得了相应的荔枝树。分配完毕,村民小组会将分配结果记录下来。

4. 荔枝树的认领

荔枝树分配完毕后,村民并不知道自家分到的树在哪个区域,具体是哪几棵,所以在分配现场并不会因为不满而发生纠纷,导致分配无法进行。在所有人分配完毕后,村委会派遣参与划片定价的村干部与组长带每家每户去认领荔枝树,那时即使有人有所不满,分配已经结束,结果也很难改变了。

假设村中有荔枝树3000棵,定价后所有荔枝价值50000元,村中有人口1000人,每人平均可分得50元。假设第一组100人、第二组120人、第三组120人、第四组110人、第五组100人、第六组130人、第七组110人、第八组110人、第九组100人,则人口最少的组是100人,该组的份额即$100 \times 50 = 5000$元。将所有荔枝树好坏兼有的分成10份、每份5000元,留一片为机动用地,其他以抓阄的方式分给每个小组。这时第一组、第五组和第九组的荔枝已经足够,而其他组不足的部分就从机动用地中补足。

分到个人时,假设张三家有4人,则这个家庭要分$4 \times 50 = 200$元的荔枝树。抓阄时将200元写在阄的正面,张三写在阄的反面。找一个不识字的人抽,抓到这个阄时先看到200元,就从组内的荔枝树分出价值200元的部分给这一户,再把阄打开对应到张三家,由专人记录下来。所有人都分到荔枝树后,村干部带张三去认领其分得的荔枝树。

继1980年荔枝分配后,村委会与村民约定每10年对老荔枝树进行一次重新分配,到现在包括1980年山河村的老荔枝树已进行了4次分配,分配方法基本不变,其他三次分别在1989年、1998年和2008年。随着村里人口的增长,房屋数量不足,每次老荔枝树分配时,村里会回收一部分老荔枝林改为村中的基建用地,所以村民分得的荔枝树在逐渐减少。而新增的基建用地村民不能无偿使用,要向村委会购买。在荔枝树的分配中,村委会希望通过对老荔枝树的再分配增加村委会的财政收入,而村民一方面需要基建用地建新房,一方面不希望自家利益受损,矛盾渐渐产生。

矛盾于1998年的荔枝树分配时爆发,1997年荔枝树分配的年限还未到,村委会以村财政困难为名要收回荔枝树进行重新分配,在分配中要回收三成老荔枝树对外承包,所得用以填补财政空洞。同时宣布此次荔枝树的分配并不是无偿的,每个分得荔枝树的人都要上交180元来向村里购买。为了促成此次分配,村委会以荔枝树植株间距过密为由,砍伐了一百多棵荔枝树,致使一些村民的利益受损,不得不提早进行荔枝树的分配。当时村中有很多村民反对村里的这次分配,他们组织起来收集资料向上级申诉,漳州市农业局派人来调查此事,在这次荔枝树分配的对抗中,荔枝树最终于1998年进行分配,分配时对荔枝树进行了精确的计算,共计4801棵,如数无偿分配给村民。

在荔枝树分配中部分回收并非新鲜事,在以后的分配中也再次出现,而在1998年的分配中出现正面的矛盾则与20世纪90年代荔枝价格高达10元左右一斤且销量好,能给村民带来可观的收入是分不开的。

(二)山林的承包

除了原生产队的荔枝树,在人民公社时期果林队也开发了大片山林种植荔枝和其他果树。在体制下放后,1978年村里以投标的方式将山林承包给村民。待分配的山林一共有9座,分别是:透石、赤土岭、鸡笼山、蛇公蛇母、暗底仔、鹿巢、三角尾、鸟田山尖、火标。投标前村委会透过广播系统通知村民待投标的每座山的名称、面积和底价,可以一个人单独承包,也可以数人合伙承包。投标时出价不得低于底价,出价最高者得标。到约定的时间,有意竞标的村民携带现金到山上果林队的旧址参与投标,竞标时采用暗标,村民将现金包于报纸或衣服内,具体数量仅投标者一人知晓,由公证人现场打开,最多者中标。一旦中标,即拥有这片山林10年的使用权,山林中保留了当年果林队种下的荔枝树,得标者可以继续进行管理。但这次投标后未满10年,村里就将山林的使用权收回分到每家每户,但仅数年后,由于荔枝价格开始升高,应一些村民的要求,1992年村里又组织了一次山林的承包,但由于上次失信于村民,未到期就将山林收回,很多村民不信任村委会不敢参加竞标,导致这次承包山林的大多是村民小组的组长和村委会的成员,这次竞标使用权30年,至今还未到期。这次被承包的山林在20世纪90年代种植荔枝的高潮时期,大部分都被用做荔枝的种植。

(三)新荔枝的种植

继老荔枝被分配到各户后,村民也开始大量新种荔枝树,新荔枝主要分布于村庄西北部的平地和丘陵地区。扩大荔枝种植规模的原因主要是改革开放后物质生活水平提高,除了粮食作物外,对于水果的需求量大增,现有的种植规模无法满足市场需求,市场长期处于供不应求的状态,水果价格不断提升。在20世纪90年代,一斤荔枝一般可以卖到4~5元[1],对村民来说种植荔枝的枝收入十分可观。另一个方面是山河村有种植荔枝的传统,荔枝品种优良,栽培技术成熟。所以改革开放后村里虽然分别引进李子、青梅、龙眼等水果的种植,荔枝的种植始终是最多的。荔枝的种类仍以传统的乌叶荔枝为主,但有些村民也通过亲戚和朋友的关系,从其他地区引进新的品种,如妃子笑、贡子和贵味,但数量比较少,大约仅占所有荔枝的5%左右。

改革开放后,农业技术得到一定的发展,农药、化肥等也不再是稀缺资源,村民对荔枝树的管理也发生相应的变化。村民主要通过农业宣传册学习管理荔枝树的新技术,现在仍可见到村民保留着20世纪80—90年代福建省农业局印发的荔枝管理宣传册。还有一部分人是通过与在本村承包荔枝树的外地人合作,学习新技术。

由于技术的提高,荔枝树的管理方式也更加现代化。荔枝树的管理始于清明时节的花期,要用疏花剂去除过多过密的花,留下适宜结果的。荔枝树结小果后,每星期要喷洒一次农药,农药分为防虫和防病的两种。在此期间还要依情况定期喷洒除草剂除草。采摘前要喷保果剂防止过早落果。在夏至后进入采收期,采收还不能实现机械化,采收方法与之前变化不大,一般很早就开始采收,一天一个成

---

[1] 当时一斤猪肉2.6元,可做为物价的参考。

年人最多收100斤。改革开放后,村民将荔枝树从3米高以上的枝叶都砍掉,以控制其高度。村民认为如此既方便采摘又能将更多养分供应到果实上。现在村中的荔枝树最高的在10米左右。荔枝树变矮,采收难度降低,采收荔枝时摔伤的情况仍有发生,但重伤和死亡已经大大减少。荔枝树在采收后的管理比较简单,主要是剪枝和施肥。荔枝采收完毕后马上进行剪枝,剪掉中间密度过大少见阳光的枝叶。村民一般会将剪下的枝叶运回家中做为薪柴。在秋季要对荔枝树进行施肥,化肥已经全面取代农家肥,主要采用复合肥。冬季很少对荔枝进行管理,让果树修养待第二年再次发芽生长。

(四)荔枝的销售

改革开放后由于市场的开放,荔枝种植规模不断扩大,相应的荔枝种植的成本与劳力也大大增加,但这也从侧面反映出荔枝在那时的经济效益。同荔枝的管理一样,荔枝的销售方式也更加多样化。在村里主要的销售方式有外地商人与本村村民合作收购、订单式收购和村民自行小规模出售三种。

由于山河村有种植荔枝的传统,且荔枝品种优良,很多外地的水果商人会慕名来村中收购荔枝。但外地商人对本村的情况并不了解,且常与村民存在语言沟通障碍,大都与本村有一定威望的村民合作,在村里进行荔枝的收购。收购的消息主要靠村部的广播系统通知与村民口耳相传。收购从清晨开始持续一天,村民当天采收完毕后立即送往收购点,先由收购者根据荔枝的大小、颜色、新鲜程度鉴定荔枝的品质,品质不过关的荔枝或不予收购或仅付低价,确定品质后即称重结算。收购的同时进行包装,根据运输的距离和市场的需要,将荔枝装入不同的包装材料中;运输距离较远的用泡沫盒加冰保鲜,比较近的装入竹筐中用水柳叶覆盖;为了有利于销售,打包要求整齐美观。打包完毕后当天下午立即装车连夜运往要出售的地点,第二天即可上市销售。荔枝销售后的所得几个合伙人按一定的比例分成,或外地商人直接向村里收购者购买所收荔枝,此时上市销售的所得就与村里的收购者无关。在合作过程中,外地商人主要负责荔枝品质的检验工作,因为外地人与本村人素不相识,对于品质不好的荔枝可以马上拒收,如果由本村人来负责势必会遇到一些亲属和宗族关系上的考量,难以完全不顾情面地拒绝。而其他工作均由本村的合作者在村里雇佣村人完成。这种几人合伙收购方式在村里是最普遍且规模最大的一种,有时为了避免竞争,收购者会与村委会合作,交纳一定的费用后就可以垄断市场,成为村里唯一的收购商。

第二种收购方式是订单式的,即荔枝种植者与销售者不通过中间人,建立直接的长期合作关系。荔枝成熟前,销售商会到有合作关系的种植者的荔枝林内检验荔枝的品质,品质过关后与种植者商议当年的收购价格。待荔枝成熟后,商人提前一天通知种植者次日所需的荔枝数量,种植者根据所需数量进行采收,销售者每天来村里提货。这样的合作关系一般相对长久,收购价格也会略高于第一种收购方式。

第三种是村里种植者自行零售。在荔枝成熟后家中自有运输工具的村民将自家的荔枝运往县城或汕头兜售。这种销售方式规模较小,运输的距离也比较近,但与其他两种方式相比,可以卖得较高的价格。

20世纪90年代收购荔枝要交纳高额特产税,可以占到收购荔枝总价的13.5%,每收购一百斤还要向村委会交纳2元的场地费,所有交纳的费用加起来可占收购总价的16%左右。逃税在当时几乎是不可能的,运输时对这些税收的检查也是十分严格的,每个县都设有检查点以验收各种票据,一旦发现票据不全,就要被罚款,有时还要开箱验货和称重。一个检查点少则耽误20分钟,比较严苛的可能要耽误数小时。荔枝是极难保鲜的水果,频繁的检查常常给水果商人带来很大的困扰。在2005年农业税和特产税相继取消后,这样的问题不复存在,但报道人表示即使在当时重税和检查之下,荔枝买卖仍然是利润相对较高的生意。

改革开放使山河村的荔枝产业又一次发展和变化。荔枝生产在

20世纪90年代快速发展，对山河村的经济生活和生计方式也产生一定的影响。可以明显看到的是，荔枝产业的发展让村民在市场刚刚开放时占得先机，村民的收入快速增加。

20世纪90年代一个拥有100棵荔枝树的家庭，在收成好的年份，销售荔枝的收入可以达到1万元左右，在当时是相当可观的。在20世纪90年代中后期，打工潮席卷全国时，诏安县内很多农村大部分村民都外出务工，山河村这个距离广东不到50公里的村庄却很少有人外出务工，仅在农闲季节在村子附近做一点零工，男性以建筑行业为主，妇女则大多是在村里进行服装的加工，不会因为打工影响荔枝的生产。

但这种状况无法维持太久，随着荔枝的价格在2003年后转入低迷，村民靠种植荔枝的收入不再有保障，乃纷纷外出打工，村中的荔枝生产也走向衰落。

五、日常生活中的荔枝

荔枝不仅给山河人带来经济利益，而且已经走进村民的日常生活之中。山河人不仅种植荔枝，而且喜食荔枝，每年的荔枝除销售外一定要留一些自家食用，如果当年荔枝产量较少，很多家庭就不对外销售，全部留下自食。对于食用荔枝村里也有一定的讲究，山河村的荔枝在夏至左右成熟，但村中流传一个说法，不管荔枝成熟与否，夏至前的荔枝不能食用。村民的解释是食用夏至前的荔枝容易导致腹泻，特别是对于孩童，如果食用夏至前的荔枝腹泻，以后每年的这一时间都会腹泻。但在调查期间，并未发现类似实例。不管这样的解释在科学上是否有根据，在村中至少起了两方面的作用，一则防止荔枝在未成熟前，贪嘴的孩子就提前采摘荔枝，对荔枝的收成造成破坏。另一方面从市场的角度看，水果一般是越早上市价格越高，禁忌采摘夏至前的荔枝制止村民为了竞争提早上市，而在荔枝没有成熟时就将荔枝采收一空。这个说法不知始于何时，但至今村民仍严格遵守，很少有人违背。采收后的荔枝以鲜食为主，从树上采下后，马上食用。村民认为颗粒大、色红、核小的荔枝是好荔枝。有一些荔枝的核非常小，被村民称为"蛀核"，村民认为这种荔枝比一般的荔枝要更为香甜。村民可以根据荔枝的外观来辨认，但在外人看来很难区分，当被问到这种荔枝的具体特征时，他们又难以描述清楚。村民也有"多食荔枝上火"的说法，但村民自有解决之道，据报道人介绍在村民的日常饮食中有一种腌制的咸萝卜，可以抵消荔枝带来的"火"。新鲜荔枝采收一般维持1至2周左右的时间，2013年荔枝歉收，采收期仅持续约1周的时间。

为了应对荔枝容易腐坏的特性，更加长久保存荔枝，村民有三种处理方法，分别是冷冻、晒干和泡制荔枝酒。冷冻是保存荔枝最简便的方法，将新鲜荔枝放入冰箱即可，这种方法在冰箱在村里普及后才得以推广。冷冻可以保存荔枝大部分的风味，最长可以保存一年左右。在春节期间，很多家庭还在食用夏至时采收的冷冻荔枝。但一旦解冻，荔枝的保存时间极短，一般会在几小时内变黑，须尽快食用。另一种保存荔枝的方法是晒干，将新鲜的荔枝放在阳光下暴晒，去除荔枝的水分。荔枝晒干后，果肉变成褐色，口感也有很大的改变。这是在冰箱普及之前，较为普遍的一种保存方法，现在村里已经不太常见。荔枝酒一般由新鲜荔枝去皮泡制而成，用来泡制荔枝的一般是自家酿造的米酒，泡制时间可长可短，村里泡制时间较长的可达三四年。由于荔枝本身糖分很高，荔枝酒口感一般较其他水果酒更甜。荔枝酒一般在冬天饮用，有一定的药用效果，可以益气健脾、养血益肝。

山河人每逢农历的初一、十五日都要进行祭拜，早晨去村中的大庙，傍晚在自家门口。在夏季的祭拜活动中，荔枝都是重要的供品。村民会食用祭拜完毕后的荔枝，并认为拜过的荔枝会更好吃，而且吃了对身体较好。

每年荔枝采收完毕，村民都会以家户为单位祭拜"树头公"。"树头公"并非特定的一棵树，也没有具体的形象，而是一个抽象的概念。

对树头公的祭拜在荔枝林中进行,供品包括米饭、鸭、荔枝、点心等,不同家庭略有不同,目的是感谢"树头公"保佑荔枝平安采收,希望来年有更好的收成。这种习俗可能与荔枝产量的不可预期和采收荔枝时的危险性息息相关。

六、荔枝生产的衰落

山河村的荔枝生产在 20 世纪 90 年代达到高峰,全村的荔枝产量最多曾达到每年一百多万斤。但进入 21 世纪,荔枝的生产开始走向衰落,村里的老荔枝树被大量砍伐,而在 20 世纪 90 年代新种植的荔枝很多已经无人管理,有些荔枝园中野草丛生,已有一人多高。2013 年,村中三个收购点共收购荔枝不足 5 万斤,仅有鼎盛时期的二十分之一,差距是显而易见的。

(一)衰落原因

荔枝生产衰落的直接原因是荔枝价格大幅下跌,村民难以维持原有收入水平,所以纷纷放弃荔枝的种植,外出打工。荔枝的价格在 20 世纪 90 年代也有波动,但都能很快回升。但在 2003 年荔枝的价格降至谷底(每市斤 4 角钱),从此再也难以回升到原来的水平。2013 年荔枝收成并不好,价格有所回升,也仅达到每市斤 2 元。市场价格的波动受到供求关系的影响,20 世纪 90 年代因为价格优势,荔枝的种植在整个产区都快速发展,诏安县的大多数村庄都开始种植荔枝,如临近的龙坑村,原本并未有荔枝栽培的传统,但近年荔枝的种植数量已经超过山河村。快速大量的种植导致供求关系发生变化。随着交通运输的发达,特别是 2002 年中国加入世界贸易组织后,市场上水果的种类日益丰富,就荔枝本身而言,海南、广东等地相继引进荔枝栽培,且上市时间皆早于山河村的荔枝。这些强劲的竞争对手导致 2003 年后,荔枝价格一蹶不振。

山河村荔枝树的所有权分散于每个家户中,虽然每家都有荔枝树,但超过百棵的较大规模生产家户很少,也没有人对村里的荔枝进行统一管理,导致种植的平均成本较高。特别是在荔枝价格低的年份,因收获数量少,各家户很难采用薄利多销的销售策略,在市场上很难具有竞争力。

与此同时,在改革开放初期由于没有经济作物的支持,邻村很多村民在20世纪90年代就开始大量外出打工。几年后外出打工赚了钱的村民纷纷回村建新房,他们受到外界城市影响所建的新房大部分是新式洋房。这让山河村人深感意外,在荔枝价格下跌后,很多人开始效仿别村人外出打工。村民大量外出打工同时导致了劳动力的欠缺,管理荔枝是十分辛苦的工作,荔枝采收时又面临摔伤的危险,大部分年轻人不愿意从事此项工作,劳动力的外流又进一步加速荔枝生产的衰落。

(二)衰落表现

村里的荔枝树按种植时间可以分为新的和老的两个部分,老荔枝树是1949年以前留下的荔枝树,新荔枝是生产队时期和20世纪90年代所种。在1980年前村庄的东、西、北三面都被老荔枝树环绕,但现在老荔枝树仅集中于村庄的西北部,在村庄的发展和建设中,大量老荔枝树被砍伐。老荔枝做为村里的集体财产,被分配后是禁止私自砍伐的,但在1997年前后村里对老荔枝的管理并不严格,某些村民私自商议砍伐自家分到的老荔枝树,老荔枝被砍伐后土地大部分用为建设用地,盖了养猪场或转租予他人开发。在2007年沈耀喜书记上任后,加强对老荔枝的管理,现在这种私自砍伐老荔枝树的现象已经基本被杜绝。在前文老荔枝的分配中已提到,除1997年外,村中每进行一次老荔枝的分配,就会收回一部分用做基建用地。其中1980年村里主要回收村东北部的土地,即今村委会门前大路以北高山埔以东这片区域的老荔枝林,建设民房和小学。1989年村里回收了村东部东溪沿岸的老荔枝林做为基建用地,2008年村里回收高山埔北部和通往县城公路两侧的老荔枝林,高山埔北部被选为山河小学的新校址,将于2013年9月竣工投入使用。其他回收的土地现在还未开发,根据《规划图》高山埔北部的土地将用于建设生态公园。2007年开始建设的厦深高铁穿过山河村的东北部,铁路的建设征地涉及村中的老荔枝林,村委会于2008年将这片老荔枝林回收,用于高铁的建设用地,这次遭到损失的村民可以得到一定的补偿。在2008年分配荔枝时,虽然大量老荔枝树被砍伐,每户的分配量减少,但很少有人提出异议,这和种植荔枝的收益大不如前不无关系。

新种植的荔枝大部分未被砍伐,但很大一部分处于无人管理的状态,若可以结果便进行采收,若不结果或产量很小便放任不采收。2013年荔枝歉收,全村超过半数的家户没有荔枝,而产量较少的家户也选择将荔枝留下自食,并不出售。荔枝收购从6月23日开始,至6月28日村中已无人收购荔枝。

(三)新的生计方式

在荔枝的生产衰落后,打工成为新的生计方式。根据家户访问的统计,打工的目的地主要在广东、上海、厦门,最集中的城市是汕头。打工的工种各异,女性主要从事服装加工、玩具加工等行业,男性主要从事运输、维修、建筑等行业。根据对调查期间回村休假的村民的访问,以玩具制造为例,工厂实行计件计酬制,根据玩具的复杂程度定价也有所不同,一个熟练工人一天可以赚70~80元,加上加班费和奖金,一个月的收入可以达到3000元左右,而工厂为了吸引员工,一般包吃包住。与种植荔枝的成本收益对比,2013年一般家户种植荔枝的收入平均为500~1000元左右,且每年受到市场价格的影响十分不稳定,而外出打工每个月的收入固定,可以达到3000元左右,就不难理解村民放弃管理荔枝外出打工的原因了。

20世纪90年代荔枝确实给村民带来丰厚的收入,很少有人外出打工。而这一现象反而导致进入21世纪后,山河村经济的相对落后。荔枝生产衰落后,山河村的经济生活和生计方式正在经历又一次变革,而这种变革现在还正在进行。村庄的经济生活经历了传统时期的自给自足,人民公社时期的统购统销,在改革开放后开始进入市场体系,国内国际市场的波动,都会对村庄的经济生活造成影响。加入市场体系后,信息的交换就显得特别重要,山河村近几年才开始有个别家庭购置电脑,使用者往往是年轻人。农产品及劳动力市场的消息大都依靠外出打工的人从外界带回村中。面对市场的波动,大部分村民还处于被动状态。大量青年劳动力外出打工,脱离土地,进入城市谋生,他们中有些人在城市定居,不再回到村里,但大部分外出打工者的心愿都是赚钱回村盖新房。这些回村者在外的经验使他们打开眼界,很多不再甘于旧有的农业生活,开始在村中开发新的生计方式,如大规模蔬菜种植、花苗种植、玩具加工厂等。这些产业又吸收村中一些剩余劳动力,使他们成为在村里打工的工人。

结　　语

生计方式就是人们面对自然和社会环境的变化,为了谋求生存而采取的各种生存策略。荔枝的生产贯穿着山河村清末以来的历史,通过在不同时期村民对待荔枝的不同态度和不同的管理及销售方式,可以看出不同的历史情境下,山河人为了更好的生存而采取的不同应对策略。通过这些策略的变化,可以更好地理解在乡土社会中,农民面对各种风险、机会以及社会和时代的限制,如何发挥自己的智慧——应对。

和中国的绝大多数村庄一样,面对改革开放的大潮,受到市场经济的影响,山河村的经济生活和生计方式正在经历着一次变迁。荔枝生产的衰落正是受到这一冲击的结果,但这一变迁并没有结束,新的变化正在发生。为期45天的调查也只能从一个侧面展现一个时期内山河村经济上生活的状况,仍有待进一步的检验和完善。

参考文献

中国农业年鉴编辑委员会(编)
    1999　中国农业年鉴1982。北京:中国农业出版社。

沈庭辉、沈建聪
    2012　山河村历史文化丛书。

吴淑娴
    1998　中国果树志:荔枝卷。北京:中国林业出版社。

诏安县地方志编纂委员会(编)
    1999　诏安县志。北京:方志出版社。

曾一春(编)
    2011　现代荔枝产业技术。北京:中国农业大学出版社。

漳州市农业局经作站(编)
    1985　漳州荔枝。

第四章

山河村的民居建筑

◎ 江 芬

前　言

本报告根据 2013 年夏在漳州市诏安县西潭乡山河村（原名山宝雷村）为期 45 天的田野调查写成，利用参与观察、深入访谈、文献资料收集等方法，对山河村的民居建筑展开调查。[①] 当地流传一句古话："有山宝雷厝没山宝雷富，有山宝雷富没山宝雷厝"，可知昔时山河村曾富甲一方，其民居建筑亦为人称道。山河建村至今已有 300 多年的历史，村里留存多处古民居建筑，至今各式建筑类型内均有人居住。

本章包含三大部分：一、民居与环境，涉及山河民居发展概况、聚落环境及总体布局。二、民居建筑形态，以现存的 2 个土寨建筑，和 5 种民居传统类型为介绍重点。三、房屋的建造，包括主要建筑材料

[①] 田野调查期间，沈瑞忠、沈向钦、沈丽和、沈满喜、沈拱和、沈辉煌、沈杰春等众多山河乡亲协助测量、提供线索、给予信息。谨在此深表谢意。

第四章
山河村的民居建筑

和工具、建房过程及建屋成本。

一、民居与环境

中国幅员辽阔,各地的地理、气候条件差异很大,在自然条件各不相同的地区里,人因地制宜,因材施用,发展适合当地生存的居住环境。如今山河村的民居建筑是其自然环境加上历史条件双重发展的结果。

(一)历史背景

山河正式建村前有沈姓和许姓等人家已先在此地垦荒种地,在村东北边一八卦寨内聚居。清康熙二十六年(1687年),开基祖雍穆携领东城沈氏族人迁移至山河村,选村东南部一风水宝地建震山祖祠,并在祖祠周围建一圈房屋,围成一个小寨。之后人丁兴旺,再以祖祠为中心,建第二圈、第三圈房屋,逐渐形成一个大寨。随着人口增多,再以大寨为中心向东、西、北发展,发展成一个较大的村落。1949年,全村共有260户,900多人。新中国成立后,人口增长较快,住房供给渐感不足,但在土地集体所有制下无法随便动用土地,每户只能在自家房前屋后的空地,或晒谷埕上建一小部分房屋。1969年以后,村领导将地处西畔[①]和下行的果园、池塘及八卦寨后的大片荔枝园等地规划给村民建房,短期内增建了270多栋民房,人口发展至320户,1950人。1980年村领导又将高山埔、大宅规划给村民建房,共建房屋120多栋,村庄发展到415户,2054人。2010年全村有700户,3000多人(福建省历史文化名村——诏安县山河村(山宝雷

[①] "西畔"及下文的"下行""高山埔""大宅"均为山河村的小地名。西畔位于村庄南部,震山大寨西北侧;下行位于震山大寨西南侧;高山埔地势较高,位于村庄西侧,旧时为果园、坟地;大宅位于村庄北侧,多现代新盖楼房,旧时为荔枝园。

村)编委会 2011:5—6)。全村没有超过三层的建筑,一般为两层。随着经济收入提高,房屋由连体式到独栋式变化,主要建筑材料从最初多数人使用的三合土、石条,到现代化的钢筋、混凝土。

（二）居民聚落所处环境

气候条件和地理环境对民居建筑有较大的影响。诏安属南亚热带海洋性季风气候,东南面临台湾海峡;受低纬度及海陆位置影响,光、热、水资源丰富。年平均气温 21.3℃,无霜期 349 天以上,年均降雨量 1442.3 毫米,集中在 4—9 月,尤以 6—8 月为甚。风向以东南、西南风为主,西北风次之。7—9 月为台风季节,台风暴雨为境内主要灾害(福建省诏安县地方志编纂委员会 1999:76)。山河背靠该村与红星乡接壤的连绵群山,为村庄挡住了寒流与狂风。村庄东傍东溪源头主流;南迎东溪数条支流;西接连绵数百亩的肥沃田园,在村落与田园连接处还有两条小溪与东溪支流交汇。东、南、西三面的水系与北侧大山将山河环抱其中,枕山环水,是传统意义上的风水佳地(福建省历史文化名村——诏安县山河村(山宝雷村)编委会 2011:13)。

山河村离海不远,受台风影响较大,台风带来的风沙和盐碱会对建筑产生侵蚀,且夏季气候较为炎热潮湿。所以建筑物既要有良好的通风与隔热,又要防台风的侵袭,反映在山河建筑的总体布局和个体平面,是做到开敞、通透,利用天井、水面等室外环境,达到通风降温的目的。

（三）总体布局与房屋配置

村民相传,某年下大雨发洪水,东溪的水淹了附近几个村庄,山河因地势较高,房子没有全部被淹掉,村民在山上望见震山大寨就像一朵水中盛开的莲花,周围其他地方似一片片叶子衬托着莲花,所以村民又将山河称为"莲花地"。昔时村民居住在震山大寨内,寨内中间的震山祖祠为布局核心,大寨房屋的正门都朝向祖祠,且不能超过祖祠的高度。寨外房屋方位多数是取朝南偏东,一来冬天可挡住严寒的北风,二来夏天可以接受凉快的南风。房屋均不是正北、正南,而是与正北、正南有偏角。村民认为修建宅院绝不可占子、午、卯、酉四字①。因为此四字硬,只有庙宇、官衙、大富大贵之人可居,其他人无法安居这等尊位,强占会折福损运。

目前全村有住房1000余座,古村落建筑初建时均为沿南部河流而筑,而新建楼房多集中于村东北部及西北部。由村庄现状可以看出,震山大寨位于鸡笼山一条山脊的延伸线上,山脊与震山大寨通过之间的民居及中间的友敬巷道组成了山河的中轴线,村庄其余建筑有规划地面街、面水而建,由中心向东西两侧辐射扩张,呈现"雁形"布局。

二、民居建筑形态

山河邻近广东潮汕地区,相比闽南传统建筑,其形态更倾向于潮汕建筑风格。潮汕与闽南虽然同属闽海系建筑,平面布局很相似,建筑造型也接近,屋面外观却有较大的区别:闽南建筑多采用悬山顶,潮汕建筑多采用硬山顶;闽南建筑在正脊两端做一个三角形假屋的构造形式,屋栋两端形成一个三角形空间,使正脊如反弓舟体之状,屋面采用举折②的方式,使屋顶呈双曲线形式。而潮式建筑屋面无举折,且除了双曲线形式亦有不同款式(蔡海松 2012:38)。山河建筑多为硬山式对称斜屋顶,称"双倒水",部分口间③处房屋为单坡屋面,称"单倒水",屋面无举折,脊端款式分金、木、水、火、土五种类型,可见属于潮汕建筑风格。

---

① 即正北、正南、正东、正西四个方位。
② 屋顶坡面的一种凹曲形式,每一段的斜度要经过特定的公式计算。
③ 房屋内间正前方建有一个小间,村民称"口间",用于置放杂物。

闽南山河人的社会与文化

山河"双倒水"屋顶分阴阳坡,单座建筑前坡为"阳坡",后坡为"阴坡",阳坡短而阴坡长。前屋檐至二层楼板高超过后屋檐,前高后低的设计,意蕴做人应抬起头颅,挺立腰杆,正直行事。房屋的前宽比后宽略窄约 3 厘米,前窄后宽为"集财"之意。古民居建筑有外封闭特征,为安全防盗,窗户小而少,宽 10 厘米,高 27 厘米,俗称猫眼;另有喇叭状竖形开口,外宽 10 厘米,内宽 36 厘米,高 70 厘米。古建筑注重坚固、宽敞,大门小窗、光厅暗房,现代建筑则以独栋楼房为多,缩小横向跨度,增设阳台,加大窗户,钢筋混凝土混合结构。

(一)房屋分类

按照建造时间及其类型,拟对村庄现存民居建筑进行分类描述,下文包括土寨传统建筑、民居传统类型及方砖水泥建筑三种。

1. 土寨传统建筑

土寨是村中最早的房屋形态,为了求得生存和防备外族的侵犯,也便于家族团结,故建筑成寨的集居形式。村中现留存有两个大土寨,虽有的房屋因年代久远已坍塌,但部分仍可供居住。

(1)震山大寨。始建于清康熙二十六年(1687 年),至乾隆初年建成。坐西北朝东南,为长方形寨,宽 90.5 米、长 93 米,四角各有一个带枪眼的角楼。寨内房屋以震山祖祠为中心成方形排列[1],有二层土木结构房屋三圈,前中后三条巷,二层较为低矮,放谷物或住人。第一圈房屋 29 间,第二圈房屋 47 间,第三圈房屋 70 间,共计房屋 146 间[2]。村民将震山大寨形容为一只趴着的乌龟,祖祠是龟头,四角的角楼是龟脚,极为形象。

震山大寨是个可攻可守的大型土寨,仅留有一个由精磨条石筑

---

[1] 震山祖祠正北处,位于寨内第一圈房屋,还有一座省山祖祠。
[2] 以一个正门为一间计算。

第四章
山河村的民居建筑

成的入口大门①，寨内有两口水井，一口紧邻震山祖祠西边，一口位于大寨内东北侧，随第三圈房屋同时代建造，可方便周遭居民取水。第三圈房屋原本是寨墙，高约 6 米，人口增长后利用后巷的空间再建房，因此相比前巷和中巷，后巷宽度最小，仅 1.6 米。每一圈房屋的面积不尽相同。第一圈房屋的东西侧及第二圈房屋所有内间前均有一个口间，总面积约 31 平方米。第三圈的房屋面积最小，每间房面宽 3 米，进深约 4.4 米，面积在 13 平方米左右。第一、第二圈房屋北侧东西两角为弧形，相传昔时为圈养牲口用屋。大寨多数是三合土房，也有没加壳灰的土房，至今震山大寨内仍有人居住，这部分房屋有些被改造成两层的石房及方砖水泥房，现有住户 35 户。大寨还有很大一部分已经破损严重，西南角、西北角等部分土房已经倒塌，或荒废或由村民开辟为菜地。其余未坍塌建筑保存状况令人堪忧，土墙裸露，部分墙体被熏黑，屋顶瓦片掉落。

　　山河人认为村中龙脉定在震山大寨内的震山祖祠，与震山大寨外东北侧相连有一排住屋，似跨在震山大寨后面，村民称之为"骑龙寨"，匾书"瑞庭"二字。进骑龙寨大门左侧有一四合院式房屋，距震山大寨 2.8 米，为五房廿四世正直祖建，有近 200 年的历史；其左侧又有一座一厅两房建筑，五房廿二世恭肃祖所建，有 200 多年的历史，距震山大寨仅 1.8 米，因该地后的土地为别家所有，重金仍无法购得，以至无法建前院，使前路较窄。

---

① 原每一圈都安有一个大门，外一圈建成后随即拆除，现地面上还留存有遗迹。1960 年左右，居民在震山大寨最外圈后排开外门以方便进出。

图 4-1　震山大寨正面

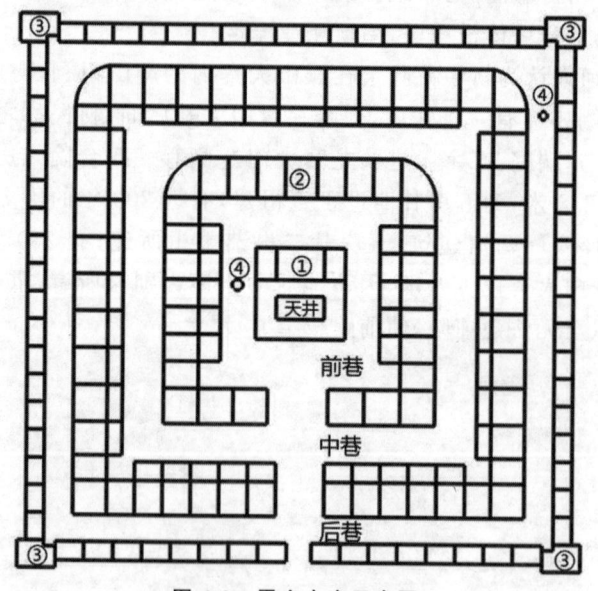

图 4-2　震山大寨示意图
①震山祖祠　②省山祖祠　③角楼　④水井

(2)八卦寨。建村前就有西巷沈姓和许姓等在此建八卦寨聚居[①],至解放前已坍塌严重,故又名"破寨"。本村的"八卦寨"并非利用八卦符式,即乾、兑、离、震、巽、坎、艮、坤八种符号在房屋布局中显示出来,而是意指形如八卦迷宫般的大寨,人一旦进去就不易出来。传说外乡的人进寨里卖菜,只见一座座横来直去都是一模一样的房子,走来走去都找不到大门。

八卦寨由外圈环楼与内部院落式民居组成,房屋均两层,只有一个寨门,宽 1.7 米,高 2.4 米。寨门入口右侧有一口边长 80 厘米的方形公用水井。八卦寨外围为长 78 米的正方形寨墙,四角略带弧形,外圈环楼共有房屋 74 间,每间面积约 16.5 平方米。内有房屋 6 行 3 列,左右两列各 4 间房,中间一列 5 间房。全寨房屋共计 154 间。多数八卦寨的土墙没有加壳灰,也有土墙是用碎瓦片加沙土夯筑。现八卦寨正门环楼内前 3 排留存部分旧貌,其后的房屋全是 20 世纪 60 年代后新建,规格已经改变。八卦寨内原来全是沈姓人家居住,目前寨内除有西巷沈姓 2 户,其他居民都是东城沈姓人家。

图 4-3 现存八卦寨寨门

图 4-4 现存八卦寨旧街貌

---

① 因年代悠久,具体建造时间已无从考证。

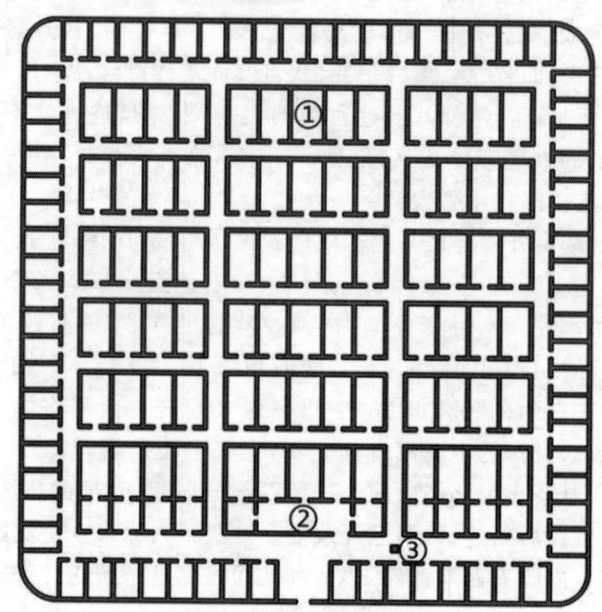

图 4-5　八卦寨复原示意图
①房间　②天井　③水井

  山河的土寨不同于福建土堡、土楼,其形式更为古朴。李建军就始出年代、防御强度等因素将土寨、土堡及土楼排序,认为先有山寨再有土堡而后为土楼(2010:11)。山河的土寨具有福建土堡、土楼的共同特点:通常只设一个大门,门上设水槽以阻火攻;内院设水井,楼内设谷仓便于长期固守;聚族而居,楼内设祖堂;严格的中轴对称,强调宗法观念(戴志坚 2009:67)。山河的土寨与福建土堡、土楼主要不同之处有:(1)山河土寨的三合土墙厚30厘米,未加壳灰的土墙厚50厘米;而福建土堡外墙夯土厚达 4 米,福建土楼外墙夯土 1～2 米(上引书:67)。(2)山河土寨在合院内部及外圈环楼均居住居民;而福建土堡生活起居位于合院内部,福建土楼则位于外圈环楼(上引书:67)。

2. 民居传统类型

除了上述的土寨建筑,庭院式是山河古民居的独特之处。一座完整的民居建筑,除卧室外,均有厅堂、走廊和天井。20世纪90年代新建的房屋还部分保留有天井的设计。古民居的名字形象生动,如"四点金"、"下山虎"、"五马拖车"等。村中民居传统类型多样,形式不一,按照年代及样式的差异,主要分类如下。

(1)"四点金"。是由三间或五间正房、单间的东西榉头(称"伸手")及前厅组成的四合院。因四面山墙像汉字"金"字而得名。平面图见图4-7(山河257号)。现存"四点金"民居11座,有的一侧加有细长的护厝,规模大小不等,建筑面积约170平方米,较为集中于村庄东南处,震山大寨东侧,村民俗称"河沟"的地区。

中厅主要用做敬神祭祖、举行婚丧礼仪及接待宾客。中厅内的窗户常不开,或者只开小窗,意为"聚财不漏气"。主座两边的"大房"是长辈居住的卧室,门厅两侧的"下房"是晚辈与仆人的居室,天井左右有回廊的南北厅,有的还有两间小房,做厨房或贮物房。主座高5.5米左右,而前进只有约4米高,也体现了乡土社会的礼仪秩序。子嗣繁衍后开始分家,"四点金"内房间分2~5户。有的中厅因人口拥挤也用为居住,有的中厅则独立成祭拜祖先之地。部分"四点金"在中厅两旁开有侧门通向左右房,分家后将侧门堵上,再在正面开门。

一些"四点金"入口处内凹一至三个步架而形成门斗空间,村民称为"凹斗门楼",建筑上学名为"凹寿",也称"凹肚"等。石做的大门框和中厅门框上有些刻有方形官印式门簪,上刻篆体文字,写"福寿"、"福禄"等字,取吉祥的意思,现保存相当完整。

同为四面闭合的四合院,山河"四点金"和北京四合院比较,可看出二者的不同。一方面,山河"四点金"房房相接,左右对称紧凑简练,天井位于中庭;而典型的北京四合院院落较大,但不一定在中心,宽大的内院用一圈游廊环绕,把正房、厢房和垂花门串联在一起(贾珺2009:92)。另一方面,山河"四点金"大门居中,开在中轴线上;而北京四合院四周围墙几乎是封闭的,仅在东南隅设一扇门,供出入(王忠强 2009:26)。

图 4-6　方形官印式门簪

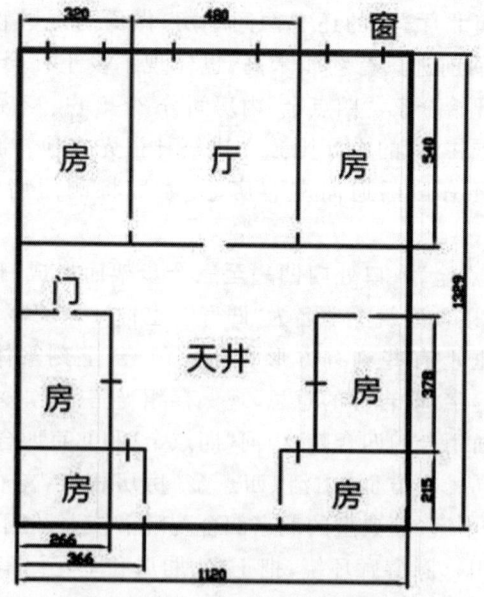

图 4-7　"四点金"平面图

(2)"下山虎"。又称爬狮,是由三间或五间正房、单间的东西榉头及门墙组成的三合院。平面图见图4-9(山河100号)。村民说法是该类宅院其形状如虎如狮,两个"伸手"似虎和狮的前脚,因而得名。面朝中厅方向,左屋为龙,由屋主住;右屋为虎,由晚辈住。两侧"伸手"做厨房或贮物房。

图4-8 下山虎

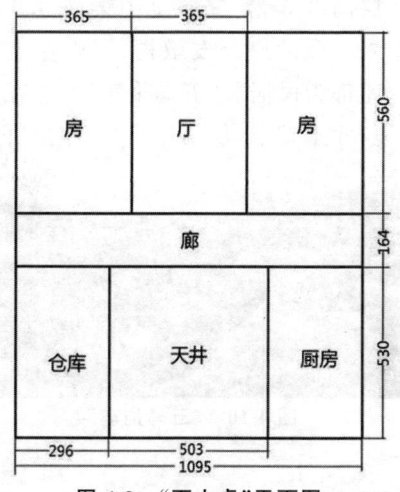

图4-9 "下山虎"平面图

闽南山河人的社会与文化

受场地限制,其营造又必须符合风水理念,村里"下山虎"建筑下又有"单跑狮"、"平房厝"的类型。"单跑狮"即因房屋前无路可开,不得已开横门,占一侧"伸脚";"平房厝"更为简单,只有一厅二房,无"伸脚"。现存有完整形制的"下山虎"4座,其中建于清代1座,20世纪80年代3座;"单跑狮"3座,均为清代建筑;"平房厝"5座,其中3座后期用石头加建一个小"伸脚"。

"下山虎"、"四点金"民居类型一般为经济较宽裕的人家所建。

(3)"五马拖车"。建于清嘉庆八年(1803年),雍穆开基祖下传四房的第二子,廿一世顺德祖所建。位于村中部,震山大寨北侧,二层土木硬山顶建筑结构,形如五匹马拉一辆车,故称"五马拖车",是村中独具特色的建筑群,至今保存较好,住有8户人家。

"五马拖车"由两座"三座落"组成,共六座房屋。"三座落"朝南的第一座是一厅四房的五间过式,厅21槽①搭13和15槽制,长度36.9米;第二座"三座落"则是一厅两房结构,17搭13槽制,长度29.8米。两座"三座落"中间仅隔56厘米宽的小巷。六座中以第三座的高度最高,一层高3.5米,二层至中梁高3.9米,至前檐高2.7米,至后檐高2.1米。前两座是友敬祠,祠内左上方有一口直径50厘米的水井,现六座都为民居。"五马拖车"并非在一条垂直线上,因与东边的二房争地,寸土难求,使第二座"三座落"向西移1.3米。

图4-10 "五马拖车"

---

① 两墙隔板间所见瓦的列数,一列为一槽。

第四章
山河村的民居建筑

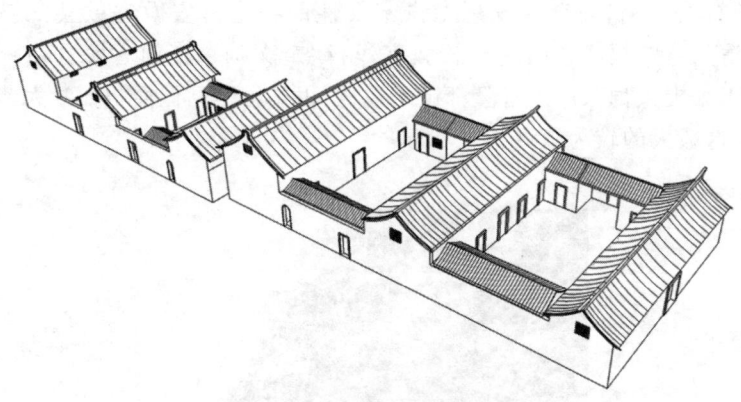

图4-11 "五马拖车"透视图

(4)"七包三"。始建于清嘉庆十五年(1810年),由曾任广东七县正堂、南雄知州等职的沈宝善建造。相传嘉庆皇帝因沈宝善生母叶氏虽奴婢出身,然慈淑温良,育子有功,赐白银壹万两。沈宝善用这笔银子专为母亲建祠堂一座称"叶太恭人祠"及住楼名"汲古房山",村民称"后楼"。"七包三"位于"五马拖车"正东侧,由"后楼"(两层,每层七间)及叶太恭人祠(三间)组成,中间有两房及门楼相连,似后排七间房围着前排三间房,故名"七包三",占地总面积约700平方米。

"后楼"中厅面宽5.3米,进深6.4米,有装饰精美的八扇木格扇门。中厅左右各三间大小均等的房屋,每间面积23.7平方米。只有中厅地板铺红砖,传说昔时两旁的房屋为马房。值得一提的是,二楼七间房屋上的走廊无隔断,一排可自由通行,走廊宽1.2米,也称"走马楼"。现仍住有3户居民。

叶太恭人祠占地面积316平方米,专供奉沈宝善生母叶太恭人的牌位,又称"石脚祠堂",是村中唯一台基为石头的建筑。从地基到1.6米高的台基都是用长1.3米、宽35厘米,经过加工磨平的花岗岩条石砌成,墙壁的上部分用三合土夯筑。大门和门楼同样是用花岗岩条石砌成,石上雕有花、鸟、走兽,大门牌匾题"叶太恭人祠",为沈宝善亲自书写的指书。大门外侧竖着两座青麻紫石雕磨的石鼓①。目前全国发现专供奉女性的祠堂有安徽省歙县棠樾村"清懿堂"、福建省南靖县长教官洋村"奎文祠"、江西省赣县白鹭村"王太夫人祠"、广东省隆都镇后溪村"祖姑祠"等,但面积如叶太恭人祠这般大的较为少见。

图 4-12 后楼

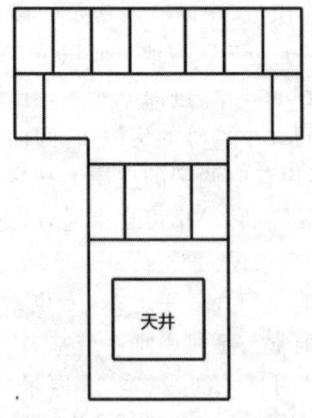

图 4-13 "七包三"示意图

---

① 石鼓在 2000 年被盗。

(5)"竹竿巷"。1969年至1980年期间,村中两次统一规划住房用地,当时在西畔、下行、高山埔、大宅等地所建的房屋,像一根根横向排列的竹竿,村民称"竹竿巷"。在古民居类型上,这类传统建筑形式可称"一条龙"式,平面多为长条形,居室的平面也是矩形(戴志坚2009:62)。平面图见图4-14(山河101号)。每块"竹竿巷"统一朝向,单个开间平面为矩形,面宽3.7米,屋顶13槽。有财力者将两间房屋合并,屋舍得以更为宽敞。由于地方空间大小不同,村中"竹竿巷"的进深不一。西畔和下行进深8米左右,高山埔前5排进深约13.5米,后3排进深15米左右。有楼房两层,后期建的"竹竿巷"二层楼高度较以往更高些,通常一楼2个窗户,二楼1个窗户。若家庭人口多,一楼客厅也铺床住人,老一辈考虑到行走方便多住楼下,年轻人则住楼上。

这时期的墙体根据个人意愿运用三合土或石条建造。有的一楼土夯,二楼石砌;有的一楼石砌,二楼水泥房;有的门面墙壁是石砌,其他三面墙为土夯,并无统一。旧时的地板多是壳灰泥,之后出现水泥地和瓷砖地。多数房屋设有天井,但近几年有人觉得天井不方便,特别是下雨天时雨水会洒落进屋,如今几乎都用铁皮或者水泥搭盖成屋顶。按照一间90平方米的竹竿巷房屋计算,若10多个师傅同时施工,加上筑墙、上梁、盖瓦、装窗门、装修等,一个月可以完工。

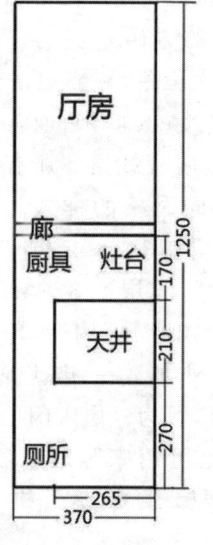

图4-14 "竹竿巷"平面图

闽南山河人的社会与文化

图 4-15　高山埔带"竹竿巷"

3. 方砖水泥建筑

2000年前后,村中出现较现代化的方砖水泥房。窗户较以往大很多,一般规格长72厘米,高度95厘米,通常外有玻璃窗,内有纱窗。还有罗马窗等不同风格的样式。现代房第一层高3.8~4米,二层3~3.8米,三层2.8~3.5米。二层有"出牛腿"构造,即在二层墙壁外加建一排走廊,宽1.2米[①],可为一层入门处遮阳挡雨,也可用来晾晒衣物等。

图 4-16　"出牛腿"风格的现代房屋

厕所、楼梯、厨房、客厅构成房屋的主要部分。地势高的地方地下水

[①] 与前述"七包三"中的"走马楼"宽度相同,似是走马楼的遗风。

少，多会在楼顶设水塔储水。目前屋主倾向自行设计房屋，也结合泥工意见。

（二）附属建筑

附属建筑是民居建筑的一部分，下文选取山河附属建筑中的卫生间、水井、排水道、畜舍加以介绍，进而从其发展中反映村民生活状态的改变。

1. 卫生间

昔时，每家每户在屋外搭建简易的厕所，多为木条或土夯矮墙，高度1米左右，一般高度只及成年人身长之半，大部分为露天厕所，下雨时会漏水。厕所仅供男人使用，妇女在家中备有马桶，晨起时倒在屋外厕所里，用于存做农用肥料。昔时也无专用洗澡间，男人多从家中提一桶水至厕所围墙内洗澡，女子则在屋内用一圆形杉木桶洗。1969年后的竹竿巷每间正门外或左或右侧建有洗澡及如厕合用的卫生间，面积在3～5平方米之间，材料多样，有三合土、石条或是废弃的旧棺木等。2005年时考虑到户外卫生间既占地不美观，又不卫生，村里动员户外厕所改建入内，每间补贴20元，如今都已拆除完毕。村里现代新式楼房的卫生间内装有冲水设施和电热水器，面积及结构与城市中的普通家庭无异。

除了自家建的厕所，1960年后合作社曾兴建公共厕所，土夯的墙，一扇门，无屋顶，高度近2米。现只在破寨东边存有一处旧公厕，旧址多已改为种植绿化的花草，或成灰埋、空闲地等。2013年2月震山大寨正门外建起一新式砖砌公共厕所，面积34平方米，定期冲水，分男女间。

2. 水井

村中最老的水井位于震山祖祠西北侧，直径80厘米，井深5～6米，兴建震山祖祠同时挖造。井水甘甜，水量丰富，建村初期能满足全村人、畜需要，被称为山河的母亲泉。清嘉庆年间，村落逐渐扩大，先后挖掘多口水井，有院内的，有院外的，至新中国成立后共有15口井,其中以震山祖祠西北侧及友敬祠内的井水水质最优。20世纪70年代后开始大规模使用摇井,村民以水泵汲取地下水,适合小家户生活取水,但不同地区水质好坏也不一,长期汲取水质易变差。2007年底村里引进来自亚湖水库较清洁卫生的自来水,更加保障了村民的日常用水。而现存的古井多已无人使用或被填埋。

3. 排水道

震山大寨依靠寨内路面下的一条环形排水道进行排水,排水道自祖祠向四周外圈环绕,排向大寨正门右侧外河流。现在寨内排水道处部分盖有水泥板,部分仍可见露天水沟。带有天井的房屋,雨水由坡屋面泄入天井,再由天井经暗沟汇集外排。天井的排水称"放水",水代表财气,需要风水先生指定出水口。出水口多设在东边、左侧,水路禁忌一条直沟,弯曲为宜。整个村庄排水布局以友敬巷—大寨为中轴线,两侧的房屋排水至左右不同河沟,互不侵犯。昔日排水明沟沿街布置,现在一些主要地段逐渐新安装地下排水管。

4. 畜舍

村里主要有猪圈、牛舍、鹅棚等畜舍,多数由生土①建造,或用坍塌的三合土旧墙打成方形小块后垒成,近年也用石材及砖砌。畜舍无固定地点,有设在房屋门外,有在房屋进门侧边空地,也有在天井内。若屋内有畜舍往往异味较重,现在有条件者一般会将畜舍外移,居住条件和卫生条件得以改善。

昔时几乎每家每户都有养猪,猪圈的规格大小不一,通常高1米左右,占地面积3~7平方米,通常内设有食槽。1990年后养猪的人家陆续减少,一来经济效益不高,不如外出打工;二来村里要求整治卫生,专门的养猪户须搬到村外。目前村外有10多家养猪场,大的养猪场占地1300多平方米,有200多头猪;小的养猪场占地100多

---

① 昔时用做建材的土大致可分两种:自然状态的土称为生土,而经过加工处理的土称为夯土,其密度要比生土大。

平方米,养40多头猪。昔时的猪圈现在多改为养其他牲畜,或荒废无用。

牛舍通常在屋外,简易的牛舍由3～6根松木做柱,其上搭稻草,面积要比猪圈大,调查期间也曾见村民将不住的旧房当牛舍使用。相传村民信奉的武德侯素来喜吃鹅肉,所以有些家户也会养鹅,供逢年过节祭祀时用。鸭棚同鹅棚一样多在水沟及池塘处,而鸡笼多数由木材或者竹子编造置于屋内。

三、房屋的建造

昔日住房拥挤,常七八口人住一间房,至结婚时盖房分家,屋舍不断增加。在满足使用要求下,建造房屋讲究因地制宜,就地取材,节省成本。本节介绍山河房屋在不同时期下的主要用料、工具和建造过程。

(一)材料和工具

清代建筑材料主要是黏土、沙、壳灰、瓦、杉木等,房屋建筑全靠手工操作。住宅墙体多采用黏土、沙、壳灰三合土干打垒式筑墙。山区普通房屋为土坯墙、木椽条冷摊瓦屋面(福建省诏安县地方志编纂委员会 1999:151)。山河人称三合土夯的墙为"灰炼墙",三合土中的沙多取自东溪;壳灰买自县城附近的壳灰厂,由贝壳(以牡蛎壳居多)加谷壳煅烧;一般就近取土,土来自桶盘丘、猫鼠尾山等处。壳灰越多墙体越坚硬,但考虑到成本问题,壳灰往往少于三分之一。土是主要成分,所占比例较大,根据土质情况来加沙,有的土可不再加沙。三合土做为建筑材料,寿命长、造价低,并能充分利用当地资源。

昔日村里有瓦片厂制造瓦片。瓦片厂有一个直径约3米,高40厘米左右的圆池;制瓦时在地中放入无沙的泥土,加水后让水牛在周围踩踏,待土产生黏性,取出放在瓦片模型上,压实后倒出,在太阳底下晒到半干时收起,再烧七天左右便制成。瓦片略呈拱形,宽21厘米,长 27 厘米。

村中没有杉木,昔时杉木从诏安县城经东溪河运来。1990 年左右村中种有三四百亩杉木林,但长得较小,无法用于建房,仍然依靠外地调运。杉树树干直,重量轻,易于加工,结构性能好,民居建筑大量使用。1970 年后出现多处石墙建筑,石条长 70 厘米,宽 20 厘米,高 20 厘米。一块石条重 150 斤左右,价格在 3 元左右。遇到不方正的条石,要再用小石子砌。大庙附近还有两间 1971 年用乱石砌成的房子。石材耐火、耐水性能均好,但砌筑费工,且保温性能差。后期被防水隔热抗震效果更好的钢筋混凝土取代。现代方砖水泥房的用砖长 24 厘米,宽 12 厘米,高 6 厘米,墙体建设厚度有 4 种,分别是 24 厘米、18 厘米、12 厘米和 6 厘米。

"工欲善其事,必先利其器",使用有利的工具对建房顺利进行起重要的作用。夯筑土墙用的墙模工具称为"合",由三块木板围成的长方体,长 1.2 米左右,宽 30 厘米,高 60 厘米,一段"合"高度的墙,需要约 300 斤的三合土。较小的"合"称"小籴",长 80 厘米,可搭配"合"一起使用。墙模的一端用木板封住,"木栓"由直径 8 厘米的圆形木材制成,夯墙时加入墙壁中间,起加固承重的作用。夯筑时用称为"撞杵"*tseŋ tsʼi* 的木夯杵夯实,撞杵长 1.8 米,约 10 斤重,无手柄,底端为圆形,经过长期摩擦使用后会变短。修墙工具有灰刀和"土过"。灰刀即灰匙,主要为抹平之用,由木柄及三角形的金属片组成,有多种不同的款式,至今仍为水泥工的重要工具。木质的"土过"有两面,一面水平一面弧形,使用时用水平面敲打墙壁,可将凹凸部位

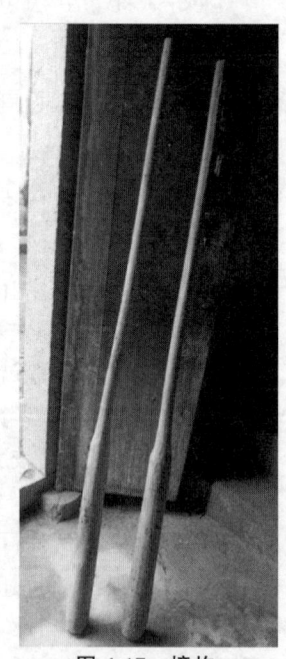

图 4-17　撞杵

第四章
山河村的民居建筑

拍打修平。

常见的建房测量工具有水银尺、曲尺、鲁班尺等。昔时测定平直与否是用装满水的小碗,根据水面的高低来做调整,而后才出现水银尺测量墙面各个部位的平整度,中间有玻璃珠判断平直与否,原先的水银尺还是木质,后为铝合金质。20世纪90年代左右开始运用水平管,在塑料U型水管里装水以测量平行,多在长距离使用,短距离仍用水银尺。现在也有用较先进的红外线水平仪确定准确度。曲尺因其成直角,利于控制直角、检查平面,故是木工施作时度量与画线的重要工具,一般有两种规格:长者2尺×1尺6,短者1尺×8寸。鲁班尺昔时是木制,现在多为钢质,主要测量房屋、门窗见光尺寸,按"财、义、官、本"等吉祥尺寸,避开"病、离、劫、害"等不祥尺寸[1]。还有"木杆测条",是一种用来测量长度的长方形扁木条,后发展为钢条或铝合金板,多以一寸为单位,总长度不一,有1.2米、1.5米、2米等。

随着时代的发展,工具进一步革新。木工用来刨直、削薄、出光的刨子,近年来已从手动刨改为"电刨"。昔时有横锯、竖锯等各式锯子,2000年左右开始出现"角磨机",在角磨机上安装木工锯片就是一部灵巧的手提木工电锯,简单的木工活都能应付。以前建房时用铁钎配合钩钉夹紧二层木板,现在用木板夹钳,村民称之为"工规",调紧即可,更为方便。

(二)建房过程

房屋由地基、墙、楼地面、屋顶、楼梯、门窗等构件和配件所组成,施工顺序包括选址、奠基、筑墙、上梁、排槽、盖瓦片、安门窗、装饰等。

建房之始,一般先请地理师(风水先生)择地,选址后地理师还须

---

[1] 其排列顺序为"财、病、离、义、官、劫、害、本",每字间隔1.8寸,循环累算。

闽南山河人的社会与文化

用罗盘中二十四山取吉方位,根据山势走向和房主的生辰八字确定"分金线"和朝向。如果朝向不好改动,认为是比较凶险之处,便竖一石块,镌刻上"石敢当"字样。村里立有一块石敢当,在震山大寨西侧外壁上,认为可避前路巷险,现在字迹已模糊不清。地理师定好朝向、来水、排水等后,再请择日师①择定吉日兴土动工。择日师使用的择日书参考广东竹溪楼店每年出的《农历通书》,亦有诸多祖辈传承下的古择日书。

村民建房历来重视地基的打造,视地基为房屋建造的命脉。打地基前,先将地平挖深10~20厘米,沿房址四周及建墙壁处画线挖地基沟,深度根据土质变动。淤泥、杂填土等承载力较差,必须进行人工加固后才能成为建造房屋的用地,根据具体土质情况挖一到数米深的地基,假如是山石地则不用挖地基,将其铲平即可。村中多为三合土地基和条石地基。四周基沟宽度约50~100厘米不等,近地面时基沟宽度稍薄约30厘米。在"下行"那类土质疏松地,有的先在地基沟内打下松柏木条,再在上面按照墙壁宽度横向、纵向垒三至四层的条石,最后填三合土到地平;如果是石墙,地基也是条石。房屋墙壁的下部地基处垒石,条石摆放时要依据其形状均匀平衡的摆放叠加,避免摇晃不稳。条石砌到一定高度后往石头框架内填沙,整平后浇水,使地基黏合成一整体。砌石、填沙、浇水等一直重复,直至所挖的地基填平为止。

建房前要搭架,距墙60厘米左右立下杉木柱并安置行人板,用麻绳捆绑连成一体,工人可以站在木架上行走,一米高左右须再搭架。现代房则用竹子搭架。传统夹板人工筑墙,由人工执杵筑实成为墙体,劳动强度大。建房师傅将拌和好的三合土放进"合"内便开始夯墙,先放20厘米左右高度的三合土,用"撞杵"夯打到足够坚硬,

---

① 择日师不同于风水师,专职择定吉日。村中现存有两个择日师,已无正统上的地理师或者风水师。

第四章
山河村的民居建筑

再倒入20厘米的土,逐渐夯至60厘米高,一段"合"便夯好,拆板并将木栓敲出,再移至要夯的地方。在一层外墙转角处和"丁"字交接处,用竹片做布筋加固,起拉紧作用,土墙不易开裂。通常有8人参与建造,左右两排各3人夯土,前后各1人主持施工、看准确度等;也有10个人参与建造,左右两排各4人,前后各1人。地面上还有7至8人负责搅拌土、挑土等。

除了将三合土材料装入夯土板中分层夯实,夯墙还有一种方式是预制"土埆"。此建筑方式操作简易,抗震能力强,规格灵活,亦节省劳力。土埆一般长36厘米,宽28厘米,高18厘米。现在的土埆较小些,一般长30厘米,宽25厘米,高15厘米。制作土埆的模型多是杉木,新中国成立后开始用铁板做。将土压进模型内用力拍实,脱模后形成夯土块,干后就可砌墙。

泥水工在砌墙时木工也在做门框、过桥、窗户等。夯墙到预定门框的位置时,木工安门框,也有在房屋全部建好后再安门及窗。门框上要安过桥,过桥为直径25~30厘米的原木,长度2米左右。土房的门框和过桥安置顺序随意。石房的过桥是石板,大小一样,须先安过桥,再安门框。现代水泥房不用过桥。

建房至二层预定高度,先上原木再铺一层杉木板,有的木板上加铺一层壳灰泥,则成为二楼。然后继续夯墙到屋顶处,上中梁及两侧梁木。有的民居中梁上也画八卦图,以驱邪制煞。传说如果有画八卦图的中梁坏了,拆下来后不能劈砍或烧毁,村民会将之放入溪里让水自然流走。

再来就是安装"桷仔板"[①],与梁成直角等距摆放,然后将桷仔板用铁钉固定在梁上。民居中厅17槽,两房13、15槽居多,取单数。每段槽标准尺寸为28.5厘米,最小的有27厘米,最长30厘米。

---

① 闽南称椽为桷、桷仔、桷枝。"桷"是椽子的古称。闽南桷木的断面为高宽比1比4左右的扁方形,故又称"桷仔板"、"板条"(曹春平等 2008:86)。

图 4-18 丁斗拱

钉好桷仔板后做屋脊,正脊称为"灰中脊",做几何形镂空。中脊高度称为"天父",地面宽度称为"地母",天父尺寸要略大于地母尺寸。大厅楹仔两端长须稍跨出挡壁的中心线,搭接的榫卯才能位于挡壁上,以加强结构的强度,叫"楹仔出丁",寓意人丁兴旺。村中将斗拱称"楼节",类型为丁斗拱,用于内檐梁架。

图 4-19 火星头　　　图 4-20 金星头　　　图 4-21 木星头

中脊两端做山墙,山墙由三合土夯筑,抹白灰,部分三合土墙体采用预制板模块形式。民房注重山墙脊端款式,分 5 种,按金、木、水、火、土命名,称"星头",根据二十四山方位罗盘和"五行"而定。火星头式似牛犄角,木星头似和尚帽,金星头像茶壶蒂,水星头半圆顶两边各一小弧角,土星头似戏装王爷帽。村中五类星头都有,以造型美观大方、抗风雨效能较强的木星头占多数。祠堂、庙宇则以火星式为主。

第四章
山河村的民居建筑

墙头和沿山墙两边斜向的斜脊称"下山"。"下山"有两条,前段称为"上退山","上退山"尾部翘起处称为"虾尾",后段称为"下退山"。有的在"下山"底部有三角形或矩形的贴砖装饰,称"码企"。

图 4-22　斜脊

村中有"灰塑"这一别具特色的山墙装饰形式,村民称 te a kua,以传统建筑中的灰泥为主要材料。灰泥由石灰、麻丝、纸筋、煮熟的海带,有时添加糯米浆、红糖水,搅拌、捶打而成。从施工工艺看,灰塑一般以铁丝或砖瓦搭出骨架,于其上敷灰泥,边批边塑,直至成形,最后在半干的泥塑表面彩绘,也可以在灰泥中直接调入矿物质色粉。灰塑是趁湿时制作,较砖雕、石雕有较大可塑性(曹春平等 2008:116)。部分精美的灰塑在"文革"期间遭到破坏,庆幸的是现在村中灰塑仍留存有虎头、花卉等寓意保平安的图案。

屋面盖瓦时,瓦片中间衔接一条半圆瓦筒,俗称"瓦虫"。瓦片一般盖 2 层,火星头翘起处盖 3 层。为防雨水,房屋做成坡顶,坡度 35 到 45 度间。坡屋顶是村中习用的一种传统屋面形式。自从砖墙承重的混合结构出现后,坡屋顶原用的屋架被墙所取代。之后须抹墙面,三合土的墙面用灰刀抹上两层约 3 厘米左右的壳灰泥;石墙则是先上一层泥土灰,待干后再加二层壳灰泥;现代方砖水泥墙先加水泥土,干后有的加壳灰泥,有的抹涂料,有的直接铺瓷砖。抹灰不仅具有装饰建筑物外表,减缓主体结构风化,延长使用寿命的作用,还具有保温、隔音、防火、防潮和防腐等效果。

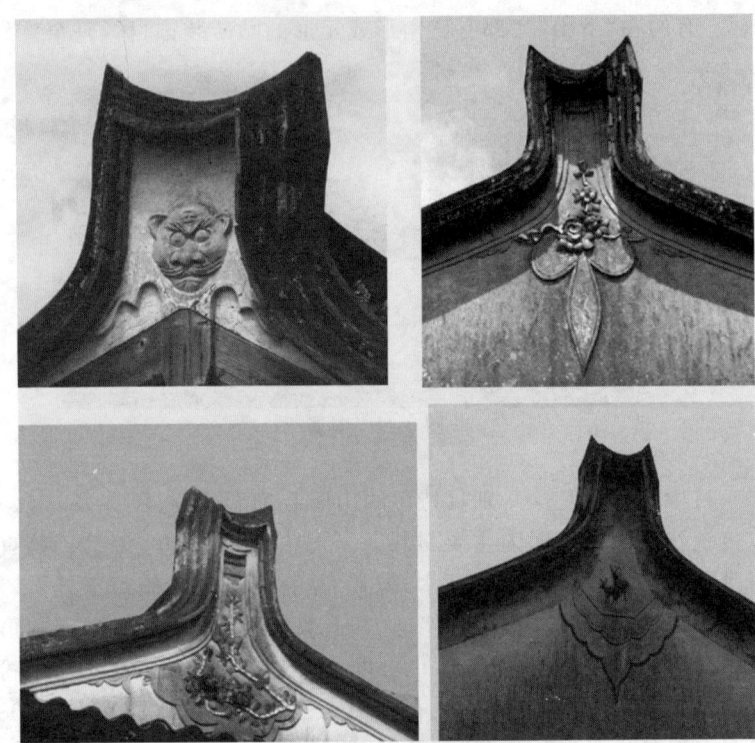

图 4-23　各式灰塑

地板有用壳灰泥固定或铺红砖为地面,红砖有 21 厘米、36 厘米边长等不同尺寸。有的门框上置一块石横匾,不同的刻字代表不同的寓意:五房廿二世恭肃祖传下子孙门匾写"葵湖发祥",因恭肃祖葬在三丘田山上,山下有大湖环绕,故其后子孙自称"葵湖派",此门匾意在诫勉后代不忘家族源头;有的按照姓氏,沈姓称号书"吴兴发祥";朝南的房屋会写"熏风南来";还有的门匾刻吉祥的字样,如"福纳祥迎"、"源远流长"等。有些人家在屋檐上方置辟邪物,如有仙人掌、八卦镜、毛笔、门符等以制煞。另外村民将燕子入屋筑巢视为吉兆,认为一个燕子窝可以抵 9 个灾难,所以往往会将燕子窝保护起来。

(三)建屋成本

昔日全村居住在震山大寨,清代"四点金"等合院类建筑多为后起有财力的房头或富户建造,建屋成本因年代久远也已无从考证。1970 年左右建的竹竿巷,平均每间花费约 1500 元,包括购买建房材料(如石柱、瓦片、木板、白灰等)及建房师傅工钱,置办家具。随着材料费和人工费不断上涨,1980 年后兴建的竹竿巷,建房全部开销平均约需 3000 元,同样屋主一般会参与建造。由于竹竿巷是由数间并排的房屋构成,村中约定俗成,后建的人家和该排第一个建房的住户平摊一面墙的钱。

2000 年后,居住在清代古建筑及竹竿巷的居民普遍对房屋进行再装修:改木门为铁门;改木梯为水泥楼梯;地板加铺瓷砖;屋内白灰墙壁贴瓷砖;小窗改大,有的新开窗户,设外玻璃窗内纱窗等,每户根据自家情况而定,耗资 4000 元到 8000 元不等。在同一时段,有资本者首先考虑建造现代房屋,两层的洋房,平均每层 120 平方米,若资金充足 8 个月可完工,普通装修总耗资 25 万元,精装修总耗资约 45 万元。至 2013 上半年,全村仅一家在建房前请县城专业人员设计建筑规划图,村里建房的规模尺寸一般都由建房师傅、屋主、地理师共同拟定。

对于现今建房者,人工是一大笔支出,一般本村的泥工师傅每天 150 元,村里的木工及县里请来的师傅每天 200 元,并按照村里规矩,每天要给师傅准备点心、开水、一包香烟。而据报道人介绍,20 世纪 80 年代小工每天的工钱仅 2 元多,2000 年为每天 24 元,到 2005 年,包工头给师傅每天 80 元工钱。

材料价格也一路上扬,2013 年的大致价格为红砖头每块 5.2 元,固定木板每块 50 元(长 183 厘米,宽 91 厘米),钢筋每吨 3350 元,水泥每 100 斤 25 元。屋主应交付水电工及包工头工钱,水电每平方米24元,木板每平方米3元,砌墙每平方米20元,绑钢筋每吨400元。农村个人建房是一项巨大的投资,如今村里所建的新式洋房普遍需要向亲朋借钱才能盖起。

近几年虽然逐渐有人在诏安县城和汕头等地购房(共计50多户),但多数村民有一定积蓄后仍然会选择在村里建房,并将为下一代建栋现代房屋当做奋斗目标。现以一子孙三代住房史变迁为例,展现村里住房地及成本的变化。

沈锦才1946年出生于村里一座"四点金"式建筑。其上五代直方祖因做白糖生意发迹,建造此座"四点金"房屋,后代常住于此。沈锦才20岁时在此成婚,之后生两儿两女。1969年和1978年先后在位于下行的竹竿巷中建2间房,现分别由次子沈崇坤和长子沈海坤居住。

沈崇坤家附近的地原先是荔枝园,1969年村里统一规划做民居用地,沈锦才当时建房耗资约2000元。房屋由三合土夯筑,进深总长8米,两层楼,一层有口间及内间。2008年再次装修,将窗户改大,原木门改铁门,墙壁重新涂一层白灰,土灰地板铺上瓷砖,一楼天花板铺塑料薄膜,安装自来水管,口间处新设煤气灶等,共花费5000多元。沈海坤家原先是种水稻的田地,田前还有条小溪,现已淤塞成沟。其家是父亲沈锦才1978年在下行建的第二座房,房屋结构与建造的第一间房大致相同,但因地质软,地基足有2米多深,又因交通不便,材料运输成本及人工费都较高,耗资5000余元。2003年经过装修,在房前多搭建铁皮屋一间,并安装瓷砖地板等,再花费5000元左右。

沈海坤是附近几个村唯一开建材行做瓷砖生意者,店铺在村口,从佛山、晋江进货贩售多款瓷砖。2006年沈海坤在房屋的前一排又建新房给儿子将来居住,地基同样有2米多深,地基及一层墙壁均为石条造,花费5万元,后资金不足空着没再修建。到2013年着手再建,二层为砖头砌成,于该年完工。房屋一层长12米,宽8米,高3.8米;二层长13.2米(加上长1.2米的"出牛腿"),宽8米,高3.6

第四章
山河村的民居建筑

米,加上 2006 年的花费,共耗资 25 万元。总体上看,村里建房主要由父辈出钱在房屋附近为下一代造居所,而自身仍住老房子,父辈往往视建新房为使命,和为后代创造更好生活的空间。

结　　语

　　一座完整的建筑物具有三个要素:适用、坚固、美观,建筑里一定不可避免地反映着各时代的知识、技能、思想、制度、习惯,和各地方的地理气候(林徽因 2004:25)。山河传统的建筑大多是村民自行设计和建造,具有自然纯朴、设计灵活、坚固实用的特征,同时还具有浓厚的地方风格,以及强烈的民间审美特质等特点,体现了特定时代的文化形态与生活方式,凝聚着村民的才能和智慧。古建筑留存较多,形式多样,然而由于自然与人为因素,部分房屋已经损坏、老化,卫生等基础设施条件不完善,村民热衷于建造宽敞明亮的新房,不屑于对老屋进行维修。上百年的古建筑多由孤寡老人居住,将有无人居住成空房的可能。

　　村里传有一句话:"强房败乡村",强盛的房支易不受拘束,任意搭建住所,破坏村庄的整体面貌。现今村街巷内,传统建筑外围随意搭盖现代简易房屋,或已经被现代建筑所代替的例子随处可见。笔者调查期间,正逢山河申报国家级历史文化名村,大规模对违章及破坏性建筑进行拆除。古民居建筑是山河历史和文化的见证,愿我们能留住文化的根脉,进一步保护与传承。现今技术革新,社会变迁,工匠凋零,期借助本文的撰写,让更多人对古民居建筑及其营造工艺有所了解。

参考文献

王忠强
　　2009　四合院。长春:吉林文史出版社。

闽南山河人的社会与文化

李建军
 2010 福建三明土堡群:中国防御性乡土建筑。福州:海峡书局。

林徽因
 2004 林徽因讲建筑。西安:陕西师范大学出版社。

贾珺
 2009 北京四合院。北京:清华大学出版社。

曹春平,庄景辉,吴奕德(合编)
 2008 闽南建筑。福州:福建人民出版社。

福建省诏安县地方志编纂委员会(编)
 1999 诏安县志。北京:方志出版社。

福建省历史文化名村——诏安县山河村(山宝雷村)编委会(编)
 2011 诏安县山河村(山宝雷村)。诏安:福建省历史文化名村——诏安县山河村(山宝雷村)编委会。

蔡海松
 2012 潮汕民居。广州:暨南大学出版社。

戴志坚
 2009 福建民居。北京:中国建筑工业出版社。

第五章

山河村的人口与家庭 ▶▶▶

◎ 梁如玉

前　言

本报告基于为期45天的田野工作(2013年6月14日至7月28日),调查点为居民以沈姓为主的山河村。[①] 在田野调查中搜集资料的方法有访谈法、观察法等,并从三个渠道取得家户和人口资料:一为全班同学共同协助完成的家户访问资料;二是诏安县西谭乡计划生育委员会提供的2013年7月8日更新的常住人口登记资料;三即山河村村委会提供的2010年山河村人口信息卡。要在为期45天的田野工作期间遍访全村居民是不可能的,故在选择家户访问对象时采取抽样方法,以期通过对本村的一部分家庭进行家户调查,能对全

[①] 在搜集资料过程中,村民沈辉煌、沈锦财、沈桂祖、沈振乾、沈友桂、沈杰辉等人曾给我大力支持与帮助,在此表示感谢;此外还需要特别感谢同行的同学们,他们在进行各自的田野调查之余,还不辞辛劳地帮助我完成本村的家户调查,在此表示诚挚谢意。

村的人口与家庭概况做合理的推论。

本次家户访问预期获取 100 个家户资料,在抽样时先是根据简单随机抽样从山河村 810 户中抽取 100 户做为调查的正式样本;然后再随机抽取另外 30 户做备用样本,当抽取的被调查对象因故无法接受访问时,便从备用样本中再随机抽取访问对象,以替换未回答的样本。本次家户调查成功获取 100 户家户资料,其中正式样本使用 95 个,动用备用样本 5 个,采用备用样本的原因是:2 个正式样本户因地址记载不清而无法找到,2 户拒访,1 户为单身户且被调查对象因身体缺陷无法进行访问。

此次家户调查的 100 户中,有 79 户长年有家庭成员居住在山河村,余下的 21 户皆为空户,包括 1 户已搬到县城居住,和举家外出打工的 20 户。除去那 21 个空户,本次调查最终使用于分析本村家庭结构、分家习惯及其老人赡养情况的有效样本数为 79 户,村中实际住户率为 79%,依此比例推定,山河村实际住村户约为 640 户。

一、人口结构

人口结构即人口按照某一性质而划分形成的不同性质之群体,而构成划分标准的因素通常有年龄、性别、教育程度、职业、收入、民族、宗教等,一个地区的人口结构反映当地的社会面貌。通过分析山河村的人口数、性别、年龄、教育程度以及职业分布,可以帮助我们更清楚地了解当地的社会文化生活。需要说明的是,本节中人口数的分析主要依据政府统计资料,性别、年龄、教育程度与职业的分析主要依据家户访问所得资料。

(一)人口数

诏安县山河村自清康熙丁巳年(1677 年)建村,至今已有 330 余年历史,但长期未见有人口统计的数字。新中国成立后,中国农村开始推行土地改革和户口登记政策,自此山河村才有本地的人口数据资料。根据村民沈庭辉和沈建聪整理的山河村人口资料、山河村村委会提供的本村历年人口登记表,及西潭乡计划生育委员会提供的常住人口粗略统计资料得知:1949年山河村共有209户居民,总人口890人,其中男性450人,女性440人;1960年时总户数增加28.71%,居民户数达269户,总人口增加22.58%,达1091人,其中男性535人,女性556人;至1970年时总户数增长速度略有降低,为18.96%,居民户数为320户,但村中人口数在此10年内进入快速增长期,增长率高至78.74%,总人口达1950人,其中男性979人,女性971人;至1980年人口规模持续上升,总户数增长率提升至29.69%,居民户数达415户,实现本村居民户数的成倍增长,但在总户数快速增长的同时村里人口增长速度却很缓慢,仅0.53%的增长率,村里总人口数首次突破2000,达2054人,其中男1053人,女1001人;而至1990年村里居民户数仍保持20.48%的平稳增长速度,总户数达500户,总人口数较1980年增长26.58%,达2600人,其中男1380人,女1220人;到了2010年,本村居民户数进入最快增长的10年,较2000年增长了40%,户数达700户,与此同时,人口数的增长较为缓慢,增长率仅15.38%,总人口数首次达3000人,其中男1380人,女1420人;发展至2013年,村里居民户数在3年时间内实现大幅度增长,增长率高至15.71%,居民户数达810户,人口数增长率相对较低,为3.17%,人口总数有3095人,其中男1615人(52.18%),女1480人(47.82%)。

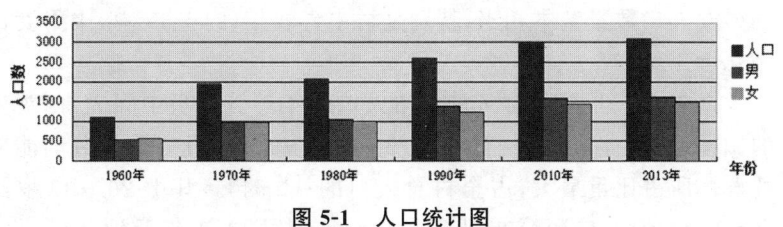

图5-1 人口统计图

从山河村历年的人口统计资料可以看到：山河村的人口规模总体呈现一种平稳增长趋势，且在性别分布上，除了1960年本村的男性人口较女性人口少21人外，自1949年至2013年间，本村男性人口总数都要高于女性人口总数，特别是1990年和2010年，男性人口比女性人口均要超出160人，但就总体而言，村中的男女比例一直处于相对平衡的状态；值得注意的是，在1960年至1970年间，村中总户数增长率平稳而总人口数增长迅速，这与当时的社会背景有关：此时中国处建国初期，生产力水平低，劳动力需求旺盛，加之"人多力量大"、"多多生育"的号召深入人心，导致村中人口在这10年内剧增78.74%。同时从2010年至2013年的人口增长规模可见，村中人口数增长平缓而总户数3年内的增长率达15.71%，这显示近几年村中的主要的家庭规模较以往已发生改变，越来越多的村民选择代系关系简单、家庭成员少的家庭形态。需要特别注明的是，2013年以前的人口数据资料主要来源民间的推估，很多数字都是成十成百地出现，故这些数值应该都是粗略的估算，再加上年代久远已无法验证，故它们的准确性值得怀疑，仅能做为大概的参考。

（二）年龄与性别

通过2013年7月的山河村家户访问可知，在非空户的79个样本中，总人口数达327人，其中男性有178人，占54.43%；女性有149人，占45.57%，男性人口数较女性要高出29人；就年龄与性别的总体分布结构而言，山河村的男女比例还是较为均衡，很多年龄段的男女人口数量基本相当，特别是村中青壮年（21～65岁）中男女比例几近1∶1。

据表5-1可看到山河村总体人口的年龄分布呈中间大、两头尖的橄榄型，具体表现为：青壮年（21～65岁）这一具有最佳劳动能力的群体所占比重最大，占全村总人口的64.54%，其中26～30岁与46～50岁为人口数分布最多的两个年龄段；青少年及幼儿（0～20岁）的人口数占全村总人口的27.83%，其中0～5岁的人口数最多，占此年龄段总人口数的五成以上;村中65岁以上老年人群的人口数比重最低,仅7.64%,全村共有老年人口25人,但根据国际上老龄化社会的划分标准——65岁以上人口占总人口的比重达到7%的地区即为老龄化社会,显示山河村已进入老龄化社会。

表5-1 年龄与性别统计表

年龄	性别		人数	百分比	合并人口比例
	男	女			
0~5岁	21	16	37	11.31%	
6~10岁	8	5	13	3.98%	27.83%
11~15岁	17	9	26	7.95%	
16~20岁	9	6	15	4.59%	
21~25岁	14	14	28	8.56%	
26~30岁	20	20	40	12.23%	
31~35岁	6	2	8	2.45%	
36~40岁	14	12	26	7.95%	
41~45岁	13	10	23	7.03%	64.53%
46~50岁	14	20	34	10.40%	
51~55岁	14	13	27	8.26%	
56~60岁	8	4	12	3.67%	
61~65岁	9	4	13	3.98%	
66~70岁	4	6	10	3.06%	
71~75岁	4	3	7	2.14%	
76~80岁	1	2	3	0.91%	7.64%
81~85岁	1	1	2	0.61%	
86~90岁	1	2	3	0.92%	
合计	178	149	327	100.00	

(三)教育程度

国家规定的入学年龄为6周岁,所以教育程度的统计以6周岁

表 5-2 教育程度统计表

	文盲		初识		幼儿园		小学		初中		高中		大学		合计
	男	女	男	女	男	女	男	女	男	女	男	女	男	女	
5~10岁					1	1	5	3							10
10~15岁	1						11	5	4	4					25
15~20岁									2	3	2	3	1		11
20~25岁							2	2	9	4		2	3	2	24
25~30岁		3					3	4	17	12	1		2		42
30~35岁		1					2	1	6	2					12
35~40岁		6					7	4	4		1		1	1	24
40~45岁	2	6					6	3	2	2	1				23
45~50岁	3	11	1				5	7	3		1		2		33
50~55岁	2	9					3	2	4		2				22
55~60岁	2	7					3	1	1		1				15
60~65岁	1	4	1				4	3	3		1				17
65~70岁		3					3			1	1				8
70~75岁	2	2					1				1				6
75~80岁		1													1
80~85岁		1													1
85~90岁	1	2					2								5
小计	14	56	0	2	1	1	57	35	55	28	12	5	10	3	279
合计	70		2		2		92		83		17		13		279
百分比	25.09		0.72		0.72		32.98		29.75		6.09		4.66		100.01

为起点。表 5-2 中,未上学的以及学龄前的儿童均属文盲,高中教育程度包括职业高中和普通高中,大学教育程度包括本科和专科,初识包括自学和上扫盲班两种情况,此类村民一般能做到阅读日常的报刊的水平,此外村民的受教育水平与其最高学历保持一致,包括其在读学位在内。通过 2013 年 7 月的山河村家户访问可知,79 户样本里,小学教育水平的村民所占比重最大,比例高达 32.98%,初中教育水平者所占比重位居第二,占 29.75%,此外文盲在总人口中的比

例也偏高,达到25.09%。从表5-2可见:本村男性平均受教育程度高于女性,女性文盲人口数较男性高出42人,初识教育程度的2名村民也皆为女性。另外从受教育程度来看,拥有小学、初中、高中、大学学历的男性人数明显均多于女性;从年龄分布来看,年龄越高的人群受教育程度越低,而处在16~25岁年龄段的青壮年获得高中、大学这些高等教育机会的比重较其他年龄组而言要高出许多。

通过统计山河村村民的教育程度可获知,村民总体受教育程度相对较低,村中最主要的学历水平是小学和初中,占总人口的六成以上;高中和大学的人口较少,仅略高于一成。其次村民近年来受教育的水平已获得大幅度的提升,这不仅得益于义务教育的普及,也和村民对教育的日益重视是分不开的。此外在村民的教育事业上,男性接受包括幼儿园、小学、初中及高中这些基本教育的比率要远远高于女性,在一定程度上反映了村民在普及教育时更注重对男性的培养,女性接受教育的机会通常要低于男性。

二、家庭结构

家庭是社会的基本组成单位,家庭结构包括家庭成员构成及其成员间的代际关系,家庭结构会随着社会的发展与变革而发生变化。伴随着现代化的进程和计划生育政策的施行,中国农村传统的家庭结构也将不可避免地发生重大改变。通过对山河村家庭结构的分析,可以帮助我们更深刻地了解当地社会文化的变化及其变迁趋势。

在山河村人的观念中,一个家庭单位的真正形成并不是婚姻关系的确定,而是以其是否开始独立的经济生活,且日常伙食是否与原来的大家庭分开为依据。在本次对山河村的调查中,我们拟定如果一户内的成员共居共食,且用同一账户支付成员的日常生活费用,则视之为一个家庭单位。通过对本村79户家庭的分析与归类,发现村民主要生活在完整的核心家庭和完整的主干家庭这两类家庭形态中,此外扩张家庭也是村中另一主要的家庭结构,扩张家庭成员约占村中人口的14.33%。

表5-3 山河村家庭结构统计表

家庭类型	核心家庭		主干家庭		扩张家庭	单身家庭	隔代家庭	合计
	完整	不完整	完整	不完整				
户数	30	10	20	7	6	5	3	81
户数百分比	37.04	12.35	24.69	8.64	7.41	6.17	3.70	100.00
人数	111	21	108	32	48	5	10	335
人数百分比	33.13	6.27	32.24	9.55	14.33	1.49	2.99	100.00

（一）核心家庭

核心家庭指由一对夫妇及其未婚子女组成的家庭，是山河村主要家庭类型之一，约占全村家庭类型的49.38%，核心家庭成员数占村中人口的39.40%，核心家庭包括完整的核心家庭与不完整核心家庭两类。

完整的核心家庭由父、母、子女构成，包括了夫妻关系以及亲子关系两种，占全村家庭类型的33.13%比重。从表5-4可得出，"户主＋配偶＋子"构成的家庭是本村最典型的完整核心家庭形式，约占全村的13.58%，此外由"户主＋配偶＋子＋女"的家庭也占12.35%，另外三种完整核

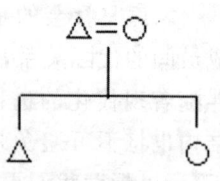

图5-2 核心家庭

心家庭的结构为"户主＋配偶＋2子"、"户主＋配偶＋2女"及"户主＋配偶＋子＋2女"，分别占全村比重的4.94%、3.70%、2.47%。从这些家庭的类型可以看出，山河村的完整核心家庭中，"儿子"是非常重要的家庭角色，村民对男孩的期待非常大，只要条件许可，村民都设法能有一子；尽管计划生育政策要求一对夫妇只生一个子女，但村中大多数的家庭仍选择多生。值得注意的是近年来计划生育政策已

发生改变,即夫妇二人同为农业户口时,若第一胎为女,则允许再生一胎,若第一胎为子,再生子女则要受到相关部门的处罚。计划生育政策的改变也带来村民对男女态度的改变,在实地调查中不少村民表示,一个家庭最理想的生育过程就是先生一女,再生一子,这样不仅不会受到处罚,还能增加家中人口,而且女儿乖巧懂事,多数人家里虽已有男丁,但也希望再添一女。

表 5-4　山河村家庭结构表

序号	户主	家庭关系	人数	世代层次	家庭类型
001	男	户主＋配偶＋子＋女	4	2	核心家庭
002	男	户主＋配偶＋子＋媳＋孙＋孙女	6	3	主干家庭
003	男	户主＋配偶＋2子	4	2	核心家庭
004	男	户主＋配偶＋父＋2子	5	3	不完整主干家庭
005	男	户主＋配偶	2	1	不完整核心家庭
006	男	户主＋配偶＋2女	4	2	核心家庭
007	男	户主＋配偶＋子＋女	4	2	核心家庭
008	男	户主＋配偶＋2子＋2媳＋孙	7	3	扩张家庭
009	男	户主	1	1	单身家庭
010	男	户主＋配偶＋2子＋媳＋2孙	7	3	主干家庭
011	男	户主＋配偶＋父＋母＋子＋兄＋嫂＋兄之子＋兄之女	9	3	扩张家庭
012	男	户主＋配偶＋子＋女	4	2	核心家庭
013	男	户主＋配偶＋2子＋2媳＋2孙女	8	3	扩张家庭
014	男	户主＋配偶＋2女＋婿＋孙女	6	3	主干家庭
015	男	户主＋配偶＋子＋媳＋女	5	2	主干家庭
016	男	户主＋配偶＋子	3	2	核心家庭
017	男	户主＋配偶＋子	3	2	核心家庭
018	男	户主＋配偶＋2女	4	2	核心家庭
019	男	户主＋配偶＋子＋媳＋孙＋孙女	6	3	主干家庭

续表

序号	户主	家庭关系	人数	世代层次	家庭类型
020	男	户主＋配偶＋2子	4	2	核心家庭
021	男	户主＋配偶＋2子＋孙＋孙女	6	3	不完整主干家庭
022	男	户主＋配偶＋子＋媳	4	2	主干家庭
023	男	户主＋配偶＋女＋婿	4	2	主干家庭
024	男	户主＋配偶＋2子	4	2	核心家庭
025	男	户主＋配偶＋2子＋2媳＋孙＋孙女	8	3	扩张家庭
026	男	户主＋配偶＋子＋媳＋孙＋孙女	6	3	主干家庭
027	男	户主＋配偶＋子＋女	4	2	核心家庭
028	男	户主＋配偶＋子	3	2	核心家庭
029	男	户主＋配偶	2	1	不完整核心家庭
030	男	户主＋配偶＋子＋女	4	2	核心家庭
031	男	户主＋配偶＋2女	4	2	核心家庭
032	男	户主＋配偶＋2子	4	2	核心家庭
033	男	户主＋配偶	2	1	不完整核心家庭
034	女	户主	1	1	单身家庭
035	男	户主＋配偶	2	1	不完整核心家庭
036	男	户主＋配偶	2	1	不完整核心家庭
037	男	户主＋配偶＋子	3	2	核心家庭
038	男	户主＋子＋孙女	3	3	不完整主干家庭
039	男	户主＋配偶＋子	3	2	核心家庭
040	男	户主＋配偶＋子＋媳	4	2	主干家庭
041	男	户主＋配偶＋子＋媳＋孙女	5	3	主干家庭
042	男	户主＋配偶＋子＋女	4	2	核心家庭
043	男	户主＋配偶	2	1	不完整核心家庭
044	男	户主	1	1	单身家庭
045	男	户主＋配偶＋女＋婿＋孙＋孙女	6	3	主干家庭
046	男	户主＋配偶＋子＋媳＋孙女	5	3	主干家庭

续表

序号	户主	家庭关系	人数	世代层次	家庭类型
047	男	户主＋子	2	2	不完整核心家庭
048	男	户主＋配偶＋子＋女	4	2	核心家庭
049	男	户主＋配偶＋母	3	2	不完整主干家庭
050	男	户主＋配偶＋2孙	4	2	隔代家庭
051	男	户主＋配偶＋父＋子＋女	5	3	不完整主干家庭
052	男	户主＋配偶＋子＋女	4	2	核心家庭
053	男	户主＋配偶＋孙女	3	2	隔代家庭
054	男	户主	1	1	单身家庭
055	男	户主＋配偶＋孙女	3	2	隔代家庭
056	男	户主＋配偶＋女＋婿＋孙	5	3	主干家庭
057	女	户主＋子＋女	3	2	不完整核心家庭
058	男	户主＋配偶＋子	3	2	核心家庭
059	男	户主＋配偶＋子＋女	4	2	核心家庭
060	男	户主＋配偶＋子＋媳＋孙＋孙女	6	3	主干家庭
061	男	户主＋配偶＋子	3	2	核心家庭
062	男	户主＋配偶＋父＋母＋子＋女	6	3	主干家庭
063	男	户主＋配偶＋子	3	2	核心家庭
064	男	户主＋配偶＋父＋母＋子＋女	6	3	主干家庭
065	女	户主	1	1	单身家庭
066	男	户主＋配偶＋2子＋2媳＋2孙	7	3	扩张家庭
067	男	户主＋配偶＋父＋子＋女	5	3	不完整主干家庭
068	男	户主＋配偶＋2子＋2媳＋2孙＋孙女	9	3	扩张家庭
069	男	户主＋配偶＋子＋媳＋孙	5	3	主干家庭
070	男	户主＋配偶＋母＋子＋女	5	3	不完整主干家庭
071	男	户主＋子	2	2	不完整核心家庭
072	男	户主＋配偶＋子＋2女	5	2	核心家庭
073	男	户主＋配偶＋子＋媳＋孙女	5	3	主干家庭

续表

序号	户主	家庭关系	人数	世代层次	家庭类型
074	男	户主＋配偶＋子	3	2	核心家庭
075	男	户主＋配偶＋子＋2女	5	2	核心家庭
076	男	户主＋配偶＋父＋母＋妹＋女	6	3	主干家庭
077	男	户主＋配偶＋子＋女	4	2	核心家庭
078	男	户主＋配偶＋子	3	2	核心家庭
079	男	户主＋配偶＋父＋母＋子	5	3	主干家庭
080	男	户主＋配偶	2	1	不完整核心家庭
081	男	户主＋配偶＋子	3	2	核心家庭

不完整核心家庭形成的原因在于家中某一成员的缺失,诸如夫妇离异、丧偶以及无子女或子女已分家/出嫁等因素。在山河村不完整核心家庭所占比重为12.35%,约有6.27%的村民生活在该家庭形态之中。其中不完整核心家庭的典型构成为"户主＋配偶",占全村总家庭结构类型的8.64%,另外还有"户主＋子"及"户主＋子＋女"两种类型,分别占全村总比重的2.47%和1.23%。

（二）主干家庭

当核心家庭中的某一子女成婚后,这个核心家庭就演变成主干家庭。主干家庭可跨越若干世代,但是每个世代中只有一对已婚夫妇,已婚夫妇可以有未婚子女。主干家庭可由父、母、子、媳、孙、孙女构成,也可由父、母、女、婿、外孙、外孙女构成。主干家庭占全村家庭类型的33.33%,约有41.79%的村民生活在该家庭类型中,换言之山河村有四成以上的村民是生

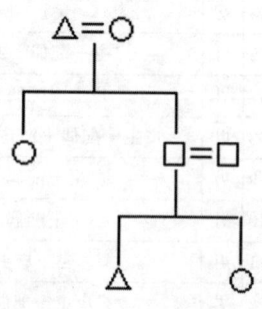

图 5-3　主干家庭

活于主干家庭之中。主干家庭也可分为完整型和不完整型两类。

完整的主干家庭在山河村所占的比重为 24.69%,完整主干家庭的家庭成员数约占村中人口的 32.24%。不完整主干家庭在本村的比重为 8.64%,不完整主干家庭的家庭成员数约占村中人口的 9.55%,且依表 5-4 可看出,该家庭形态的构成形式有"户主＋配偶＋父＋2子"、"户主＋配偶＋母＋子＋女"、"户主＋配偶＋2子＋孙＋孙女"及"户主＋子＋孙"四类。造成不完整家庭结构的原因主要有二:其一是因家庭成员过世而造成完整主干家庭内的人员不完整;其二是因婚姻关系破裂而造成家庭成员的缺位。

(三) 其他家庭

扩张家庭一般由父母及多对已婚子女组成,属于核心家庭在直系与旁系上的扩张。在传统的中国社会中,扩张家庭所体现的累世共居、同炊共爨之状态是为最理想的家庭模式。山河村中有 7.41% 左右的家庭属于扩张家庭,扩张家庭的家庭成员数占村中人口的 14.33%。依表 5-4 可知,本村中扩张家庭的构成主要为"户主＋配偶＋2子＋2媳＋孙＋孙女"类型,该家庭形态的形成原因一般在于诸子成婚后不分家而依旧随父母吃住造成。

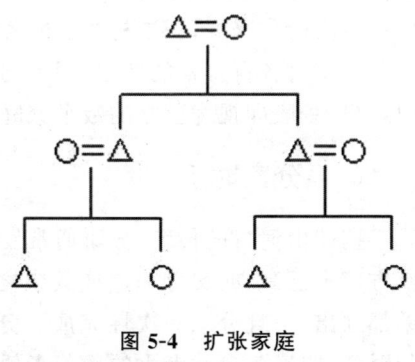

图 5-4　扩张家庭

单身家庭即由一个人组成的家庭,在山河村约有 6.17% 的家庭属单身家庭之列,村中约有 1.49% 的村民属此类家庭形态。单身家庭形成的主要原因有二:其一是因配偶离世且家中无子女或子女皆已成婚离家而形成;其二是户主未婚而造成的单身户。

隔代家庭为跨代的家庭或缺代的家庭,即家庭中间缺失了一代。

在山河村中约有3.70%比重的隔代家庭,本村中隔代家庭的构成结构基本为"户主＋配偶＋孙女"和"户主＋配偶＋2孙"。造成隔代家庭的原因主要有二:其一是因年轻人长年在外地工作生活,其子女被送回村中交由老人抚育造成;其二是家中男性子嗣离世,且其配偶改嫁而造成家庭中子辈缺失,孙辈只能与其祖父母共同生活。

三、分　家

虽然累世同堂、兄弟共处的大家庭是国人追求的理想家庭模式,但在农村中只有极少数家庭能维持这种形式,绝大多数的家庭总是根据现实生活的实际需要,对家庭结构做出积极的适应性调整,从而达到家庭的延续与发展,分家即是中国家庭实行主动管理的主要内容之一。

传统的分家通常是指原本在一起生活的家庭成员分析成若干个独自生活的小家庭,即本村所言的各自开火,财务分开。亲子之间若已分开支付各自日常的费用,用不同的灶炊煮餐食,尽管他们尚未分门立户,一般即视为分立的数个家庭。

(一)分家时机

按照山河村的传统,分家通常发生在诸子均已成婚之后,或父母双方年事已高,或父母均逝或其中之一去世后。分家时家中所有兄弟都须出席,且分家一次性完成。分家时诸子基本平均分配原家庭的财产,明确各自对老人的赡养责任,并承担对祖先的祭祀义务。分家之后老人或选择与某一子共同生活,或由数子轮流供养,或独立生活,也会有二老分由不同的儿子奉养的情况发生。在山河村习俗中,独子承担老人养老送终的全部责任,一般不与父母分家。

然而通过此次调查我们发现,山河村传统的分家机制现今已发生改变,村中的分家多发生在父母逝世之前,有些家庭甚至是由父母主动提出分家建议。从表5-5中可以看出,有60对青年夫妇在男方父母均健在的情况下分家,占总调查对象的 80.00%;8 对夫妇分家之时,男方家中的父亲去世而母亲健在,占总数的 10.67%;5 对夫妇在分家之时男方的父母均已过世,占 6.67%的比重;2 对夫妇分家之时,男方父存母逝,所占比重为 2.67%。这些数据显示,"父母在不分家"这一中国传统社会的理想范式已发生变动,全村有 4/5 的夫妇在父母均健在时分家自立门户。在实地调查中我们发现,父母在世时即进行分家的行为也受到诸多村民的赞同,他们认为让已婚的诸子早些另立门户,能激发出诸子的独立性,避免他们过分依赖原有的大家庭。村民认为,将已婚之子分家出去,可避免大家庭中因共同生活而产生的诸多矛盾纠纷,特别是婆媳矛盾和妯娌不和。除此之外,有些家庭因贫困或住房不足,原有家庭已无力负担家中所有人的吃穿用时,父母也会主动提出将已婚之子分家出去。

表 5-5　分家时父母存殁情况

存殁情况	父母俱存	父存母殁	父殁母存	父母俱殁	合计
频次	60	2	8	5	75
百分比	80.00	2.67	10.67	6.67	100.01

(二)分家模式

村民分家的时间自 20 世纪 80 年代初期以后便不断地提前,据村中 82 岁的老人沈桂祖回忆,在 20 世纪 80 年代之前,村民分家的时间通常要推迟至年轻夫妻生育之后,或者家中另有一子也已完婚;也就是说,诸子成婚以后一般还会与父母同住几年时间方才分家。沈桂祖这一观点也获得了村中多名老人的认同,说明 20 世纪 80 年代以前的山河村诸子从成婚至分家之间,通常会有一段较长时间的从父居生活,而在调查中我们发现,村中旧有的分家模式已变化,村民分家时间提前,分家频率加快,序列性分家为村中最主要的分家模式。如表 5-6 所示,序列性的比重较一次性分家而言要高出一倍以上，占 68.19%，而一次性分家所占比例仅为 31.82%。这反映出山河村的多子家庭中，众子结婚后再一次性分家已不再是村中主流的分家模式，取而代之的是一种弹性的、充分考虑大家庭容纳性和家中成员意愿的多次性分家方式。

表 5-6　分家模式统计表

分家模式	序列性分家	一次性分家	合计
频次	45	21	66
百分比	68.19	31.82	100.01

在实地调查中我们看到，越来越多的年轻人在成婚以后不到一年的时间就已分家自立门户。这是因为当儿子成婚并育有子女以后，这个大家庭运行的花费往往是父母难以承担的，所以村中很多家庭选择在儿子成婚不久后便将新婚夫妇分家出去另立门户，即一子成婚后，由父母或儿子提出分家之议，得到家庭成员的认可后，已婚的年轻夫妇即可分出去，搬入父母为其准备的新房之中，从此另设炉灶、财务分开，尚未成婚的子女则依旧与父母共同生活，或随父母至已分家出去的兄弟家中用餐。分家时间提前、频率增多的原因大致可从村中社会经济环境的变化看出，在 1981—1984 年期间山河村施行分田到户政策，村民皆分得归属个人使用的土地，这些分配到个人的耕地可相对容易地转换为建新房的宅基地；此外打工经济的兴起让许多村民收入增多，也增加了诸子分家建房的可能性，且外出打工的经历更增强年轻人独立生活的愿望。因此在有了土地、资金的条件下，分家愿望强烈的年轻人更倾向于婚后立即分家的模式。

村民分家时间的提前和序列性分家模式的盛行，大幅度缩短年轻夫妇与父母共居的时间，增加村中核心家庭的数量，也对家庭的代际关系产生重要影响。父母与青年子媳在生活和劳作上的尽早分开，降低了父母对下一代的责任，也疏离了两代人之间的亲密关系。另一方面，在当下的山河村，一个多子家庭在完成诸子的分家之后，父母通常仍是身康体健且依旧具有良好的劳动能力,此时他们会积极地积攒养老钱,为自己的老年生活做打算,这样一来,村中年轻人对家中老人的奉养义务也被弱化。所以一种更加强调独立发展、降低哺育及反哺作用的家庭代际关系正在山河村逐渐走向主流。

还需一提的是村里的扩张家庭,在这些家庭中,不仅子女均已成婚,甚至已婚的子女也育有数名子女,所有的家庭成员在一个灶上吃饭,甚至同住于一间房屋内,生活相对拥挤却不选择分家,其原因主要是这些家庭的诸子已不需要父母提供基础的生产生活之资源(如房产、耕地、果园、农具等)。换言之,当父母的财产对于诸子而言已不重要时,这些家庭不再重视分家与否。例如村中维持扩张家庭的一些人家的子女能力强、经济条件好,不需要父母替他们提供财物支援,这些年轻人通常是吃随父母,住则自行另建新屋。另外村中外出打工的年轻人非常多,这些人常年生活在外,也不再需要父母为他们在本村修建房子、提供土地耕种,这些人节假日回村后与父母同吃同住即可。正因上述两种情况,村中很多老年人尽管年事已高,依旧经营着大面积的土地和山地,因为诸子不需要家中的农地,所以只能继续由家中父母照料。

(三)分家法则

"诸子均分"是村民分家的基本原则,分家之时父母通常会尽量将家庭财产按诸子人数均分,且保持分家过程的公平与公开。受产人通常为家中的亲子、养子及被招赘入户的上门女婿,有些家庭也会特别为长孙留一份财产。

1. 分家程序

广义上的分家程序包括家庭成员同意、择定分家吉日、确定分家参与人;分割、搭配家产家债及家中老年人的赡养责任;抓阄、订立文书;接灶君入新家。不过邀请公证人、抓阄及订立文书并非必要的,如此仅是为显示分家的慎重,并尽量减少可能发生的纠纷。现阶段很多村民都已跳过这几个环节,直接由父亲口头分配家中财产即可。

首先家中成员一致同意分家提议,接着择定分家之日。一般而言,村民会依黄历挑选黄道吉日,有些家庭甚至还会请村中的风水师为其择日。村民认为在吉日里分家,能让诸子今后的生活都顺顺利利。当然也有的家庭对分家之日并无特别要求,只需家中成员一致认可某日即可。

分家的参与人通常包括主持人、父母、中人、公证人和家中诸子。分家的主持人须确定分家时间和分家内容,并主管整个分家仪式进行,一般由父亲担任,若父亲已去世,则由长子、母亲或其他长辈主持。中人专门负责书写分家文书,须具备一定的识文断字能力。公证人维持分家过程的公平与公正,对分家过程中产生的矛盾纠纷进行调解,且为将来可能发生的纠纷提供一个解决方案。另外因公证人要对分家文书进行审阅,所以公证人通常也须识字。村民在分家之时所请的中人与公证人一般为同一人,往往由本房中的长辈或者诸子的舅公、舅舅等担任,这些人与分家众人具有相当亲密的血缘关系,在处理纠纷之时会尽全力地去调解,且从当地习语"天上天公,地上母舅公"可见,母舅在村民心中威信大,做为中人和公证人更具权威,也可尽量预防矛盾的产生。村中也有家庭在分家时所请的公证人是与他们家并无亲戚关系的村民,即不在同一房支内且无三代以内的血亲关系,如他们家的邻居或村干部,而这些非亲属关系之人通常是具有权威性并做事公道才被邀请做公证人。

分家仪式的第二步即将家产、家债及老人赡养等事务按照家中兄弟数量进行均分,分配过程中最重要的是保证诸子均衡,划分完成后,即可进行抓阄。制阄材料可以是纸张、竹篾、草条等,比较正式的阄条为外观一致的纸张,上书所划分家产的对应编号(如1、2、3等),分家主持人先将阄条放入竹筒内,诸子拿筷子从竹筒中夹取一个阄条,诸子根据所得阄条的编号而获得各自财产。也有相对简单的抓阄方式,即主持人按照诸子数量准备几根长短不一的竹篾、草条等为阄条,抓阄前众人按阄条的长短分配好具体对应的财产内容,抓阄时主持人握住阄条一端而露出外观一致的另一端,诸子从主持人手中

第五章
山河村的人口与家庭

抽取阄条后获取相应财产。事实上抓阄的方式极多，具体的实行细节也是一家一个样，但其最根本的还是在保证诸子在划分财产时的公平公正。

明确诸子的财物及责任分配后，便可订立分家文书 $cia^{35}\ khau^{214}\ tsu^{55}$，即中人将分家内容逐条写入分家文书之中，写完之后由中人当众宣读一遍，众人确定无异议后，诸子、父母及公证人在分家文书上签字，不识字者可按手印代替；接下来诸子及公证人各保留一份分家文书，有时父亲也会另留一份。为保证分家文书不被伪造，在书写文书的日期之时，村民通常会将诸人的文书次第相叠再斜推成一定的坡度，然后再在这叠加之书上书写日期，每份文书都能被写上文字且这些文字都不完整，只有凑齐所有的文书方能拼凑出一个完整的日期，如此即保证分家文书的不可伪造性。分家程序的最后一步即诸子共同给父母家中的灶君上香，向灶君禀报自此开始离开父母独立生活，上香时村民通常会准备鱼、猪、鹅三牲做供品，这三牲的种类也可用除鸡以外的其他肉类替代，在本地的习俗中用鸡拜灶君是犯忌讳的。上香完成后，诸子将父母家中的司命灶君"过家"到各自的新家中去，以祈求灶君对新家庭的庇佑。

分家之后，家中供奉的祖先牌位依旧摆放在老屋的正厅中，子孙逢年过节及祖先祭

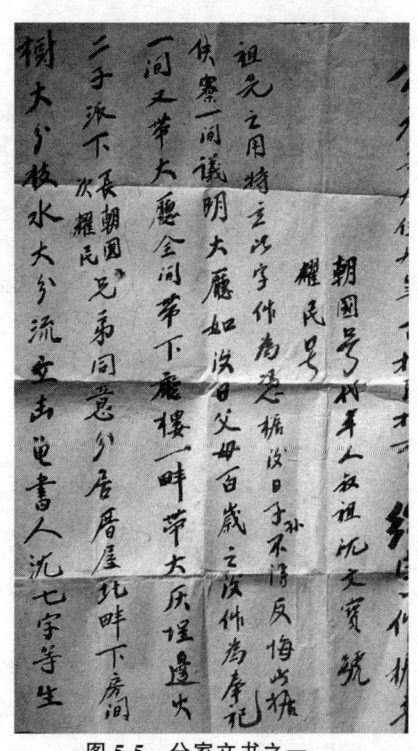

图 5-5　分家文书之一

日时会再回老屋中祭拜祖先。"文化大革命"时期开展"破四旧"运动,村里的神牌、神像很多已经被毁,所以现在村民回老屋祭拜祖先的活动不多,祭拜对象通常也只限定于自家已逝的父母或祖父。

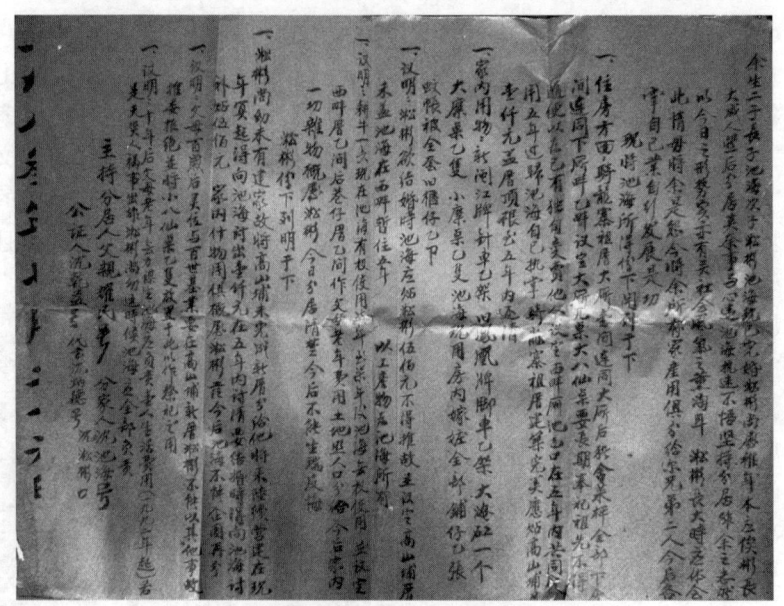

图 5-6　分家文书之二

2. 财产分配

分家很大程度上说就是对大家庭的家产进行析分,内容包括原家庭的财产和债务,通常只有儿子或招赘入门的女婿才有继承权,出嫁的女儿无权继承。例外的是,若是出生于 1981—1984 年间"包产到户"或"分田到户"政策推行期间的女性,在分家时也可分得政府划分给她的"四分水田加三分旱地",只不过女儿得到这块土地的前提是她嫁在本村,若嫁到外村则不能得到这份土地。

父母在分家之前通常会先将家中的共有财产进行全面清算,主要为果林、耕地、住屋等不动产,以及现金、若干的生产生活用具等,

第五章
山河村的人口与家庭

若父母已过世,则交由分家主持人负责财产清算事务。清算工作完成后,按照诸子均分原则将其等量分配,若某些财物无法均分,则多得之人要对少得之人做一些补偿,如补贴现金或多承担家债。以村民SYD的分家为例,SYD家中一共有三兄弟,SYD排行老大且最早成婚,分家时家中只有一间空屋,故父母将那唯一空屋分给SYD;为补偿未获住房的两名幼弟,SYD另付二弟2000元现金,在三弟成婚当年,SYD又将自家荔枝林一年的收成赠予三弟,供其成婚的开销。此外村民SSH的长子SXZ是家中诸子中最早成婚的,家中唯一的空房也由SXZ继承,故在划分家债时SXZ比他幼弟SXJ多承担了1000元的债务。当然若家中某一子的经济能力较其他兄弟要强很多时,经济条件好者可能需要承担更多的家债,如果某一子的经济能力特别不佳,父母在划分家产时也可能会格外照顾他一些,如少承担家债或将较好的住屋、田地分予他。总之,家产划分最重要的是"均分"原则,并尽量在家庭成员内部达成一份合理且可接受的协议。

诸子分家时,其父母通常处于劳动能力尚佳的壮年,且全村约有半数的父母在其子分家后选择与诸子分开吃住,故父母在划分土地之时会另留一方土地以维持今后的生活,通称作"留养老田"。老人在世期间诸子一般是无权使用养老田的,待老人去世以后诸子可再对养老田进行分配。此外本村有个别家庭在分家之时会另备一份金银制品给家中长孙,如金(银)戒指、金(银)手镯等,村民认为"大孙等于尾子",所以做为家中的长孙有权参与家产的分配。

在调查中我们可以发现,农业社会里一个家庭形成的标志即是分家,一对配偶只有经过分家仪式方可正式成为一个独立运作的家庭,因此分家标志了家庭成员之间权利与义务的重新界定,家庭财产的再分配,以及新的家庭形成。现实生活中触发分家因素多种多样,分家的形式也因具体的情境的不同而发生改变,通过研究山河村的分家习惯有助于了解村民的生活事实及行为观念。

四、奉　养

老年人奉养指的是家庭对于家中年长者生活的安排，了解一个地区的老年人奉养方式是认识该地家庭结构和家庭生活的重要环节。20世纪以来中国社会发生了巨大变革，中国传统文化中的养老机制也随之发生改变，本节将通过分析山河村老年人的经济来源及居住方式，以获知村民的养老习惯以及老年人生活状况。

（一）家庭养老

1983年在香港中文大学举办的"现代化与中国文化研究讨论会"上，费孝通将中西文化中的代际关系进行比较，他指出中国和西方发达国家在亲子关系的义务分配上是存在差别的，西方是甲代抚育乙代，乙代抚育丙代，是一代一代接力的模式，简称"接力模式"；而在中国文化中是甲代抚育乙代，乙代赡养甲代，乙代抚育丙代，丙代又赡养乙代，是一种下一代对上一代都要反馈的模式，简称"反馈模式"（费孝通1983），中国传统社会正是靠这种活跃在家庭内部且环环相扣的反馈模式来解决抚育幼儿、赡养老人的问题。

1. 奉养方式

在山河村的田野调查过程中，发现村民对家中老人的生活安排可归纳为如下三类。第一种为父母自伙，即老人在尚具劳动能力时与诸子分开居住，自成一家，诸子定期为老人送来生活费或米粮等物资；第二种为轮养，其中又分三种情况：即轮吃不轮住、轮吃轮住、轮住不轮吃；轮吃不轮住即父母与诸子分开居住，但日常饮食由诸子负责轮流提供，通常是以旬或月轮流，若老人具备行动能力，则自行前往轮值之子家中吃饭，若老人健康欠佳、行动不便，则由轮值的子媳给老人送饭；轮吃轮住是父母轮流在诸子家吃住，一般而言，轮吃与轮住的时间是一致的，但也存在吃住分离的情况；轮住不轮吃即父母轮流在各子家中居住，轮值之子为父母提供住房，老人在轮值之子为自己准备的住处举火煮食,而不与该子在同一张桌上进食。另外虽在家户访问中未遇到轮住不轮吃这一养老方式,但在实地走访中已得知村中有 2 户采用此养老方式,故依旧罗列于此。第三种为固定奉养,包括固定由一子奉养、独子奉养和两子各负责父母一方三种。由一子奉养时,父母与该子同吃同住,其他儿子定期为老人送来生活费或其他生活物资,本村人通常倾向跟随末子;若家中只有一子,则独子负责父母的食宿;若由两子各负责父母一方时,则须将父母分开,各自固定随一子吃住,其他儿子定期送来生活费或米粮等生活物资,按照本村人习惯,通常是"父随长子、母随尾子",也有些家庭不按此习俗分配双亲的供养。

表 5-7　父母奉养方式统计表

奉养方式	父母自伙	轮吃不轮住	轮吃轮住	固定奉养			合计
				随尾子	随独子	父母分随两个儿子	
频次	42	7	1	13	14	1	78
百分比	53.85	8.97	1.28	16.67	17.95	1.28	100.00

表 5-7 反映了山河村 78 户家庭中老人赡养方式的分布情况,从表 5-7 中我们可以看到,本村人在老年人的生活安排上以父母自伙为主要方式,有 42 户家庭采取此赡养方式,占 53.85% 的比重;采取固定奉养方式的家庭次之,占 35.93%,其中父母随尾子的家庭有 13 户,由独子奉养的家庭有 14 户,父母分随两子的家庭 1 户;此外采用轮养方式的家庭共有 8 户,有 7 户(8.97%)家庭采取轮吃不轮住方式,另有 1 户采取轮吃轮住方式。

现在山河村已有越来越多的家庭倾向于选择父母自伙这一养老方式,与村民"分家时间提前、分家频率增多"的现象息息相关。本村父母在诸子全部分家出去后年龄通常不足五十岁,正处于年富力强且劳动能力良好的年龄段,再加之自留的养老田,父母完全可以不依靠子女独立生活。很多村民指出，老年人与年轻人的生活方式不一样，饮食习惯不一样，在一起生活容易有摩擦。再加上诸子成婚后将陆续为家里添丁，一个有老人、子、媳、孙辈的大家庭，人口太多，父母打理起来太难，所以自己的日子自己过着舒服是村民反复强调的一个观点。对子女而言，与父母分开居住可最大限度地满足他们小家庭的独立性，既减轻了赡养负担，又减少父母对小家庭的控制，有利于保持小家庭生活的自由度，故越来越多的年轻人倾向选此奉养方式。对老年人口进行轮养也是本村另一重要奉养方式，不管是轮吃轮住、轮吃不轮住，还是轮住不轮吃，都体现了诸子共同承担赡养老人责任的特征，在村民看来，这是一种最容易接受的责任均分方式。通常村民在老人无法独立维持基本生活时，方采取轮养方式奉养老人，被轮养的老人可能是无固定住所，或是健康状况差、丧失劳动能力，抑或是老伴逝世的鳏寡老人等，轮养成为维持老人基本生活供给的较好选择。

此外采取一子奉养的家庭在村中也占了极大比重，居父母奉养方式排行的第二位，其中以随独子和随末子为主。在中国传统文化中"孝"的主要承担者即是家中之子，若这个家庭仅有一子，则只能由他来承担所有老人的赡养责任，然而近年来村中也有个别独子因常年生活在外地而无法照顾父母，造成父母独居的局面。父母随末子也主要是父母抱有照顾幼子之心，希望能再为小儿子的农作或生活起居起到一些指导帮助，并且父母的劳力也可增加幼子的家庭收入。值得注意的是本村父母分开奉养的情况很少，调查走访过程中也仅遇到1例。据村民所言，20世纪80年代以前父母分随两子的情况较多，因为兄弟分家伊始，新成立的子家庭无论是农作还是家务都不熟练，都还需要父母的帮助，此时若父母分随两个儿子生活，则可最大限度地发挥老人对后代的协助。然而随着科技进步和人口流动，村中越来越多的年轻人远离故土在城镇生活工作，他们不再需要父母的指导帮助了，且村民生产技术的进步也降低子女对父母的依赖，加之父母分开奉养让双亲"临老分别"，对老人而言太不人性，故而将老两口拆分赡养的养老方式在本村已极少出现了。

2. 外出务工对奉养方式的影响

从家户访问得知,在采取随机抽样法抽样时,抽取的100户中就有21个空户,而这21个空户中有20户是因为举家外出打工,显示本村存在大批劳动力外流进城镇的现象。做为老人赡养主力的青壮年,他们大量外流必会对本村老人传统的养老生活造成重大影响,子女对老人的奉养方式也必将发生改变。

从经济供养方面而言,村中年轻人向城镇流动也改变了本村传统的赡养物资类型。一般而言,若家中诸子留在本村生活,诸子为父母提供的物资类型一般限定为米、粮、油、肉、烟、衣服等日常生活物质,逢年过节或父母做寿时也可能有附以少量的现金或其他副食品、保健品等。但若当子女已外出打工,他们将无法频繁地为父母提供生活物资,此时他们对父母的奉养也从日常生活物资转换为等值现金或礼品为主,父母可用子女提供的现金去购买生活所需之物。在大部分家庭中,子女外出打工可明显地增加老人的现金收入,提高老人生病获医的可能,同时老人的生活质量也得到可观的提高。例如我们在走访很多留守老人的家中时,可发现老人的住屋内都摆设着电饭锅、电视机、电冰箱、电磁炉、抽油烟机等电器,老人家中的营养品和副食品也品种丰富,问及来源时老人皆言来自外出打工的子女。在外生活工作的子女为父母购置生活用品甚至药品的行为,是做为子女无法亲身照料老人起居的一种补偿,也有一部分原因是出于感激父母对孙辈的照顾之情,因在调查中我们看到,村中有不少老人住在崭新气派的庭院式楼房,房内却只有老人及其孙辈长期居住在内。这些家庭绝大多数都是家中的年轻夫妇外出打工,而老人为了帮离村子媳看守新屋或照料孙辈而入住其中,或是老人还未与该户中的儿子分家,该子在外赚钱以后回村兴建新房,老人也随之同住。对于这些老人而言,他们的生活质量一般要比村中其他住在旧屋的老人高很多,他们不仅居住环境良好,还能相对稳定地收到子女提供的现金、礼物等赡养物资。但是这些老人中也有个别向我们抱怨道,因为照料孙辈的起居和教育须花费很多钱财,年轻人给他们的费用并不够用,所以现在他们的生活反而较住老屋时更拮据。

当诸子皆外出打工或轮值奉养之子外出打工时,留守本村的老人主要通过土地和荔枝林的收入进行自养,也有一些劳动能力不足的留守老人通过租赁土地或去村中的蔬菜基地打零工等方式维持生计。但村里还有一些年迈的留守老人,他们因行动不便、生活无法自理,只能完全地依赖外出打工的子女为他们提供经济支持,其中又有部分老人的子女或是因自身经济能力低弱,或是常年在外很少回村,而造成老人留守农村无人赡养的局面。这些老人无法获得子女的物资奉养,所有的经济来源只能是官方的福利补助金,温饱问题难以解决。当然村中也有个别留守老人因之前在政府工作而享有稳定的退休福利保障,这些留守老人不仅无需子女的供养,甚至还可资助家境困难的子女。

(二)官方福利补助

家庭养老为山河村传统养老机制中最主要的养老模式,但官方设立的一些福利保障措施也为村中老人的生活提供了极为重要的生活保障,并且近几年来扮演着越来越重要的角色,甚至成为村中部分老人的主要生活依靠。官方福利性质的补贴主要可分为两类:(1)需用劳力交换物资,以村中的老人会为代表;(2)满足一定条件即可获得政府提供的基本生活补贴。

1. 老人会

山河村自20世纪90年代初便成立老人会,建立老人会的初始目的在于为农历八月十三日至十四日期间的祖公生服务。农历八月十二日,村中老人会的成员便会身穿传统的长衫与本村其他盛装的村民前往龙冲村迎祖,十三、十四两天也都需要身着长衫的老人会成员进行后续的拜祖事宜。因老人会的主要功能在于迎祖与拜祖,所以其成员必须是福寿双全之人,即年过花甲、伴侣健在且家中已有孙辈出世者,村民称之为"老大"。本村满足个中条件的老人可自主报

第五章
山河村的人口与家庭

名参加老人会,虽未有明文规定女性不得参加,但事实上其成员只有男性,老人会成立至今已逐渐演变成为结合象征寓意与社会服务的老年人组织。

现在村委会每天会为老人会成员安排一些工作,如清理打扫本村卫生、修补公共设施等,这些工作皆属自愿性质,成员可凭自身意愿及身体状况决定参加与否,一旦参加工作即可每日获得村委会提供的午晚两餐饭以及25元现金做补助。现阶段老人会的成员有48人,平日积极参与村委会指派工作的老人大致有20人左右,这些积极工作的老人对村委每日派发的物资补贴表示很满意,表示补贴已基本解决了他们日常生活所需,甚至有些人还靠此存下一笔养老金。

2. 福利补助

山河村60岁以上的老人因不同的身份而享有不同的福利津贴,主要可分为三种补助类型:首先有些老人因之前在政府部门或其他福利保障高的单位工作,所以退休后享有单位提供的退休工资;其次村中有诸多退役老兵,这些老兵每年可享受政府为他们提供的老年生活补助,补助金额按照其兵龄计算,每服一年义务兵役(不满一年的按一年计),每人每月可获10元补助金额;第三除了上述两类有固定收入的老人以外,其他无生活保障的老人每月可从村委会那获得60元的生活补贴,以维持基本生活。除了以上的福利补助外,山河村还有四类福利保障,即新型农村社会养老保险(简称新农保)、农村医疗保险、农村居民最低生活保障(简称低保)、五保户,这四项福利保障是中央政府为农村设立的;对山河村老人的老年生活保障也起了重要作用。

新农保于2010年在山河村开始施行,参加新农保者须每年至少上缴100元,方有办理资格。新农保补助的具体对象为村中所有60岁以上的老年人,但办理对象则为45周岁以上的成年人,即同一个户口簿的成员中,若有一人想要享受新农保的补助,此一家庭中每一个45周岁以上的成年人都必须缴费办理新农保,否则这个家庭中任何一人都不能成功办理新农保。办理新农保之村民,若在2010年这

闽南山河人的社会与文化

一新农保开始实行之年时尚未满 60 周岁,他们就需要每年缴费缴至其年满 60 周岁时,方可停止缴费而开始享受补助;若在 2010 年已满 60 周岁,他们无需缴费便可立即享受新农保之补助,当然这两种情况的前提条件均是这个家庭中每个已满 45 周岁的成年人也参与新农保的办理。办理新农保的费用一共有 12 个等级,可从最低的 100 元等量递增至 1200 元为限,新农保补助给村民的具体金额也是按照每位村民上缴之费用而定,然后经过一定比率额计算后再拨发相应的金额给村民。村中办理新农保的村民中,有 80%~90% 的人办理的是 100 元/年,村民上缴金额最高可达 600 元/年。因新农保从 2010 年开始办理,所以村中若有村民在 2010 年没有参加该项福利项目的办理,若在其后又想办理的话,则必须补缴中间遗漏年数的费用。例如,村民 A 在 2013 年想办理新农保,需要补缴 2010 年、2011 年、2012 年、2013 年这四年的费用。办理新农保时,村民在村中统计人员处登记资料并缴费,过后可领取一张农业银行发行的农保卡,投保者只需每月往卡中存入所缴费用,等到投保者可享受福利补助时,只需凭农保卡去银行领取即可。新农保的施行为村民带来了极大助益,在一定程度上缓解了村民对老年生活的担忧和焦虑,也为村中老人提供了一笔稳定的经济收入,甚至成为村中个别老人最主要的生活来源。

农村医疗保险的办理无年龄限制,上至百岁老人下至初生婴儿,只要能完成规定的办理程序,均可成功办理,至今约有 98% 的山河村村民已办理医疗保险。在每年的 11—12 月间,办理时由村民组成负责小组,进行统一收取办理费用,其中村中统计为主要负责人员,外加 10 名村民为小组成员。负责小组先在村中收取办理费用,并对办理医疗保险的村民进行信息登记,而后再由他们将收取的费用上缴至乡里的银行,收齐乡中所有村子上缴的费用后,再统一上缴至县里,最后完成医疗保险的办理。医疗保险的办理从 2008 年开始在山河实行,当年的办理费用为 20 元/人,而后逐年上涨,至 2012 年已达 60 元/人。从调查中我们了解到,村中老人从医疗保险中受益颇多,

第五章
山河村的人口与家庭

特别是每年六七月份的荔枝采摘季,老人因行动不灵活,参加采收工作屡有负伤事件发生。在医疗保险还未在山河村实行之时,老人的医疗费用对他们来说是一个极大的负担,甚至有些老人摔伤后因无法支付医疗费用,只能放弃治疗,我们在村中走访时遇到多位若干年前因无法获得治疗而身患残疾的老人。自2008年医疗保险实行以后,医保极大地减轻老人就医的经济负担,老人在负伤或患病后获得医疗救助的可能得到也大幅度提升。

2011年之前村中并无"低保户"而只有"低保人员",必备条件是独居无依者,通常而言村中的低保人员都是独居老人。2011年开始"低保人员"改为"低保户",即评定对象除独居者外还包括生活困难的家庭,被评为低保户的家庭每个成员都可享有均等份额的生活补助,其中家庭成员的判定以派出所的户口资料为标准。迄今为止,村中享有低保户福利的家庭一共有30户,其中多成员家庭有2户,其余剩下的28户均为独居老人。低保户评定时,先是由乡政府下拨名额给各村,村委成立低保评议小组,由村支书担任组长,其他村干部为组员,根据村民生活状况填写低保审批表格,上交到乡级民政办,最后由县级民政局做最后的审批。低保户每月的补助金额呈逐年上升趋势,从五六年前的每月每人40~50元,到现在每月每人已达100元左右了。

本村一共有5户五保户,均为独居的老年男性,他们无劳动能力、无生活来源、无法定赡养扶养义务人,或虽有法定赡养扶养义务人,但却无能力对其生活进行基本照顾。五保户的评定并无名额限定,只要符合标准即可,评定是由村委会先在村民中选出符合条件者,再上报到乡政府,并逐级上报至县政府,最后由县里确定是否具备享受低保户的权利。被评为五保户的人员,可获得一张五保户的证明和一张银行卡,指定卡每月会收到政府补助的100余元以供日常生活之需。

在调查中我们可以发现,山河村的官方福利补贴增加村民赡养老人的经济渠道,有效地减轻子女对老人的赡养负担,同时也为村中

闽南山河人的社会与文化

老人在家庭养老不足时提供一个有力的后备保障,降低老人对子女养老的依赖。

结　　语

　　人类学关注人类社会文化发展的方方面面,人口与家庭结构对社会文化的发展演变有着深刻的影响。本报告以山河村的人口与家庭为主题,从人口结构、家庭结构、分家习俗以及老年人赡养等各方面,对该村的人口与家庭概况进行了描述与分析,并力图探讨人口规模与社会文化之间的相对关系:村中人口性别比均衡、年龄结构合理,教育水平总体偏低;核心家庭和主干家庭是山河村最主要的两个家庭模式,形成该现象的原因与序列性分家模式的流行有关;老人的赡养方式也随着社会经济的发展而发生改变,越来越多的家庭选择父母与诸子分开吃住的模式生活,子女对老人的赡养物资也变得更加多元化、市场化。通过对山河村这一传统社区的研究,我们看到山河村人在社会文化大背景的变迁过程中,如何不断根据现实环境的变化而调整其文化策略,最终适应当前大社会,并获得自身的延绵发展。

参考文献

山宝雷村村委会
　　2011　福建省历史文化名村——山河村(山宝雷村)。
庄孔韶
　　2006　人类学概论。北京:中国人民大学出版社。
费孝通
　　1983　家庭结构变动中的老年赡养问题——再论中国家庭结构的变动。现代化与中国文化研究讨论会,香港。

附录

山河村家户调查表

编号_____ 调查日期：2013 年____月____日 调查地点：山河村____号
报告人：_____ 调查人：_____

称谓	户主							
姓名								
性别								
出生日期								
教育程度								
职业								
工作地点								
婚姻状况及类型								
婚入来源地								
初婚年龄及年月								
初育年龄								
分家时兄弟婚姻状况								
父母奉养方式								
分家时父母存殁情况								
分家模式								
是否有田地出租及亩数								
拥有荔枝树（棵）								
今年荔枝产量								
是否患过"出丹"								
家中的祭拜对象								
家中辟邪物								

1. 婚姻状况及类型：包括已婚、未婚、离婚、再婚、分居、丧偶和其他（需备注）；

2. 婚姻类型：包括嫁娶婚、招赘婚、童养媳/婿、交换婚、其他（需备注）；

3. 初婚年龄及年月：初婚年龄以当事人最早举行的仪式（置办酒席、领结婚证等）为准，且备注的年月为农历；

5. 父母奉养方式：①轮吃轮住 ②轮吃不轮住 ③轮住不轮吃 ④父母自伙 ⑤由某一儿子奉养（备注具体哪子）⑥其他；

6. 分家时父母存殁情况：父母俱存、父存母殁、父殁母存、父母俱殁；

7. 分家模式：分为"一次性分家"与"序列性分家"。

… 第六章

山河村沈氏宗族研究

◎ 程世全

前　言

　　宗族组织是中国传统社会的基础,在数千年的社会历史进程中,逐渐渗透到基层社会的政治、经济、文化等各个领域,对中国社会文化的变迁产生了深刻的影响。福建民间聚族而居的传统由来已久,这一传统的形成,是与福建地区经济、文化的开发紧密地结合在一起的(陈支平 1991:1)。"自康熙中叶以降,福建沿海地区的社会环境渐趋安定,宗族聚居的规模不断扩大,各种不同形式的宗族组织都得到了稳定的发展"(郑振满 1992:189)。福建诏安地区民间宗族制度的逐渐萌芽、进而促进组织化和制度化的宗族组织的产生,正是基于上述的大背景。

　　山河村位于福建省漳州市诏安县西潭乡境内,全村有近 700 多户 3000 余人口,为一单姓沈氏村落,生计方式以农业为主。本报告系根据 2013 年 6 月 14 日至 7 月 28 日在山河村的田野调查,通过为期 45 天的访谈、调查,对山河村沈氏宗族获得渐进式的了解,并对其进行民族志式的描述。在田野调查中,使用人类学田野调查方法中的"滚雪球法",即开始认识和接触一个或几个报道人,进而通过这一个人或者几个人去认识更多的报道人,以此不断扩大访谈对象,逐渐获取更深入的访谈资料和族谱资料。[①] 本文所附的系谱图表主要从访谈中获取,结合所搜集的族谱,并参考当地政府的户籍资料绘制而成。但是由于时间紧迫,未能绘制山河村3000余人的全部完整系谱[②](所附系谱主要为村中人数过半的五房),以至于无法展开对系谱的全面分析。本文主要从宗族的源流、宗族的标志、宗族的仪式、宗族的组织以及宗族的关系等五个方面来记述山河沈氏宗族。

一、沈氏宗族的源流

据《通志·氏族略》记载:"沈氏,出自姬姓,周文王第十子聃叔季,字子揖,食采於沈"(郑樵 n.d.:卷二十六)。山河村《沈氏宗谱》以及各房支私谱也都记载,沈氏始祖确为周聃季公,而山河村沈氏入闽始祖是原籍河南光州固始县的"开漳圣侯"沈世纪,山河村开基祖则为沈雍穆。自建村以来,人丁兴旺,子孙满堂,房支众多。

(一)山河沈氏源流

沈氏宗族在山河村繁衍生息至今已有300多年,且枝繁叶茂。关于沈氏的族谱、家谱,存在众多版本,但对于沈氏源流的记载几乎是相同的。

[①] 本文得以顺利完成得益于山河村的诸位报道人和广大村民的支持,尤其是沈锦发、沈镇东、沈桂祖、沈泗海、沈杰春、沈荣东、沈益顺、沈朝清、沈绿波、沈耿彬等人不辞辛劳的帮助,为我提供了丰富的谱牒和家访资料。同时对余光弘、杨晋涛两位老师和诸位同学在田野中给我的指导与帮助,在此谨致谢意。

[②] 文后所附系谱最终采用的名字,一方面结合当地政府的人口统计资料;另一方面根据村民的习惯称呼。

闽南山河人的社会与文化

对于沈氏始祖来源的认识,各个版本族谱都有相同的记载。北宋徽宗大观三年(1109年),沈氏裔孙沈启承修撰的《沈氏宗谱》①谱序中有云:"我沈姓自周聃季公食采于沈邑而为姓,由是源远而流长。历周秦迄东汉,而荣昌公生与,水在乎天,天生水,水之自来,洋溢浩瀚矣;人在乎祖,祖之所生,不可没矣。所以王者大禘,必推始祖所自出之帝,永言孝思,礼缘情起,良有以与。虽然始祖宜溯,而祖之祖,有难以枚稽者,何哉?盖天运循环,无往不复之理,无治不乱之世。兵革一兴,家乘难免于煨烬,登陇丘而欷歔,披世家而凄怆,往往然矣。所以一代不能修明族谱,即致百代不克详勒宗祧。此固势所必至,亦数无如之何者也。然则吾沈始于周,国史昭然不可洞明矣。而聃季公以后,荣昌公以前,世次蔑寻,亦岂非势所必至,数无如之何乎?第为子孙者,宜存木本水源之思,则以可稽之荣昌公,追溯无稽之祖。愿荣昌公以后分支派别,虽曰无水不朝宗,实亦难以全寻,兹姑从在户一脉,列祖详明,便后之子孙,由亲及疏,知祖所自出,亦犹溯源穷流,知所生水之意夫"(沈光 n.d.;3)。沈启承在谱序中明确地指出:沈姓源自周聃季公,至今已有数千年的历史。此外他还要求子孙后代做人应当饮水思源,时刻不要忘记祖先。而且他还进一步指出,世事难料,朝代更迭,风云变幻,每朝每代都应该积极地修撰族谱,以传至后世子孙,以知晓家族世系之延续。否则一代不修,就会导致家族世系延续的中断或不完整。关于沈姓始祖的源流,同书还有另一则记载:"吾沈氏太祖聃季公,乃周文王第十子,受封于沈国,其后遂以沈为姓。沈国在河南平舆北,包括安徽阜阳西北等地,国都在安徽临泉县治沈丘集,其领域则辖及后世所称之沈亭"(上引书:1)。此外修撰族谱还可以让子孙后代分清整个家族世系的各大宗支

---

① 《沈氏宗谱》为手抄本,收藏于沈朝清家中,年代久远,未付刊印,至今已为珍贵的文献资料。其中部分字词存有疑问,现已难查证,本文转录完全根据该宗谱的原文,并未擅加删改。

第六章
山河村沈氏宗族研究

系派,并明确出自同一祖先血缘关系下的宗支亲疏远近关系。

大规模的中原人士迁移至闽地始于西晋,尤其是在"永嘉之乱"以后,大批中原世族南迁。唐高宗时期沈氏开基祖沈世纪随陈政入闽驻军。据《诏安县志》记载:"沈世纪(生卒年不详),又名彪,河南光州固始县人。身材魁梧,能文善武。初为河南某县案牍史,后投身军旅,为陈政部下。唐总章二年(669年),世纪随岭南行军总管陈政入闽,率部进驻绥安,骁勇善战,高宗闻世纪骁勇,颁诏赐名沈勇。仪凤二年(677年),陈政病逝,子膺扬将军陈元光带领其众,出师潮州。世纪率所部随征,大小数十余战,终平息'广寇'。后陈元光请朝廷建置漳州,并立行台于南诏。沈世纪奉令屯驻。军务余闲,披荆斩棘,开拓村落,营农积谷,广植麻桑,发展贸易,对开漳辟诏做出贡献。宋绍兴二年(1132年)追封沈世纪为威武辅美将军,绍兴十六年(1146年)加封为殿前大将军武德侯"(福建省诏安县地方志编纂委员会1999:1097)。上述史料说明沈世纪先后随陈政、陈元光父子入闽粤平定叛乱,因骁勇善战,终获"武德侯"称号,故有族谱上所说的"开漳圣侯"沈世纪。平定叛乱之后,沈世纪就一直屯军驻扎在漳州地区,治地南诏(即今诏安),其三十六世裔孙在诏安定居,丁口繁衍有"沈半县"之称。关于闽地沈氏开基祖沈世纪,还有一则记载:"霞漳之沈氏,其先出自河南光州固始县人,来自唐仪凤中,有世纪勇公者,同郎将陈元光戍闽。元光疏建漳州,勇公镇南诏"(不著撰人 n.d.)。这则资料也强调沈世纪确实为入闽沈氏开基祖。

山河村沈氏的开基祖为沈雍穆,于清康熙丁巳年(1677)从东城迁入山宝雷村,建宗立祠,繁衍后代。《沈氏宗谱》载:"十九世雍穆祖,尝祖考系世居东城,门第光昌,迨十四世祖谅介以下,数代卜居山宝雷,距县城廿余里,虽曰徙迁,不过侨居耕耨而已。厥后荐生穆祖,天生聪敏,俭以持家以处世,祇父恭兄,和顺恰恰,家称苟美,名誉磊落"(山宝雷村沈氏宗谱编委会 2008:76)。这则材料说明其在山河村建村立业之初,勤勤恳恳,兢兢业业,节俭持家,繁衍众多子孙后嗣。且雍穆祖所修建的震山祖祠,是山河村中的"大宗祠",不仅仅是规模最大,也是地位最高的。

(二)山河沈氏房支

雍穆祖生有五子,长子贞笃,二子启源,三子果略,四子懿裕,五子英毅,从此形成山河村的五大房支,现在以四房和五房人数最多,其他三个房支的人数非常少。其中四房主要集中在河沟、寨后一带,五房主要集中在高山埔、前门一带,其他三个房支分散混居在四房和五房居地当中。二房自二十二世祖沈宝善长期在广东普宁、扬江、新会、河源、揭阳等地为官,其后世子孙也迁至广东,故山河村中的二房人数较少。昔时二房曾组织内部宗族成员去广东寻找宝善房的后裔,但由于时间相隔较久,并无所获。

目前大房有10多户,二房有20多户,三房有10多户,四房和五房都有300多户,四房和五房的人数占据了绝对优势地位,但是五房还是比四房人数要更多一些。房之下的祧(支派)是更次一级的宗族分支单位,大房分为二祧,分别为敏捷祖派和达章祖派。二房分为之骁祖派、二房祖派、三房祖派和四房祖派。三房只有一祧,为椰仔祖派。四房分为雅正祖派、顺德祖派和元良祖派(雅正祖下又开纯真派,顺德祖下又开宁远、冈克、存诚三派,元良祖下又开恭怡、二房、勤约、四房、端和五派)。五房分为清雅祖派和东升祖派,但因人丁繁盛,宗祧支系更为庞杂;清雅祖下又开大房、岭门、三房、永质四派,东升祖下传至恭肃祖时,开文朴、肖白、勤敏三派;三个支祧下面还有众多更细的支系,文朴祖下又开大房、二房两派,肖白祖下又开国安、敦素、存诚、诚实、国南、雅南六派,勤敏祖下又开果卿、天章、慎永、正直四派。

第六章 山河村沈氏宗族研究

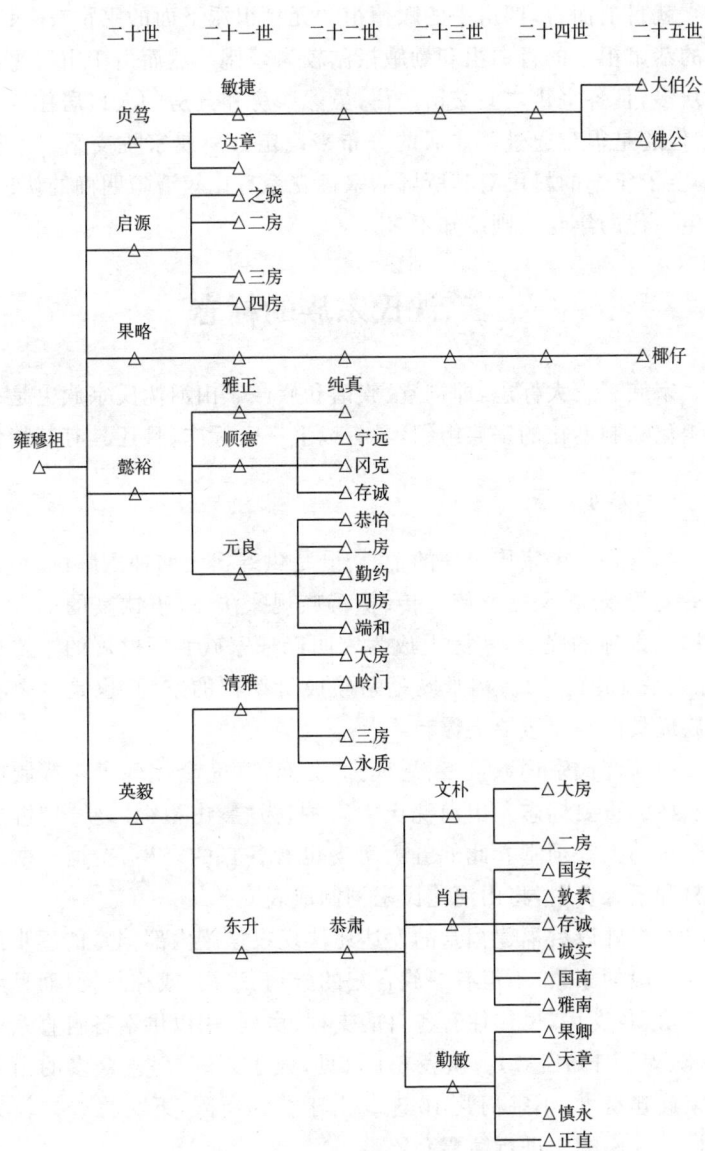

图 6-1 山河沈姓十九世雍穆祖至二十五世世系简图

就目前而言，四房中的顺德祖和元良祖派下面的宗祧较多；五房中的恭肃祖下的肖白祖和勤敏祖派较为繁盛。然而由于山河沈氏人口众多，且各宗祧之间交错居住，虽然四房和五房的人口居住较为集中，但还是很难通过其住居的分布来确定其所属宗祧支系。一般来说，上了年纪的村民对其所属的宗祧支系有比较清晰明确的认识，而新生一代的年轻人则所知不多。

二、沈氏宗族的标志

宗族有三大标志，即祠堂、族谱和族产。山河沈氏宗族也是一个组织化和制度化的宗族组织，具有以上三大标志，且还具有其特色。

（一）祠　堂

祠堂是一个宗族组织的中心，既是供奉祖先的神主牌位、举行祭祖活动的场所，又是家族宣传、执行族规家法、议事饮宴的地方。因此祠堂设施的完善，实际上成为宋明以来家族制度发展的主要标志（陈支平 1991:35）。祠堂既是宗族成员祭祀的空间，也是凝聚各个宗族成员的一个重要支撑。

山河沈氏宗祠数量多、规模大、分布广，完全体现了家族制度发展兴盛的重要标志。山河沈氏大宗祠，为"震山祖祠"，堂号"继述"，是全村的大宗祠堂。此外五大房支也有各自的宗祠、支祠。据访谈资料和谱牒资料，将山河沈氏宗祠制成表 6-1。

明中叶以后福建祠堂的发达还体现在家族内部祠堂的逐步细分化。一般的家族，不但有一族合祀的族祠、宗祠，或称总祠，而且族内的各房、各支房，也往往有各自的支祠、房祠，用以供奉各自直系的祖先（陈支平 1991:37）。从表 6-1 可见，人丁兴旺、房支众多的山河沈氏宗族建有大、小宗祠共 10 座。由于篇幅所限，下文将选择较具代表性的 6 座祠堂进行简要介绍。

表 6-1　山河沈氏各宗祠表

序号	祠堂	堂号	房支	修建时间
1	震山祖祠	继述堂	大宗	1677 年
2	大夫第		二房	1796 年
3	怡和公厅		三房	1686 年
4	前灰埕		四房大房	不详
5	友敬祠		四房二房	1803 年
6	沈氏祖祠		四房二房	不详
7	沈氏家庙	五教堂	四房三房	1756 年
8	省山祖祠	孝友堂	五房祖祠	1686 年
9	文山祖祠	易安堂	五房（恭肃祖）	不详
10	祥辉南极	报本堂	五房	不详

1. 震山祖祠

建于清康熙十六年（1677 年）的震山祖祠是全村沈姓的宗祠，位于山河村大寨中心。据《山宝雷村沈氏宗谱》记载："公为图奠安发迹之计，其或归故里或居山宝雷，三去三就之勤劳，不知几费精神矣！然穆祖夙夜敬止思继序殚厥心，相其留下未建者则一小丘耳。于是树木丛密者削伐之，荆棘而布生者芟除之，披辟平土，奠庙社，筑寨城建宗祠（震山祖祠），中堂之匾曰"继述"，大门之匾曰"震山"，上承祖志，下贻孙谋。巨典煌煌，瓜瓞绵茂，丕基肇启，分一枝于南苑，奕世簪缨，厥里于东城，率皆十九世之积功，后之子孙当知祖德宗功矣！"（山宝雷村沈氏宗谱编委会 2008：34）。该祖祠建成距今已有三百多年的历史。

震山祖祠坐西北朝东南，占地面积 190 多平方米，为一长方形二进廊院式平面布局。上下二落，分至两院，中间天井，两旁浮井，分至二平。大门绘制精美图画，上为山水之画，下为门神之图，两边小门是左昭右穆。抬梁为土木结构，硬山式屋顶。内斗拱构件雕刻精巧，造型独特美观(沈庭辉、沈建聪 2012:42)。

震山祖祠后来朽坏,经山河村沈氏宗族成员商议于 2000 年动工整修。新修好的祖祠,砖墙瓦壁焕然一新,雕廊画栋上的画像栩栩如生,庭宇宽敞明亮,格局错落有致,布置端庄大方。

图 6-2 震山祖祠外观

图 6-3 震山祖祠内厅

在祖祠正中"继述堂"两侧,依次悬挂沈氏祖上应试中举、政绩显著等匾额:三世将军、四世大夫、钦赐元戎、进士、文魁、武魁、亚元等,

十分醒目。祖祠内三副对联,至今仿佛还在向沈氏子孙述说先辈开基的志向、期望,其文如下:

继志期后期,科联甲第当思奋勉;

述事念前徽,箕裘弓冶勿坠深渊。

继往开来,不外友恭慈孝;

述先传后,端在礼乐诗书。

继志在诗书,愿汝曹学古入官悉遵圣贤正轨;

述事惟忠孝,念我祖遗孙嘱子不外君父大伦。

震山祖祠内有一奇特石柱,该石柱位于祖祠下厅右边,该祠建后不久,这根石柱就开始出现"风化",由四方形变成圆形,并逐渐凹陷。据山河村史料记载:清乾隆年间,石柱第一次风化,不久雍穆祖之孙沈之骁考中武进士,其曾孙沈宝善考中举人。至同治年间,石柱风蚀"难看",换上新柱。光绪时石柱再次风化,随后出现沈日成、沈桂芳、沈其英、沈捷南四位举人(沈庭辉、沈建聪 2012:116)。

图 6-4 震山祖祠内之奇柱

此后石柱又先后多次出现微蚀,山河沈氏宗因而亲产生石柱"大蚀出大贵,微蚀出小贵"的说法。至于该石柱风化溶蚀的原因,至今尚无法解释,为震山祖祠增添一分神秘色彩。

"文革"期间,震山祖祠遭到重大破坏,祖先牌位、族谱等被销毁。

1980年以后，宗族组织逐渐复兴发展，震山祖祠也就在这一时期逐渐恢复，并于2000年进行重修。至今震山祖祠早已失去往日议事、执法等功能，仅在春节、元宵及农历八月十二、十三日"迎祖"时发挥其祭祀功能，其余时间则是供老人活动的场所，每日都有众多老年人在祠内品茶、闲谈、打牌、听潮剧等。祠堂有专门负责的日常管理人员，每个月轮换一次。

2. 大夫第

大夫第为二房宗祠，建于清嘉庆丙辰年（1796）。该祖祠是为彰显道光年间沈宝善及其曾祖父沈雍穆、祖父沈启源、父亲沈之骁一门四世被朝廷封赠为大夫而建造。

图6-5 大夫第

该祠坐西朝东，由二十二世祖沈宝善精心设计建造。门楼雕刻有各种花草鸟兽，精美壮观，且祠堂大门牌匾"大夫第"三字，据说是沈宝善亲自以指所书。

大夫第祠堂内匾为"鸿仪浩瑞"，厅堂内的木柱上雕刻三副对联：

鸿仪耀彩磻我久奉天子诏；

浩瑞流芳邑宰犹属大夫家。

旧营镇西山上为国下为民；

新任赴河源出尽忠入尽孝。

一门科第父子芳联；

四世大夫孙曹宠叠。

从大夫第祖祠内木柱上的对联中可以知悉，沈宝善一门四代忠君爱民、尽忠尽孝的立身处世准则和伦理观念。大夫第祖祠在"文革"中遭受破坏，现在有人居住其内。

3. 怡和公厅

怡和公厅建于清康熙二十五年（1686年），位于河沟。该祠构造为一进一天井，两廊两舍两厅，面宽13米，进深14米，正门右边有一方形古井，井水至今仍可饮用（沈庭辉、沈建聪2012：49）。

图6-6 怡和公厅

怡和公厅曾经做为学校，供山河沈氏后裔读书。"文革"期间遭到严重破坏，其内祖先牌位、匾额等均被毁坏。砖瓦墙壁破损，至今仍未修葺。目前尚有一户人家长期居住在祠内。

4. 沈氏家庙

沈氏家庙建于清乾隆二十一年（1756年），位于河沟，祠前有一池塘。该祠坐西朝东，二进一天井，两廊两厢，面阔13米，进深18米，歇山顶式建筑，祠堂结构是抬梁和穿斗式相结合，屋脊、房顶装饰精美，正门两边有一对花岗岩磨光的石鼓，石基雕刻有"福禄寿全"动物图案(沈庭辉、沈建聪 2012:48)。

图 6-7　沈氏家庙远景

沈氏家庙内匾为"五教堂",祠内有一对联：

五礼配五伦,观于乡而知孝友睦渊任恤；

教家通教国,成其俗便是和亲康乐平安。

这副对联也表明沈氏教育后世子孙要睦邻孝友,和谐共处,快乐安居。该祠现在损坏较为严重,目前族人正在商议重修之事。祠内现有部分人家居住,周围也都是民宅。

5. 文山祖祠

文山祖祠建于清道光年间(1821—1850 年),位于震山祖祠大寨旁大榕树之下,1995 年曾重修。《山宝雷村沈氏宗谱》对于二十二世恭肃祖有一小序涉及文山祖祠："祖居家节俭勤劳,品行端常,读圣贤之书,不失为学中令行斯品纯谨。有得来三子学贾,家称享年至春,身授皇恩子孙日盛,卜地於大宗之南,建筑祠宇创立丕基,名内匾曰'易安堂'、外匾曰'文山祖祠'"(山宝雷村沈氏宗谱编委会 2008：77)。

该祠坐北朝南,三进一天井,左右两门,两廊两厢,面阔 13 米,进深 18.5 米,歇山式建筑。该祠堂结构是抬梁和穿斗式相结合,屋脊、房顶有彩色的碗片雕刻成的龙凤穿牡丹,装饰精美。左右两边各相

图 6-8　文山祖祠外观

距 2.5 米处,有两厢房,宽 6.5 米,长 14 米,各有两间,前面还有两个大灰埕。正面两边有一对磨光的花岗岩石鼓,鼓基雕刻有"福禄寿全"的动物图案,大门上一石牌刻有"文山祖祠",上厅一挂匾为"易安堂"(沈庭辉、沈建聪 2012:47)。

该祠内有两副十分有意义的对联:

易而居以俟天麻命;

安且吉惟崇德象贤。

念祖宗节俭勤劳,虽一草一木,无不兢兢业业;

愿子孙敬恭孝友,即万年万世,永怀弟弟兄兄。

图 6-9　文山祖祠内厅

以上对联就是鼓励沈氏子孙要勤勤恳恳,努力奋斗,同时还要思祖念宗,携手宗亲兄弟,互相帮助,同舟共济。内容虽再简单不过,其意义却深远。

6. 叶太恭人祠

在传统的封建社会,女人死后一般来说是仅能随夫入祀,而不能独立进入祠堂的。山河沈氏宗族与其他地方宗族相比而言,具有特色的是有一全国罕见的"女人祠"——叶太恭人祠。"女人祠"顾名思义即是专门为妇女建造,或特别为纪念或供奉妇女神位而建造的祠堂,在全国范围仅有四处。

图 6-10　叶太恭人祠

据悉叶太恭人祠大约建于清朝嘉庆年间,山河村沈氏二十二世正四品官员沈宝善修建。该祠为其母生前所居之地,沈宝善为悼念其母的懿德,在其母死后将之改建为祠堂,专供奉生母叶氏,因而是名副其实的女人祠。该祠是一座三进二廊上下厅一天井的祠堂,地基由经过加工打磨的花岗岩砌成,石上雕有花、鸟、兽,大门牌匾"叶太恭人祠"为沈宝善亲自书写的指书,大门外侧竖立两座青麻紫石的石鼓(沈庭辉、沈建聪 2012:44)。"文革"期间,叶太恭人祠损毁极其严重,建材颇多缺损,且外观残破,亟待重修。

山河村大部分的祠堂、宗祠都已经失去了以往的诸多功能,至今剩下的也多为祭祀之用。

(二)族　谱

族谱或家谱、宗谱、谱牒,是一种特殊的民间文献资料,记载一个家族、宗族的发展演变史。正如国有国史、地方有方志,族亦有族谱,族谱的修纂对任何宗族都有着重大的意义,一来可以明确本族的血缘关系,二来可以联络宗亲,三来可以强化宗族凝聚力。"所以福建民间宗族强调血缘关系的另一项重要措施即是族谱、家乘的修撰。如果说祠堂是用血缘关系将族人牢固地联结在家族组织上的活动中心,族谱、家乘的修撰便是为家族组织的活动建立完备的档案材料"(陈支平 1991:41)。

"福建民间各家族族谱所记载的内容详略不一,一般言之除记载全族的户口、婚配和血缘关系外,还有全族的坟墓、族田、族产、祠庙等的四至方位和管理使用办法,家族的规约训诫,修谱凡例义则,各类合同契文约书等"(上引书:43)。

山河村沈氏族谱大多在"文革"时被销毁殆尽,许多珍贵的族谱版本遗失。值得庆幸的是仍有一些手抄的族谱流传至今,保存尚称完好,如《族谱·珍藏》版和《沈氏宗谱》版。20 世纪 80 年代宗族在全国范围复兴后,山河沈氏不断开展和参与新的族谱编纂工作。约在十年前所编纂的《东城沈氏宗谱》,收录东城祖派下的沈氏裔孙;山河沈氏自十九世雍穆祖也是东城沈氏之后,因而山河村积极参与该宗谱的编纂。

2008 年山河人召集族中有关人士,商议修撰族谱一事。在修谱的过程中,各房支宗祧中零散保存的手抄本私谱、记录稿,在新谱的编修过程中发挥了很大的作用。对于缺乏私谱或相应记载的宗祧,即参考祠堂的祖宗牌位、祠内联对及其宅居故里,并结合相应的入户访谈资料,以尽量搜集完整的宗谱关系。在编纂族谱时,每一房支宗祧选取一两个年纪较长者,负责收集和记录本房支宗祧小范围内的

"族谱",然后统一上交至山宝雷村沈氏宗谱编委会处,进行统一分类、整理。最终在 2008 年完成新修的《山宝雷村沈氏宗谱》,整合了山河村沈氏各房支宗祧祖上遗存的手抄牒本,并反复查阅史料文献,几经校勘后编纂出来,内容包括沈氏源流、沈氏诸祖略传、沈氏世系表、沈氏宗亲海外繁衍传播概况、沈氏人物传记、文献选辑、附录等。值得一提的是,在新修撰的族谱当中,除了传统意义上将男性记录在内之外,新谱也将女性写在族谱中。众所周知,在传统的封建社会,男尊女卑、重男轻女的思想非常严重,女性是根本不能写上族谱的。新谱的这一做法,也是体现男女平等的思想,逐渐开启族谱编纂的新局面。

虽然新谱已经修撰完成,但是宗族成员一直在增加和更新,山河沈氏对于这一情况也采取了相应对策。根据访谈所知,村中热心修谱人士沈泗海经常走访村中各家户,将新生成员及逝世老者的名单一一记录下来。尔后将所获取的名单信息在新谱中及时更新、校正,以方便查询和了解山河沈氏宗谱的最新动态。

(三)族 产

宗族共有财产是福建民间家族组织的另一个重要内容,是维持宗族制度得以运行的经济支柱,其作用不下于祠堂、族谱,并与祠堂、族谱互相配合,将族人有效地联结在一起,形成了家族组织的基本构架。福建民间族产包括土地、山场、房屋、桥渡、沿海滩涂以及水利工程、水碓碾房等生产生活设施(陈支平 1991:53)。

山河沈氏宗族在以前也有其族产,但是在新中国成立以后,开始推行"土地改革"运动,土地收归国有,彻底消灭了土地私有的根基,沈氏族产自此失去赖以存在的基础。以下所述的山河沈氏族产均为 1949 年以前所有的。

由于山河沈氏在历史上出了数位文官武将,在当地及其周边地区也是一个有名望的宗族,因而祖上遗下大量的田产、房产。沈氏各房支宗祧也因各自房支大小、宗亲势力的差异,而拥有不同数额的族产。据山河沈氏耆老回忆，该村族产主要有土地与鱼塘两种形式。

1. 族田/地租

"明中叶以后福建民间族产虽然出现多样化的趋向，但其中历史最悠久而又数量最多的，还应首推土地田产，即通常所称的'族田'"（陈支平 1991:55）。山河沈氏祖上科第功名人士大多买田置产，形成后来的"族田"。沈氏裔孙继承祖上丰厚的遗产，并经由族人经营管理，勤勤恳恳在族田上耕耘收获。

昔时山河沈氏族田主要以种植水稻为主，每年收获的稻谷依田地的好坏、远近情况抽取一定比例，留下一定份额的田租平分至沈氏大宗及其各房支祖祠之下，以供各祠祭祀所需祭品、牺牲等开销，以及宗祠、祖坟的修缮支出等。除这部分田租之外，剩余的田产收入按每个祖宗房支的人数，一级一级地平均分配下去。

族田除了祭祀祖先的功能之外，还用以赈济贫困族人和激励上进族人。据沈桂祖老人回忆，其幼时家中贫困，生活艰苦，无力支付其上学的学费。最后族里从族田分配中所得的族产，即稻谷，变卖后以供其上学。这里只列举一个案例，还有很多类似的情形，目的就是为了说明族田还有扶贫济困的功能。

山河沈氏田地较多，昔时曾将部分田地出租给临近他姓族人耕种，按田地好坏远近收取地租。据沈氏族中长者回忆，文山祖祠东升祖之妻，族人称其为"祖母"，家境殷实，大举购田置地，出租给他人耕种，每年大概收租两百担谷子。祖母将这些地租收入留一部分给宗祠、一部分给族中德高望重的耆老长者，剩余大部分留做族中读书人的学费。这部分地租族产对于沈氏培养秀才、举人等，发挥着很大的作用。

2. 鱼塘

山河沈氏昔时在村中有几处大的池塘，交由族人经营打点，常年以养殖为主，主要是养鱼。每年收获的季节（大都为冬季），会将这些鱼塘所产出的鱼，按照族田族产的处理方式来分配给各宗支派系。中国传统的农业社会，种植为主，养殖为辅，因而鱼塘式族产可以算是一个辅助型的族产形式。

共有族产确实是维持宗族组织正常运转的经济支柱,也是宗族组织赖以生存的一个经济基础,发挥着非常重要的作用。

综上所述,祠堂为宗族组织祭祀的空间场所,族谱为宗族组织变迁的文献资料,族产为宗族组织运作的经济支柱。祠堂、族谱、族产是宗族的三大标志,联机互动,三位一体,缺一不可。正是由于三者的有机联动配合,紧紧地将宗族成员凝聚在一起。

三、沈氏宗族的仪式

"对宗族而言,祖先的祭祀是最重要的仪式,尊祖故敬宗,敬宗才能收族。对本宗族祖先的祭祀是宗族的头等大事。唯有祭祖,才能唤起族人的血系观念;唯有祭祖,才能强化宗族的内聚力"(麻国庆 2009:15)。

当然宗族的祭祀总是呈现出结构上的多层性和形式上的多样性,山河村沈氏宗族也有一系列盛大隆重的祭祖活动,形式也比较灵活。

"福建民间家族的祭祖方式,大致可以分为四类:一是家祭,二是墓祭,三是祠祭,四是杂祭。这四种不同层次、不同规模的祭祖方式,组成家族内部严密而又交错的祭祖网络"(陈支平 1991:168)。山河沈氏亦是如此。

1. 家祭

"家祭就是以家庭为单位所举行的祭祀祖先活动,也是最为普及、最为基本的一种祭祀活动。家祭的对象一般仅限为祢、祖、曾、高等三至四代内的近亲祖先"(上引书:168)。由于家祭的主要活动范围在家庭中,而其主要祭祀对象为近亲,因而使得家祭具有较为强烈的情感因素。此外家祭的次数是最为频繁的,逢年过节及祖先忌日都会举行家祭。

山河村沈氏的家户一般会将祖先牌位供奉在专门设置的神龛当

中,或将祖先照片悬挂在摆放香炉盒的神龛之上。无论是祖先牌位,还是祖先照片,大多放置和悬挂在房屋的正厅中央,入门即可见,十分显眼。

闽南陈坑的家祭,分为定期祭祀和不定期祭祀(商艾思 2013:219),同样地,这也适用于山河沈氏的家祭类型。

山河村的定期祭祀主要在传统节日,如元宵、清明、端午、中元、中秋、冬至、除夕、春节等。尤其是在春节的正月初一和初二日都要在家里祭拜,但是初一祭拜那天,祭祀的饭菜只能用全素的。此外每逢祖先生日和忌日时,都要在家中祭拜,仪式一般在下午三四点左右开始,且祖先忌日的供品,必备所谓的"八碗"(猪蹄、猪肝、猪肉、鱼、虾、鸡、花蛤、肉丸)。亲人去世后,第一次忌日祭拜时,一定要供猪头和"五牲"(鸡、肉、鱼、蛋卷、肉卷/五香)。第二次及其以后,就只需要"三牲"(鸡、肉、鱼)或"五牲"(鸡、肉、鱼、蛋卷、肉卷/五香)即可。山河村有句俗话:"没鱼不成牲,没鸡不成五。"由此可见鱼和鸡在家庭祭祀当中的重要性。调查期间适逢一户人家在其母亲忌日时祭拜,留在村中的子、媳及孙子、孙女都去震山古寨内的老家(祖厝)中祭拜,供品有六菜一汤(即鸡、肉、鱼、蛋卷、五香和苦瓜排骨汤),几乎都是荤菜。且祭祀时一定要祭拜得久一点,据说在祭拜祖先时,祖先会邀请其"阴间的亲友"共享祭品,所以要等他们都吃完,因而也就需要较长的时间。

山河村的不定期祭祀主要是指嫁娶、丧礼、添丁、乔迁、应征入伍、侨胞回访等重大事件所举行的祭祀活动。这类祭祀一般没有固定的时间,大多是属于偶发性、即时性的。

家祭所需祭祀用品一般是由妇女准备,而且整个祭祀活动也大多是由妇女在其子女之助下完成的,其过程相对简单:一般先摆好祭祀用的饭菜,再点三根香,在祖先灵位前心中默念祭拜,最后焚烧金纸,随着金纸的完全烧化,家祭仪式也就宣告结束。

2. 墓祭

墓祭是到祖先的坟墓上去祭拜。墓地为死者的安息之地,有人总结出汉族的墓地具有如下的特点：(1)墓地是血缘的集结；(2)墓地是家族和财力的象征；(3)墓地是祖先与后代交流的场所；(4)墓地是阴阳两世界的交接点，冥府他界的入口处(何彬 1995：97—98)。上述特点说明墓地做为墓祭的空间，是提供族人与逝者之间进行"交流"的一个重要平台。

此外麻国庆认为汉族社会对墓地有一套系统的文化观念，并指出墓地也是联结人群结合的重要方式，特别是祖墓，是宗族社会跨地域的社会向心力之所在(麻国庆 2009：136)。墓地不仅是祭祀的空间，还承载着族人对逝者尤其是近祖的一系列复杂的社会观念和文化阐释。

陈支平将墓祭的对象大致分为近祖和远祖两方面，近祖墓祭就是对高、曾、祖、祢四代祖先坟茔的祭祀，与家祭有类似之处(陈支平 1991：169)。墓祭时间一般较为固定，但山河村人平常很少举行墓祭。山河沈氏对高祖之上的祖坟祭祀相对较少，远祖的祭祀也主要是集中在开基祖。

山河沈氏开基祖雍穆祖的坟茔在龙沄口杭坑，是沈氏族人所共有的祖墓。每年的农历三月十五日，由村部的书记、村长及各房支中的长老一起筹划，共同置办福猪肉、米粿、点心、香烛、金纸、鞭炮等，带领全村男女老少一起上山，规模非常盛大壮观。在族中长者的引领下，上香读祝文，祝祷跪拜，遵循一定的流程。结束之后，放鞭炮，之后族人便在祖墓前分福猪、吃福食，即所谓的"吃祖"。等"吃祖"结束之后，整个祭祖仪式和活动才算结束。

山河村沈氏对于近祖的祭扫，因各房支宗祧的关系而有不同时间。例如，五房中的肖白祖，其派下宗亲在每年农历三月廿九去祖坟上祭祀；而正直祖则是在每年清明的前一天去祭扫。此外各房头都有其特定祭祖的时间。据山河长者回忆，对于新修或重修的祖墓而言，第一年墓祭是在新清明节(即公历4月4日或4月5日)，第二年墓祭则须选在古清明节(农历三月初三日)，而第三年及其后都又在新清明节去祭扫。对于近祖的祭祀，各房支、各房头在祭扫时都有明确的必备祭品(见附录一),祭祀完之后再分食祭品。

墓祭是一年一度举行的祭祀方式,其所需祭祀用品一般由男女共同筹备,但是到祖墓上举行的祭祀活动基本上是由族中男性来完成的。

3. 祠祭

祠祭即在祖祠内致祭,在家族的四类祭祀中,祠祭是最正规化的一种(陈支平 1991:174—175)。祠祭不仅较为庄重正式,时间也较为固定,一般是实行春秋二祭,亦即"春祭"(农历二月初二日)和"秋祭"(农历八月初八日)。春秋二祭时各户人家按家庭经济情况备办粿品、祭品到各自祠堂祭拜,据说是有族人平时不常在家,或没有时间在家中祭拜祖先,利用此时去祠堂中一并祭祀,以尽孝道并祈求平安。

据山河村老人回忆,人生中的三件大事(出生、婚礼及丧仪)都要在祠堂举行祭祀。每当沈氏宗族中诞生一位男丁时,父母都会准备福肉、粿品、酒水等带着新生儿到大宗祠(即震山祖祠)去祭拜,即所谓"添丁礼",在祖宗面前展示新生的后裔,并有向宗族报喜之意。当然也有去各自房支祠堂祭拜的。据悉昔时在"添丁礼"完成之后要在祠堂内宴请族内德高望重的老人,现在虽还去祠堂祭拜,但是宴请却改在家中举行。

昔时,山河沈氏青年男女婚礼多半会去祠堂举行,并在祠内祭拜祖先。而且再根据家庭大小、经济情况等因素,在祠堂内宴请同一房支内的族人。

死是人生中最后的一件大事,以前族内老人逝世之后,其棺木要停放在所属房支支祠内,只有功成名就的人士去世之后才能将棺木停放在大宗祠内。

山河村每年农历八月十三日至八月十四日均会为入闽沈氏开基祖武德侯沈世纪,举办规模盛大、仪式隆重的"祖公生"(或称"游火烛")祭仪,自八月十二日从邻村岑头村迎请祖公神像算起,前后历时三天。八月十二日迎祖后,十三日下午将祖公神像放在大庙供村民祭拜,傍晚大宗置办祭品,且各家各户都将祭品摆放在震山祖祠大寨门口的大埕,拜到相应的吉时。十四日下午祖公请到河沟、前灰埕、破寨仔、后灰埕、高山埔各地,让村民轮流祭拜。十四日夜晚迎请祖公巡游全村,由火烛队在前引路,其势如火龙,全村男女老少跟随其后,场面壮观。在此期间,山河村还会请附近的潮剧团前来搭台唱戏助兴,酬谢神明。"游火烛"本是一种带有宗教色彩的仪式,但在山河村人心中,武德侯就是入闽沈姓的开基祖先,因而他们认为"游火烛"仪式在本质上是为了祭祀祖先。

祠祭是一种非常正规、正式的祭祀方式,其要求一般也是比较严格的,且多由族中男性出面完成,女性较少参与其中。

4. 杂祭

除以上三种比较规范化的祭祀外,对祖先还有许多不规则、非定时的祭奉荐享等,特别是每逢家人或族人有婚娶、架屋喜庆大事等,一般也都要祭祖,向祖先报喜,在比较虔诚的人家一年中甚至连春秋收成、杀猪宰牛、子孙逢十生日等等,也都要祭祖,以示不忘祖先的佑护(陈支平 1991:178)。杂祭也就是比较零散、不成完整体系的一种祭祀方式。

宗族的仪式主要通过祭祀祖先活动体现出来,山河沈氏宗族通过家祭、墓祭、祠祭和杂祭四种祭祀形式,加强了对祖先的祭祀和族群的认同。同时又通过这些祭祀仪式达到敬宗收族、增强凝聚力的效果。

四、沈氏宗族的组织

每个宗族都各有其组织和运行管理机制,宗族组织是维持宗族正常运转的日常事务机构,同时宗族组织也还是协调、联络宗亲成员的一座桥梁。一般而言,宗族最重要的组织就是宗亲会,山河沈氏有沈氏宗族联谊会及房头两种宗族组织。

(一)沈氏宗族联谊会

诏安地区沈氏一族的宗亲会就是"沈氏宗族联谊会",其常设办事地点在城关,山河沈氏也是其中的重要一员。一般加入宗亲会的成员,多为沈氏宗族中德高望重的长老。沈氏宗亲会平时不定期举行聚会,以商讨宗族的日常事务,例如,每逢某一房支祖先的生日时,宗亲会就会带头组织成员去村里。

昔时的沈氏宗亲会做为沈氏宗族的日常组织,具有一定的权威和约束力。同时宗亲会还会协调帮助解决宗族内部纠纷。此外宗亲会还严格做到赏罚分明,奖励有功者,惩罚族中败坏纲纪、作奸犯科者,并将其开除出宗籍,甚至更为严重的是宗族会将其处死。

如今沈氏宗亲会早已失去上述的大部分功能,而成功转型为联络宗亲、协调宗亲、凝聚宗亲和资助宗亲的宗族公益组织。沈氏宗族联谊会所得的募捐资金大多用于支付沈氏宗族宗祠祭祀、宗亲奖励救助等方面,为整个沈氏宗族做出实实在在的公益慈善事业。

目前沈氏宗族联谊会还负责接待从泰国、马来西亚、新加坡等海外沈氏侨胞的工作。不仅从内部协调、联络宗亲成员,还对接海内外沈氏宗亲侨胞,内外结合,有机联动,从而为沈氏宗族更好地服务。

(二)沈氏房头组织

古语云:"国不可一日无君,家不可一日无主。"宗族组织也是如此,有其运行管理的方式和组织,故族不可以一日无长,房不可一日无头。宗族就像一个小型的国家、扩大的家庭,族长、房头在宗族的发展过程中起着重要的作用。

现在山河沈氏的宗族虽然已经没有昔时宗族拥有实际权力的"族长"、"房头"了,但是做为一个宗族运行和组织的管理者——房头组织,其形式依然存在。所谓的"房头组织",就是依靠形式上或实际上的族长、房头来主持和管理宗族内的大小事务,其宗旨是为宗族成员服务。

闽南山河人的社会与文化

　　山河村在修撰《山宝雷村沈氏宗谱》时，每个房支中的房头总是身先士卒，深入本房支系内，兢兢业业、认认真真地将每一家的系谱记录下来，并整理成册。各大房头就族谱一事十分负责，并积极配合族谱编委会收集原始信息、记录珍贵材料、绘制庞杂世系。从编纂族谱伊始，直至最后族谱的刊印，这些默默无闻的房头甘做任劳任怨的幕后推手。正是由于他们不辞辛劳的奔波，才有今日的沈氏宗谱，他们在族谱的修撰过程中起着至关重要的作用。他们巧妙地穿梭于族谱编委会及沈氏宗亲之间，并将二者有机地衔接。族谱的修撰工作看似仅仅是各房支的房头穿梭于其中，其实不然。各房头不断在族中成员中奔波忙碌，将其串联起来，以一个完整的组织的形式展现出来，进而将修谱工作共同完成。在这里房头并不仅仅是其本身，同时还代表着这样一种"以房头为经、以族员为纬"的"房头组织"。所以说"房头组织"在编纂族谱的过程中发挥着近似隐形却又不可替代的作用。

　　在每年清明节进行墓祭时，每个房头也分工明确，各自准备所需祭品（如附录一所示）。各个房头各司其责，精心准备，上下串联，以房头带动族内宗亲。由于这些房头的积极组织和管理，使得每年清明节祭祖活动有条不紊地进行下去。

　　从以上可以看出，山河村沈氏宗族的房头组织在修撰族谱和清明祭祖这两个方面发挥了积极的作用。实际上山河村村委做为正式的基层领导和管理机构，是村民的一种自治方式；而房头组织做为非正式的民间宗族组织，是一种非政府、非官方的组织形式。房头组织在诸多方面协助村委日常工作的开展，并与其存在微妙的关系。

　　综上所述，山河沈氏宗族联谊会和房头组织是山河村沈氏宗族所存在的比较明显的两种组织和管理形式，对于维持沈氏宗族的正常运作提供了很好的保证。

五、沈氏宗族的关系

一般而言,宗族的关系可以分为族内关系和族际关系两种。族内关系主要是宗族成员内部之间以及与邻近同姓宗族之间的关系,山河村沈氏宗族的族内关系主要是族内成员间的关系、与诏安沈氏宗族间的关系及其与侨居海外沈氏宗族间的关系。族际关系则主要是宗族与宗族之间的关系,山河村沈氏宗族的族际关系主要是与邻村及其外村他姓宗族之间的关系。

(一)族内关系

山河沈氏房支繁多,其族内关系真可谓是错综复杂。不仅村里宗族成员之间关系繁复,而且与诏安地区沈氏宗族及其侨居海外沈氏宗族还有着千丝万缕的联系。

1. 族内成员间的关系

目前山河村中大房、二房、三房都因人口较少,发言权自然也受此影响不小。反之人口众多的四房和五房自然而然地在村中扮演着主导的角色。因而四房和五房在各种场合都展开了权力、利益等方面的角逐。

关于权力的竞争和角逐。前已述及五房比四房人数略多。四房和五房之间也经常是围绕着村中的政治主导权展开角逐,最为明显的是竞争村中书记和村长(村主任)职位。据山河村中不成文的规定,书记多由五房族中人士担任,村长则由四房族人担任。此二职务若无如此搭配和安排,村中大小事务便无法正常开展。可以说这种"传统"的存在是二者之间长期竞争、角逐后达到"平衡"的一种状态。

关于资源利益方面的竞争和角逐。供奉武德侯沈世纪的大庙由庙会所管辖,山河村的庙会管委会具有宗族式的管理和组织方式,且在庙会中各大房支依其实力可拥有一定的资源和利益优势。其中大庙理事会成员多为四房和五房族人,如表6-2所示。

表 6-2　山河村庙会理事会成员及房支关系表

职务	姓名	所属房支
董事长	沈添桂	五房
副董事长	沈宗海	五房
理事长	沈水惜	四房
副理事长	沈三叠	四房
	沈建顺	五房
名誉董事长	沈荣元	五房
	沈大林	四房
	沈耀金	四房
	沈慧文	四房
名誉理事长	沈朝荣	五房
会计	沈泗海	五房
出纳	沈友桂	四房
大庙管理员	沈钦海	五房
成员	沈庭辉	五房
	深海发	四房
	沈细叠	四房
	沈美顺	五房
	沈镇发	五房
	沈木海	五房
	沈火盛	五房
	沈杰春	五房
	沈国忠	五房

　　文山祖祠为五房恭肃祖之宗祠,昔时宗族成员中有生老病死或婚庆喜事者,要举办盛大的宴请活动,为回应此一需求恭肃祖派下族人动员族内每一户交60元钱,做为经费,置办宴席所需的全套桌椅

碗筷；为收回成本和每年桌椅碗筷的更新维护，凡是借用者都需要交纳一定数额的租金，但是恭肃祖派下族人租用者可以享受半价优惠，租金仅为每桌4元；反之山河村中其他沈氏各房支宗祧中要借取上述装备的，一律全额收取每桌8元的租金。

从宴席设备的租金因房祧而异即透露出各房支宗祧之间的复杂关系。虽同属于五房，只要不属于恭肃祖派下的子孙后裔借取桌椅碗筷，也完全享受不到任何优惠待遇，遑论其他各房支。

2. 与诏安沈氏宗族间的关系

沈姓遍布诏安县的大半个县城区域范围，如东城、山河村、沈寨、东沈、西沈、桔林等村落。由于去年位于诏安旧城区内的沈氏大宗祠失火被烧毁，2013年开始重修。诏安县的沈氏大宗祠为全县沈姓所共有，每个地方的沈姓族人都积极募捐和参与重建，山河村也积极贡献了力量。

在每年农历三月份或是清明节时，山河村和其他村落沈氏都有人去诏安一世祖二郎揪公、四世祖八郎公的祖墓上祭拜。而且山河村每年都会有人去八世祖桔林公即附近桔林村的坟墓上进行例行的祭祀。

此外，山河村每年也会有人去东城沈氏的祖墓上祭拜。前已述及山河村沈氏也积极参与了东城沈氏族谱的编修。

3. 与侨居海外沈氏宗族间的关系

20世纪三四十年代，正值抗日战争兵荒马乱之际，山河村沈氏村民为求生存，纷纷背井离乡，远渡南洋，最终在异国他乡定居下来，繁衍生息，成为华侨。山河沈氏在海外主要分布在台湾、泰国、越南、新加坡、马来西亚等地区和国家。虽遥隔异国他乡，侨居海外的沈氏宗族仍然还保留着故乡的风俗习惯，而且相互间也经常保持密切的联系和交往。

20世纪80年代后期，泰国侨胞返乡探亲，对在"文革"中遭受破坏荒废的大庙深感叹惜，于是在回侨居地之后，立即筹集资金，进行庙宇和神像的重修，使得大庙规模壮大、焕然一新。尔后泰国侨胞还陆续捐资新建山河小学及重修祖祠等公共设施,积极为家乡的发展和进步贡献力量。

山河沈氏与侨居海外的沈氏宗族之间有着较为密切的联系,几乎是每年都有回乡探亲和去海外探亲的潮流。这种来来往往、反反复复的探亲,极大地增进了二者之间的情感和认同感,从而使得沈氏血缘纽带牢牢地拧结在一起,增强凝聚力和向心力。

(二)族际关系

山河村沈氏宗族与邻近他姓宗族之间也存在着十分复杂的关系。从谱牒分析和系谱绘制,可以看出山河村中复杂的通婚关系,联动着族群、族际之间。根据中国自古以来的传统和禁忌,同姓之间不能结婚,尤其是聚族而居的东南宗族兴盛地区。在1949年以前,山河村也几乎一直遵守此一规定,大多与外族外姓通婚,其中与岑头许姓、湖美及西潭吴姓、上营钟姓等族姓之间通婚最为常见。新中国成立以后,移风易俗,同姓通婚现象日渐增多,不仅是与附近沈氏村落通婚,而且还有同村沈氏人家之间互有婚嫁。据系谱资料显示,许多家庭均由同姓构成,夫妻双方均为沈姓。多数通婚者为不同房支间的沈氏族人,即使是同一房支的,至少是隔了五代之后没有直系血缘关系的宗亲。但是近年来山河村同姓通婚的现象开始不断减少,因为年轻人大多外出打工,在外地找到对象的居多,其通婚的范围和姓氏也在增多。山河村沈氏宗族的通婚现象可以反映出族际之间的通婚和互动关系,同姓通婚还不是主流,所以这里还是将山河村沈氏的通婚关系界定为族际间的关系。正是由于与他姓宗族之间的通婚,牵动着两个异姓宗族的关系。

但山河村和邻村龙坑村的林氏之间却互不通婚,至今依然如此。至于为何如此,在山河村流传着一个广为人知的传说。据说当年山河村有一妇女嫁入龙坑村林氏,而此一山河女婿常来村中多做需索,在村民的劝说之下其行为丝毫不改。日复一日,嫌厌逐渐升级演变成怨恨,最终积怨成仇,矛盾加深,成为两村之间矛盾开始的导火线。

两村之间也因此经常发生纠纷和械斗。据说沈氏族人后来在震山祖祠的牌位前烧香发下毒誓:以后要是有山河村沈氏村民和龙坑林氏通婚者,就会遭受上天的惩罚和报应。自此以后直至今日沈氏和林氏之间再也没有通婚者。

新中国成立后,两村之间的械斗和矛盾一直不止,特别是在土改时期。当时的山河村田地山林较多,而龙坑林氏土地较少,因而土改就要将部分土地和山林划归林氏。此举当然引起沈氏的不满,两村之间也就围绕着土地纠纷矛盾一直械斗,甚至动用枪械,情况较为严重。据山河村老人回忆,在其读小学时,两村的学生每到学期结束时总会互相"算算账",就是要通过打群架的方式来解决。而且以前山河村人要去县城取道龙坑,林氏一族会阻拦殴打。目前这种矛盾依然存在,只不过形势已经缓和了很多。

此外关于祖墓风水的事情,也能够反应山河村沈氏与他姓宗族之间的关系。山河村五房恭肃祖的坟茔当年修建在地势平坦开阔的风水宝地上,正是由于得到了祖上的荫佑,五房子孙枝繁叶茂,人丁兴盛。后来邻村岑头林氏也将其祖先葬在恭肃祖墓旁,此举引起山河村五房族人的严重不满,先是由口角争执,进而发展为械斗。为此双方争执不休,最后上诉至法院。山河村沈氏五房赔偿其数百元钱,使林氏得以迁建祖墓,此事才算告一段落。

在山河村中流传着一句广为人知的谚语:"有山河村的富,没有山河村的厝。"由于山河村在清朝时曾有"三世将军"、"四世大夫"、"父子科第"等荣衔,至今仍保存着皇帝的圣旨、诰赠牌匾、震山祖祠、大夫第祖祠和全国罕见的女性祠堂叶太恭人祠等重要历史文物,山河村也就顺理成章地成为"福建省历史文化名村"。昔时山河村邻近他姓宗族虽有大富者,但其宗族却既无显赫的家世,又无古老而又富有特色的建筑。这句谚语有表达出他姓宗族对山河沈氏的历史、建筑等方面的羡慕之情。虽然没有直接体现出族际之间的关系,但却从一个侧面反映出他姓对山河村沈氏宗族的一种复杂的情感。

闽南山河人的社会与文化

结　语

宗族在诏安地区是一种普遍的社会组织形式。本文以山河村沈氏宗族为例,对福建民间宗族组织做一民族志式的记述,以提供宗族研究一个具体的个案。

在沈氏祖先的南迁入闽之下,开基祖雍穆祖选择在山河村开基建业,繁衍后代。随着沈氏人丁的兴旺、子孙后裔的繁盛,沈氏宗族得以形成和发展,并完善为组织化和制度化的宗族组织。宗族组织发展到一定的阶段,又开始出现分房分支,宗桃支系不断分化出来,构成沈氏宗族庞大复杂的结构层次。在发展的过程当中,祠堂、族谱、族产逐渐形成为宗族的三大标志,在空间地域、文献资料和经济支柱这三个方面牢牢地将宗族成员凝聚在一起。并通过不同层次、不同方式的祭祀祖先活动来强化宗族成员的凝聚力和向心力,甚至是族群认同感。而宗族联谊会和房头组织通过自身的调整、衔接和转型,成功地为沈氏宗族注入新鲜活力,使得宗族组织继续维持运转。宗族内部成员之间及其与他姓宗族之间的关系,即族内和族际关系,联动内外,有机结合,使得宗族组织呈现崭新的面貌,焕发新的生机和活力。

参考文献

沈光
　　n.d.　　沈氏宗谱(沈光撰抄　资料来源:沈朝清)。
不著撰人
　　n.d.　　族谱·珍藏(资料来源:沈振太)。
陈支平
　　1991　　近五百年来福建的家族社会与文化。上海:三联书店。
福建省诏安县地方志编纂委员会
　　1999　　诏安县志。北京:方志出版社。

何彬
1995　江浙汉族丧葬文化。北京：中央民族大学出版社。

麻国庆
2009　永远的家：传统惯性与社会结合。北京：北京大学出版社。

山宝雷村沈氏族谱编委会
2008　山宝雷村沈氏宗谱（未出版发行）。

商艾思
2013　陈坑的宗族。载余光弘、杨晋涛（合编），闽南陈坑人的社会与文化，页 219。厦门：厦门大学出版社。

郑振满
1992　明清福建家族组织与社会变迁。长沙：湖南教育出版社。

附录一

二十四世正直祖·各房头清明节必备祭品清单
（仅适用于后坑祖）

白带鱼	2斤	
虾	1.5斤	
白酒	1瓶	→大房：沈耀民(28世)、沈怀平(29世)
四碗菜	1套	

鸡2只(1碗1牲礼)		
三色果子	1套	
金山银山	2副	→二房、五房：沈汝顺(28世)、沈惠坤(29世)
红罐漆、笔	各1	
坟头纸	2元	

鹅1只（牲礼）		→三房：沈献瑞(27世)、沈辉煌(28世)

猪肉	2斤(牲礼)	
乌龟	1斤(牲礼)	→四房：沈镇发(27世)、沈永生(28世)
蛋卷	1斤(牲礼)	

血蚶	2斤(碗)	
肉丸	1.5斤(碗)	
乌龟粿	30个	→六房：沈炎华(28世)、沈木雄(29世)
鞭炮	1对	
饭、汤、汁、碟、茶		

猪肝	2斤(碗)	
猪脚	1只(碗)	→七房：沈耀聪(28世)、沈林盛(29世)
猪肉	3斤(碗)	

附录二

山河沈氏系谱图（五房）

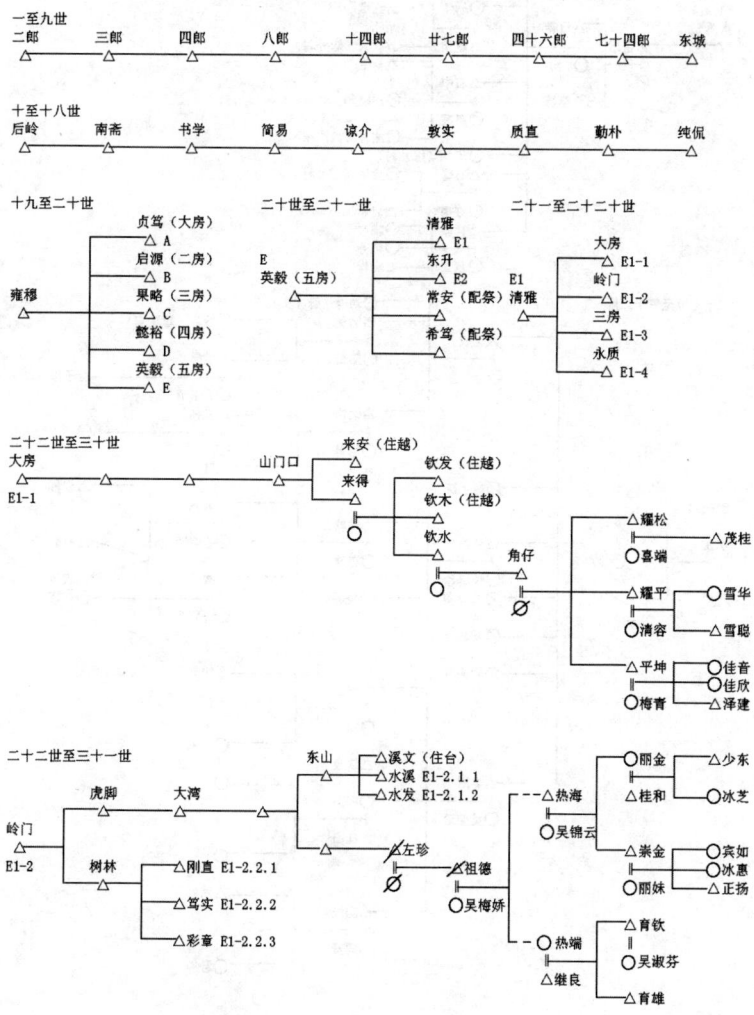

闽南山河人的社会与文化

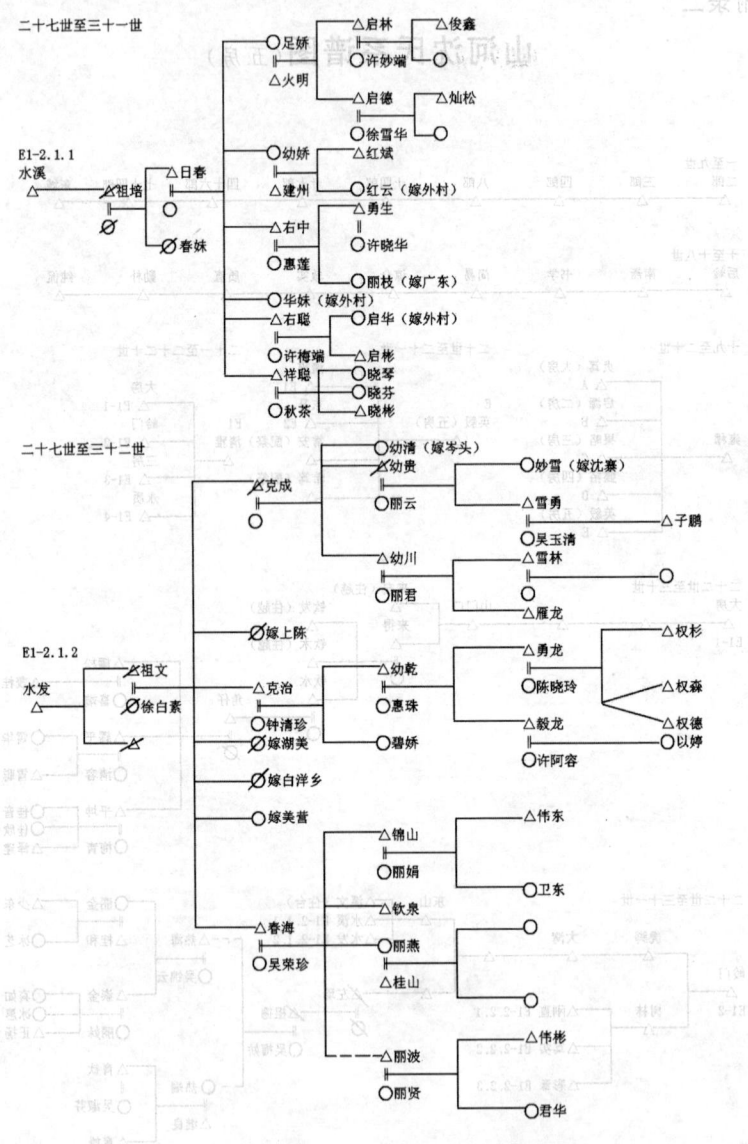

第六章 山河村沈氏宗族研究

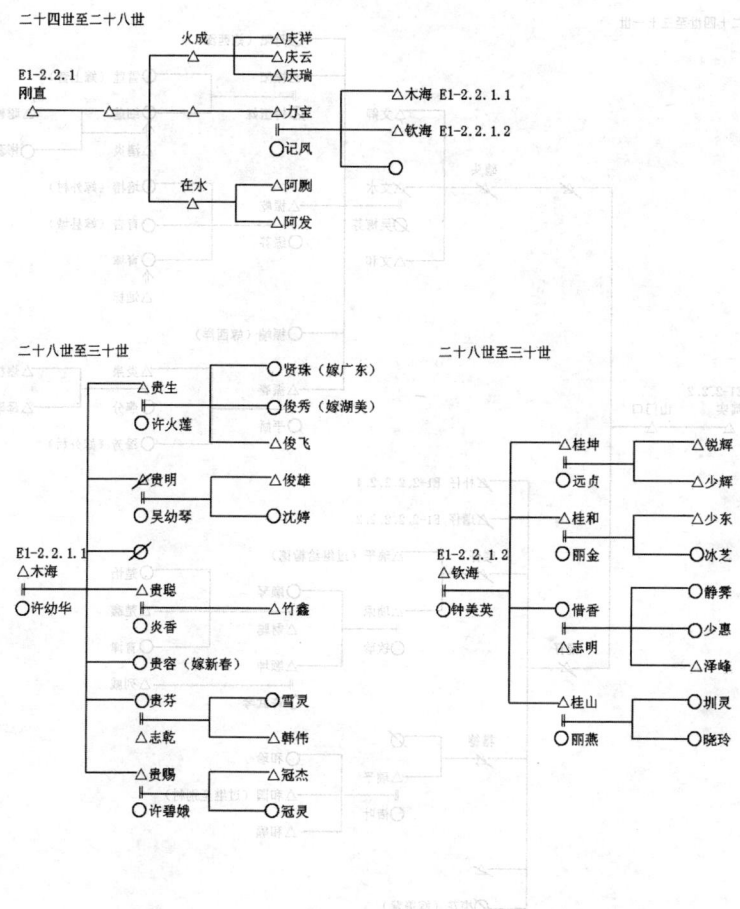

闽南山河人的社会与文化

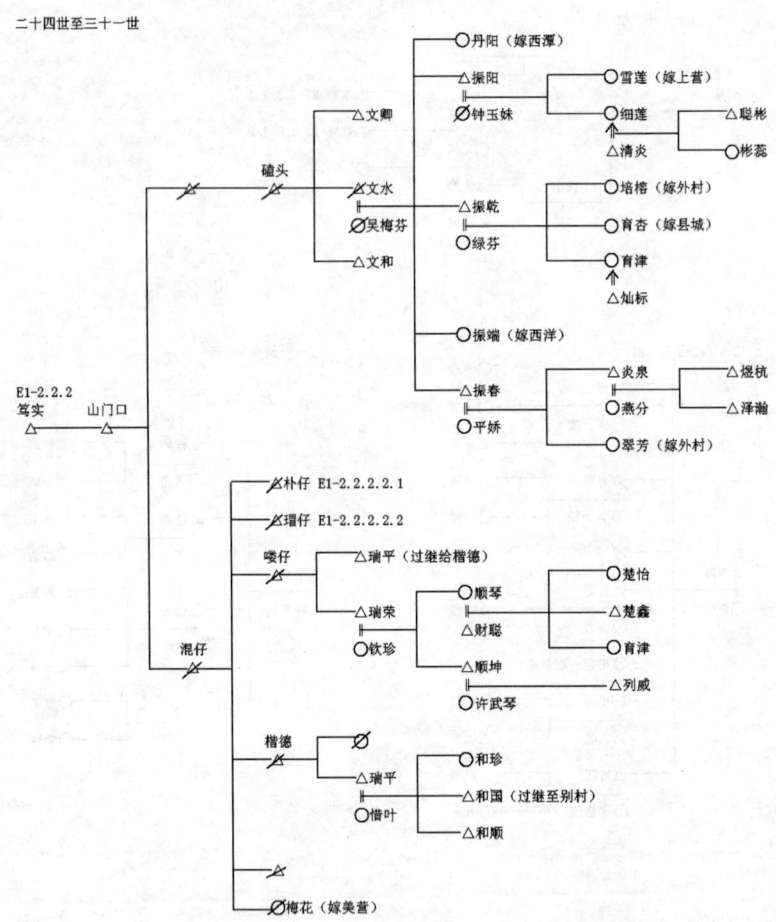

第六章
山河村沈氏宗族研究

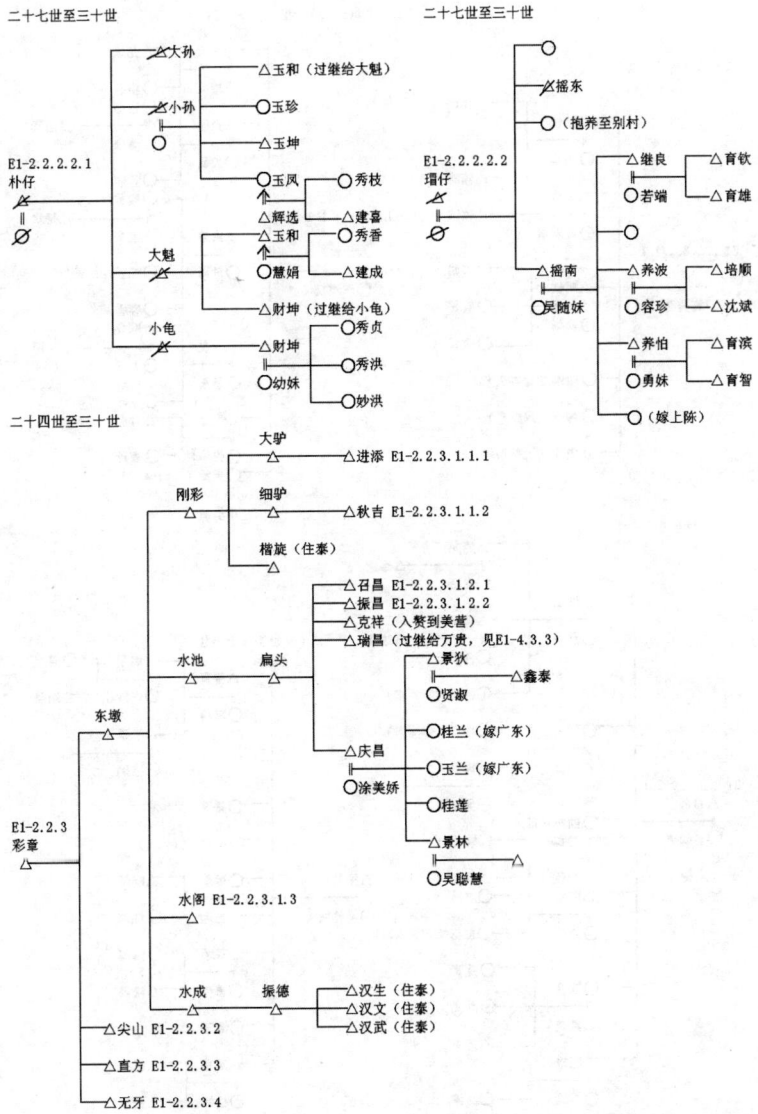

闽南山河人的社会与文化

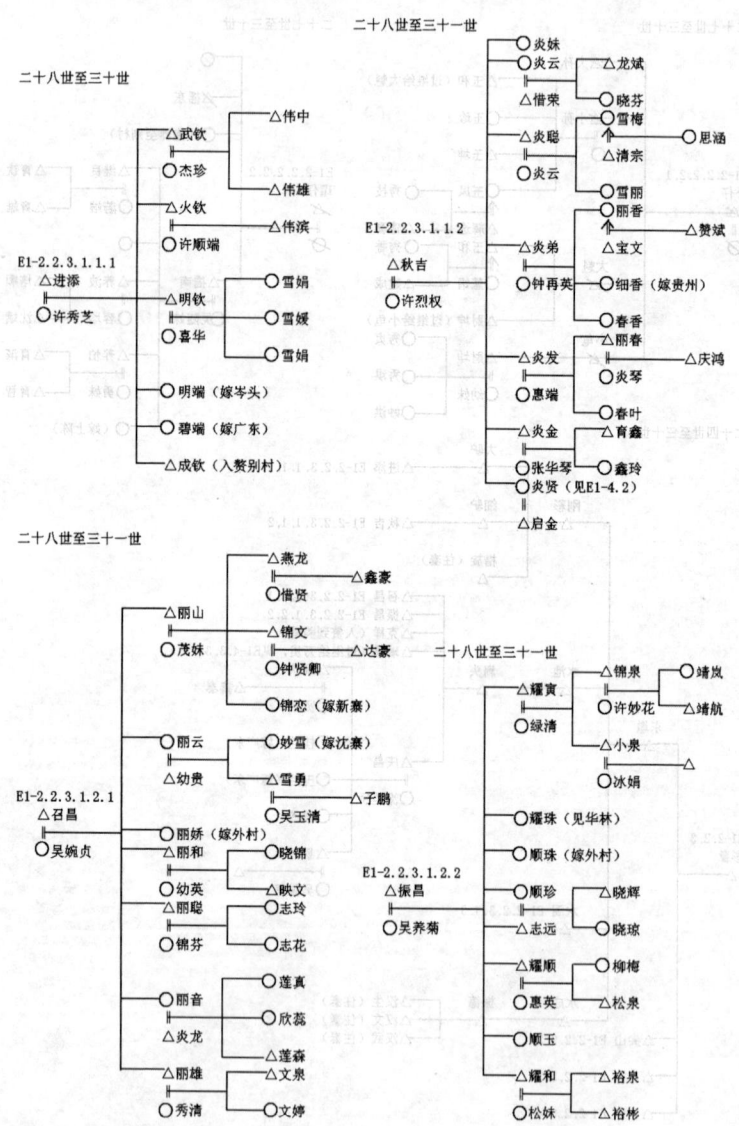

第六章 山河村沈氏宗族研究

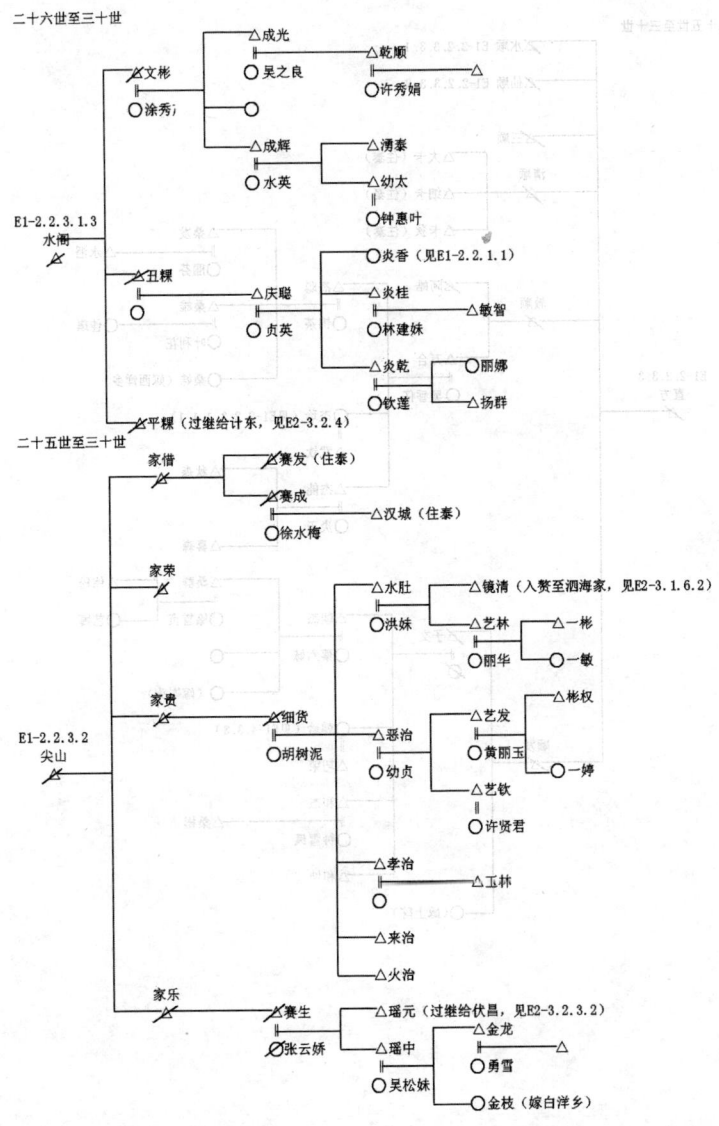

闽南山河人的社会与文化

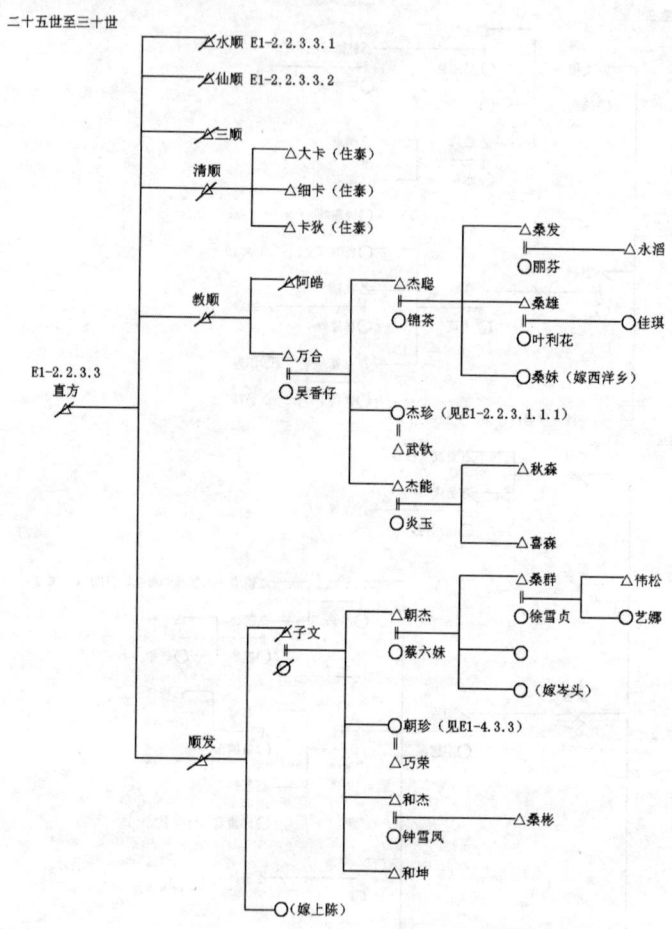

第六章
山河村沈氏宗族研究

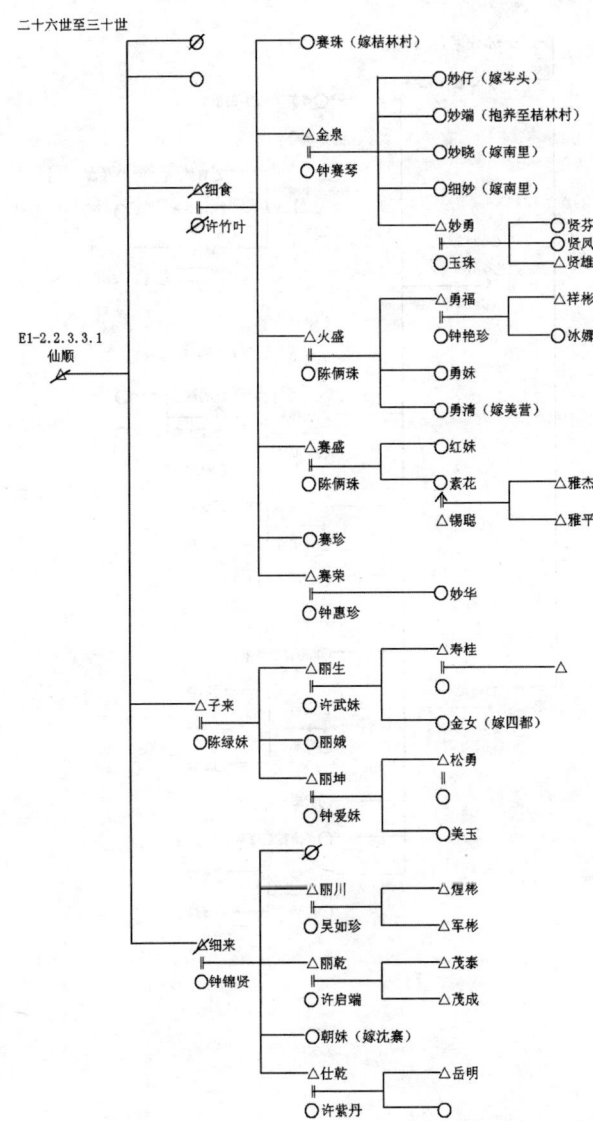

闽南山河人的社会与文化

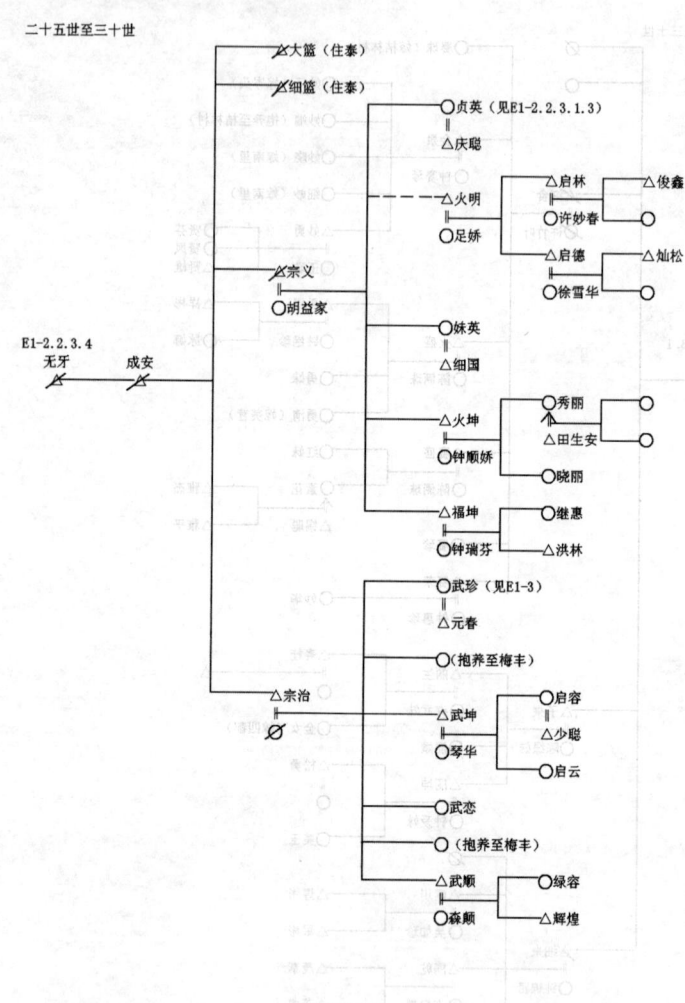

第六章 山河村沈氏宗族研究

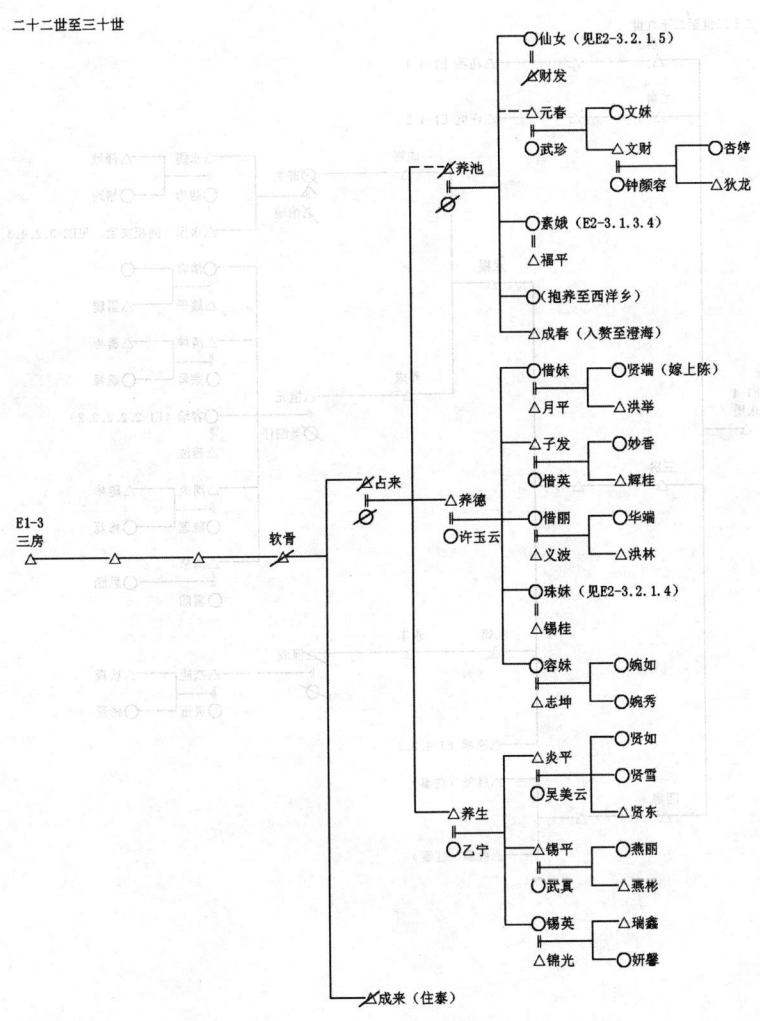

闽南山河人的社会与文化

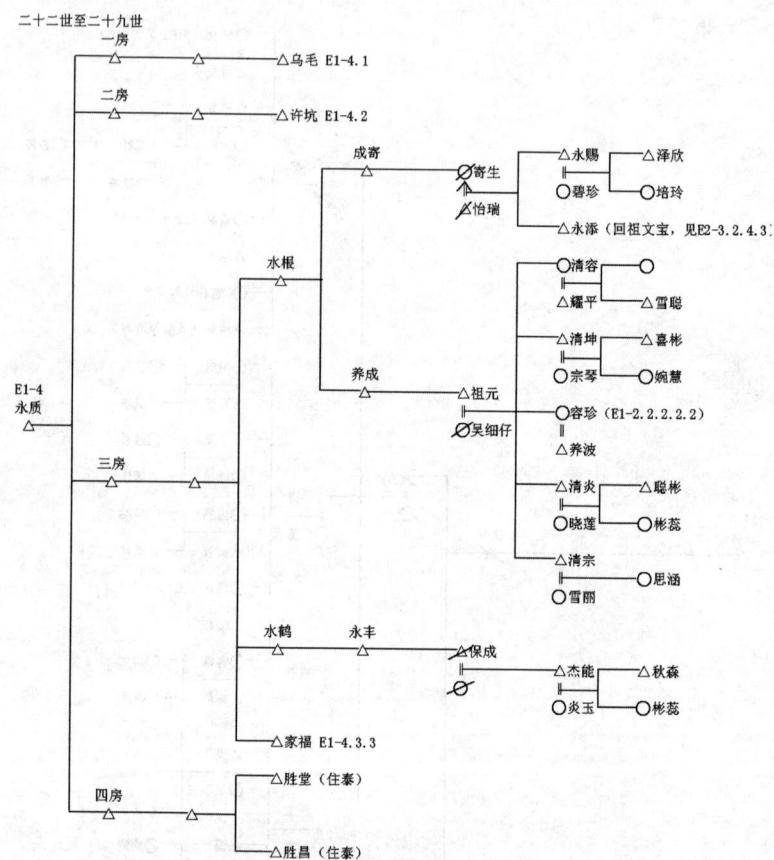

168

第六章
山河村沈氏宗族研究

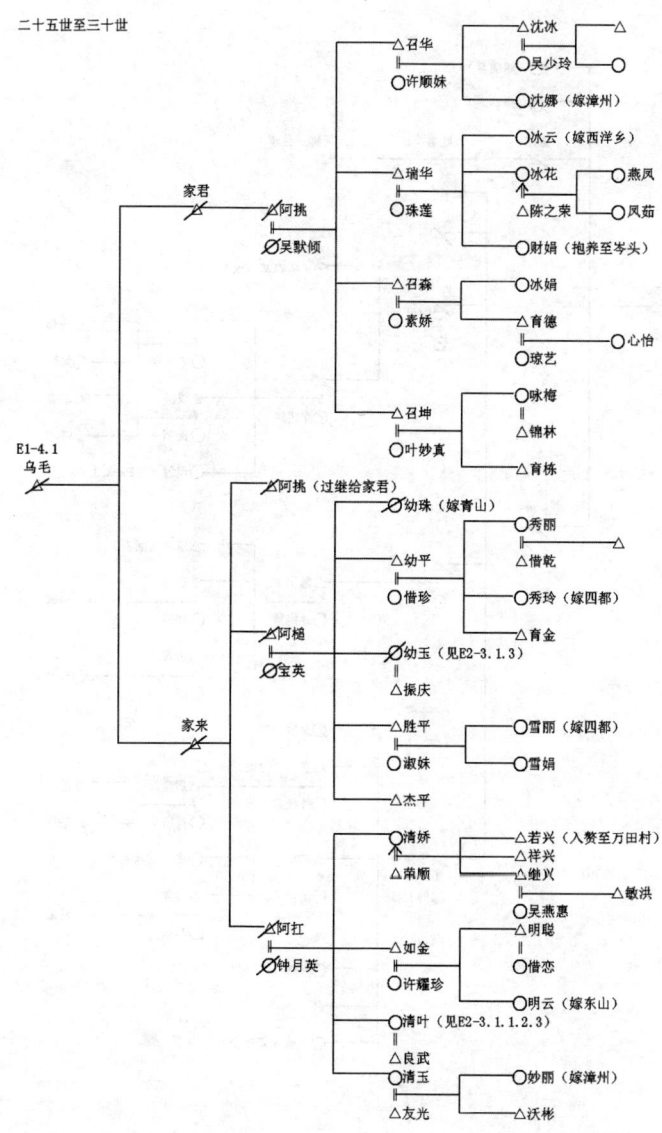

闽南山河人的社会与文化

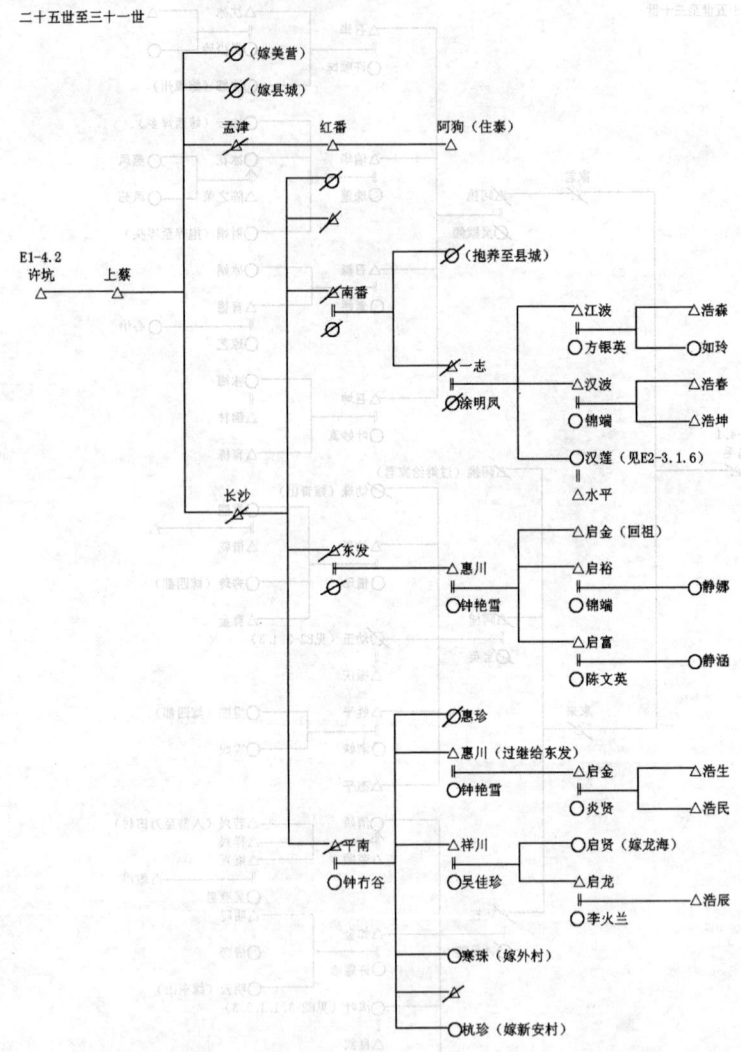

第六章 山河村沈氏宗族研究

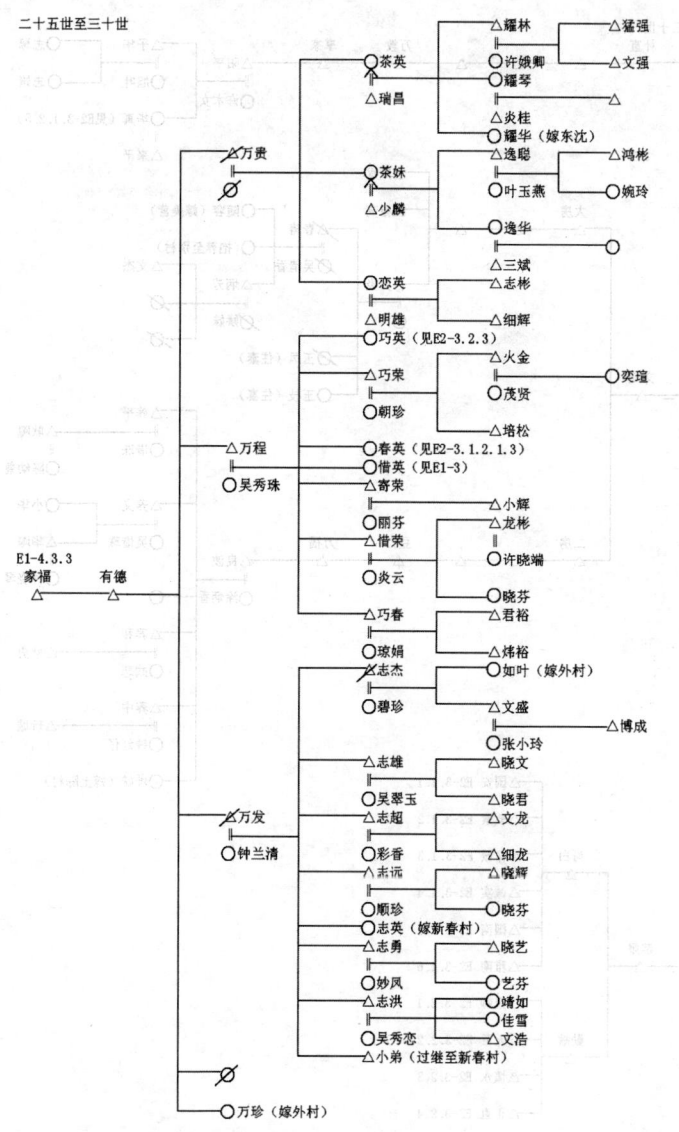

闽南山河人的社会与文化

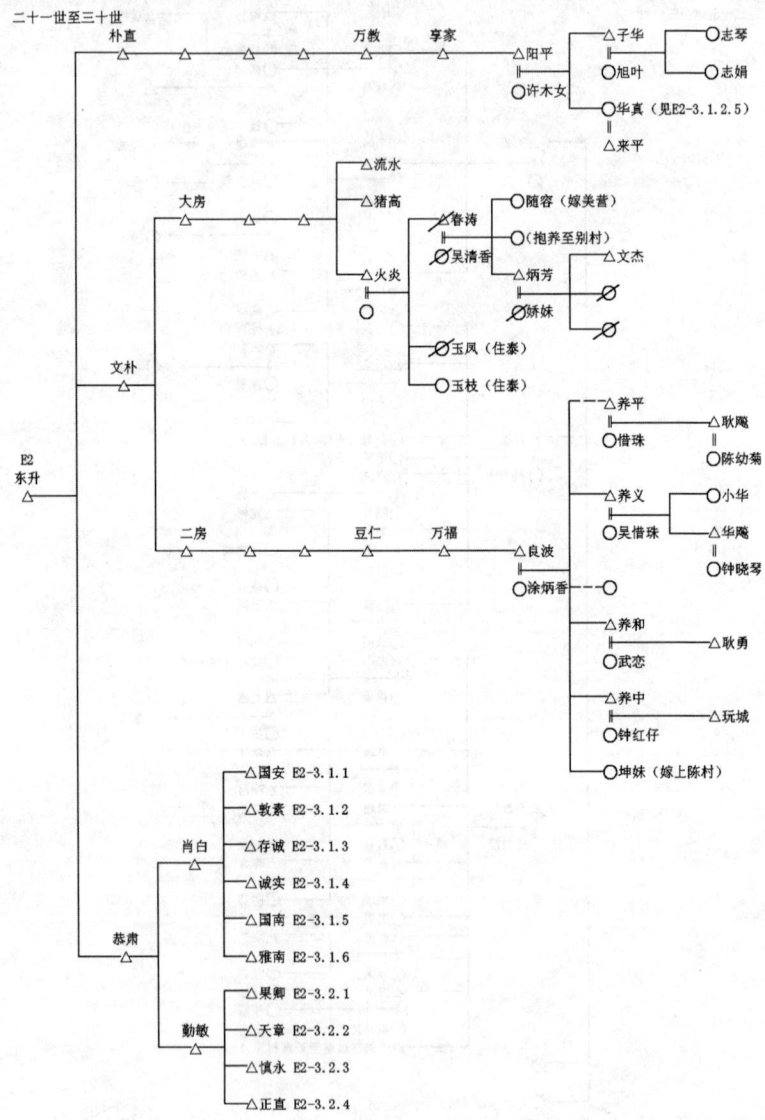

第六章
山河村沈氏宗族研究

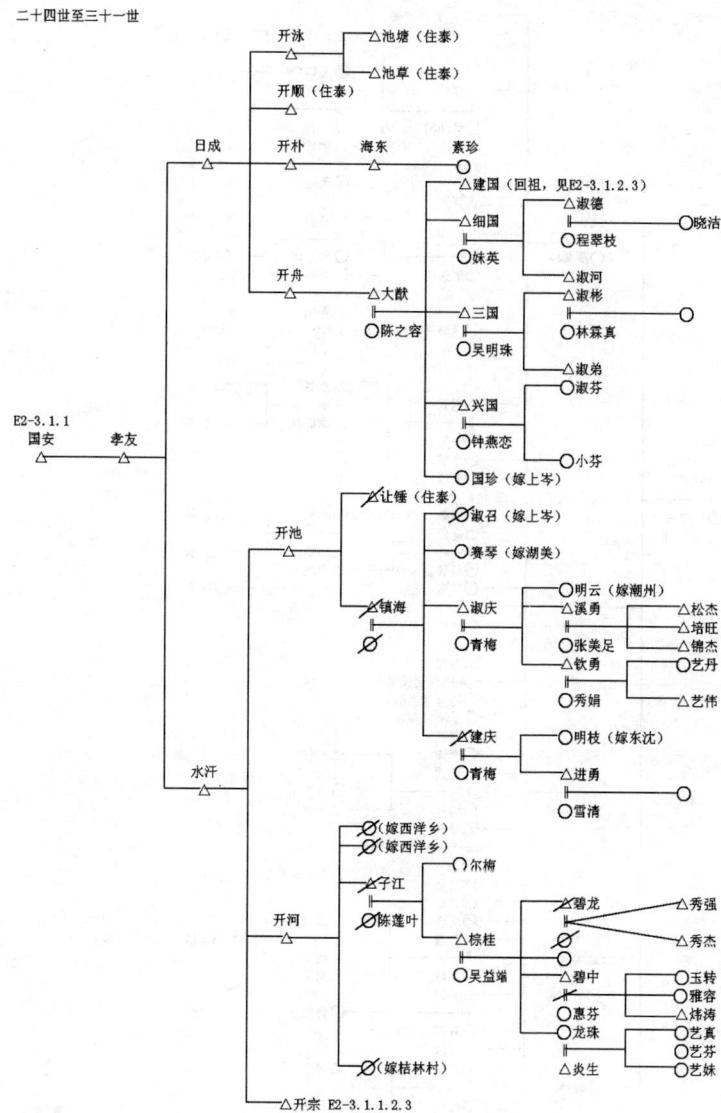

173

闽南山河人的社会与文化

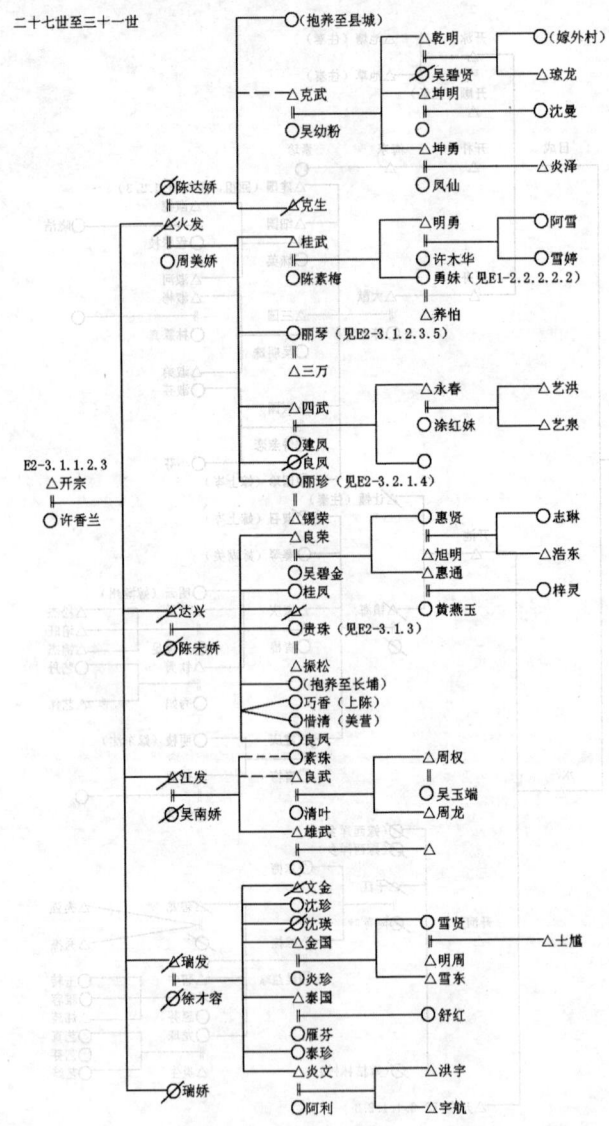

第六章
山河村沈氏宗族研究

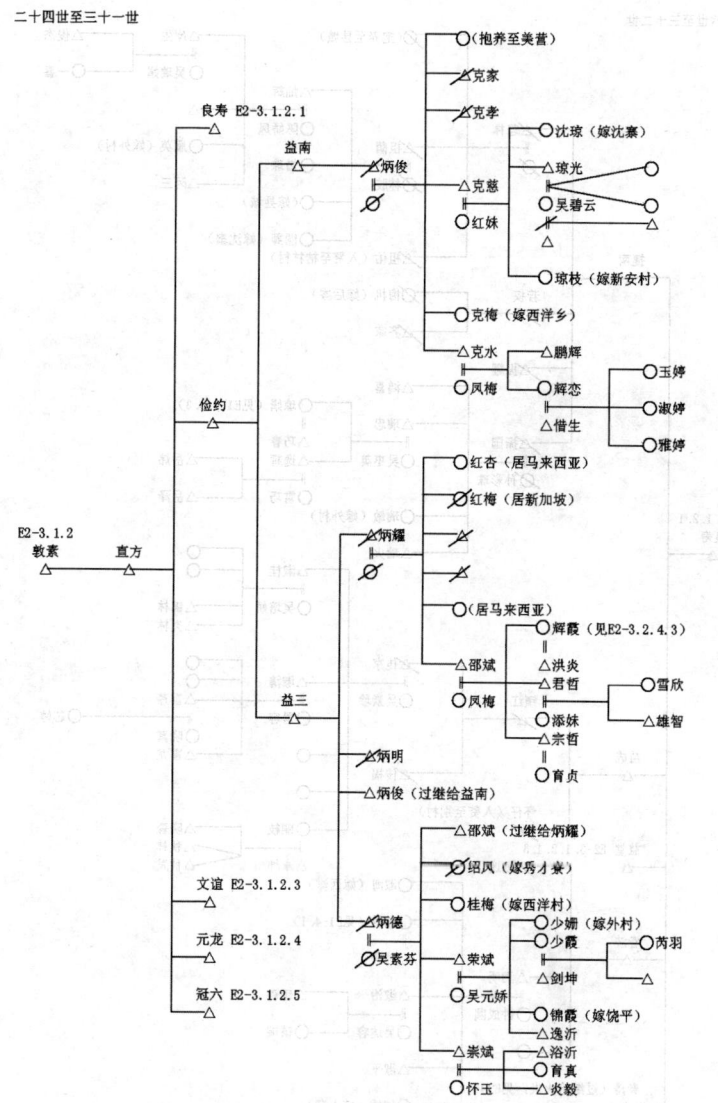

闽南山河人的社会与文化

二十六世至三十二世

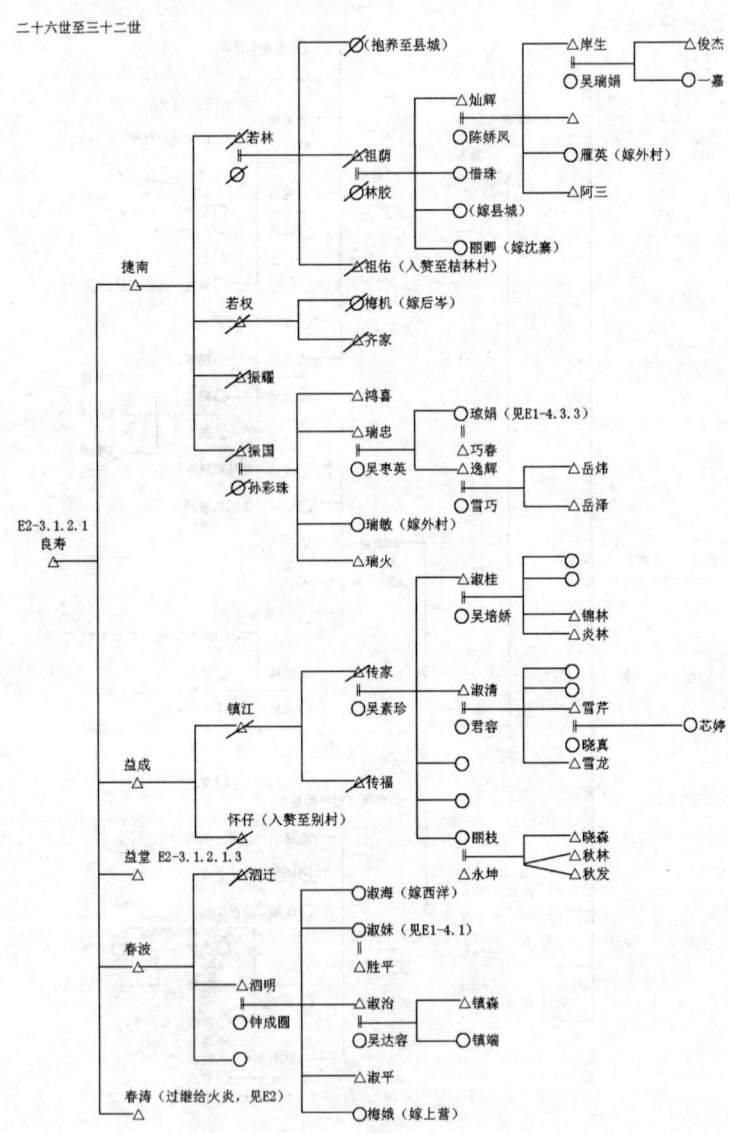

176

第六章
山河村沈氏宗族研究

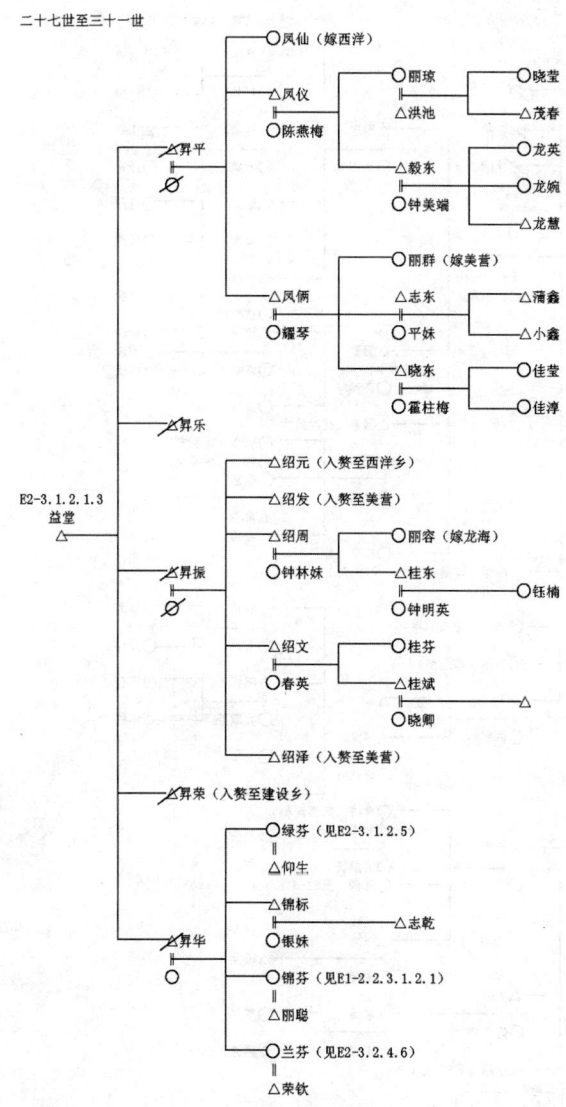

闽南山河人的社会与文化

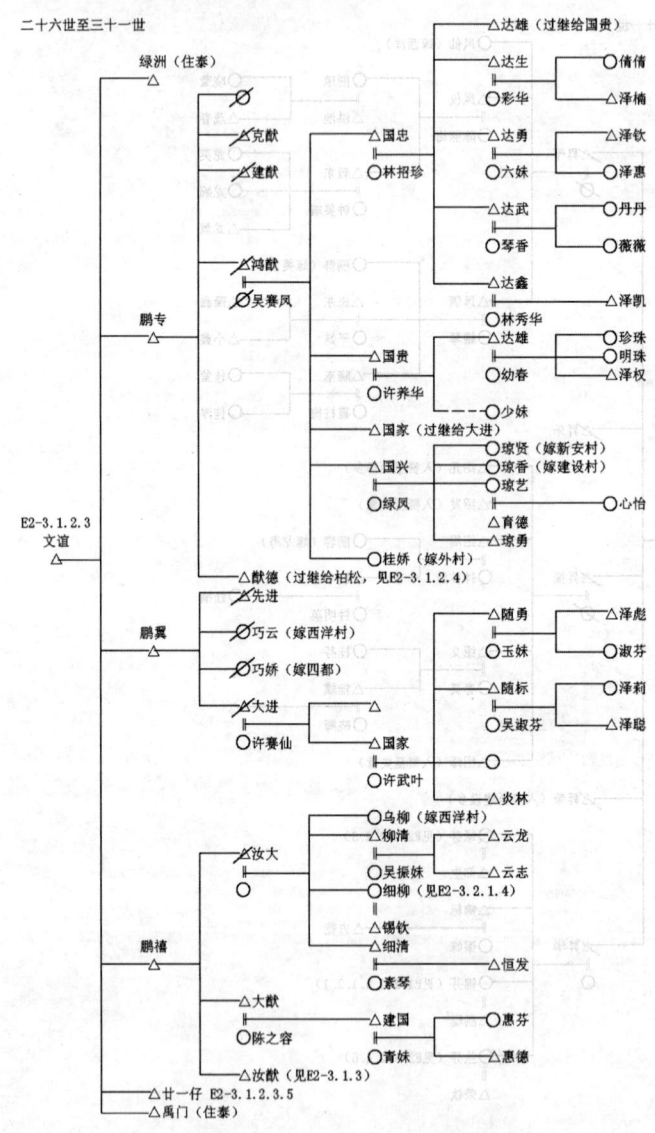

第六章
山河村沈氏宗族研究

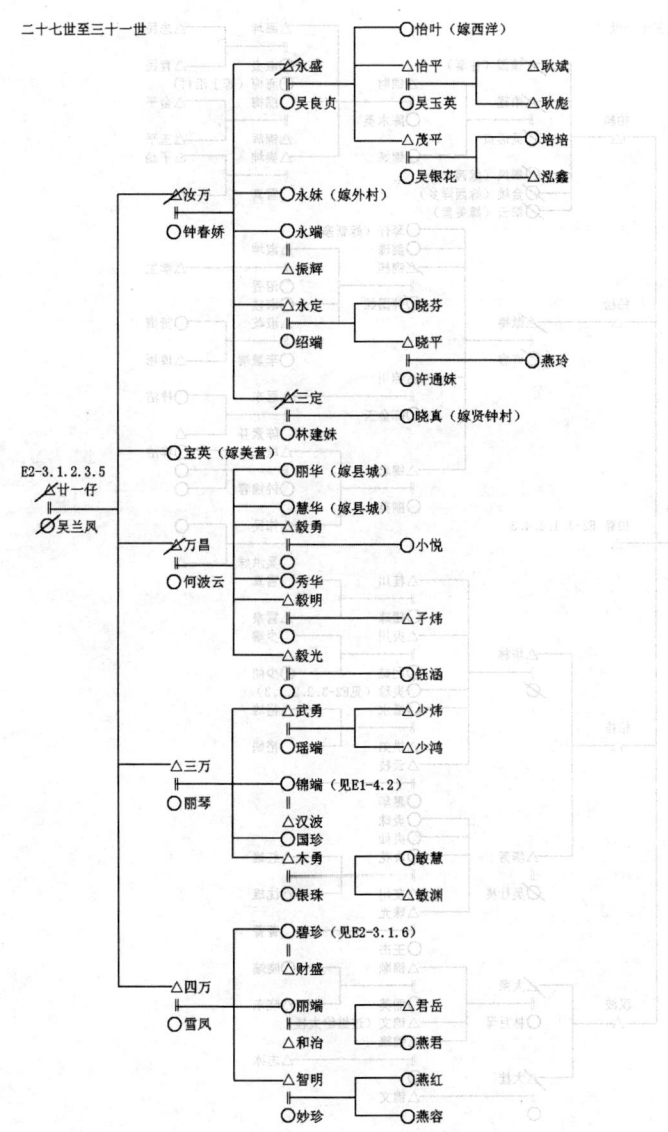

闽南山河人的社会与文化

二十六世至三十一世

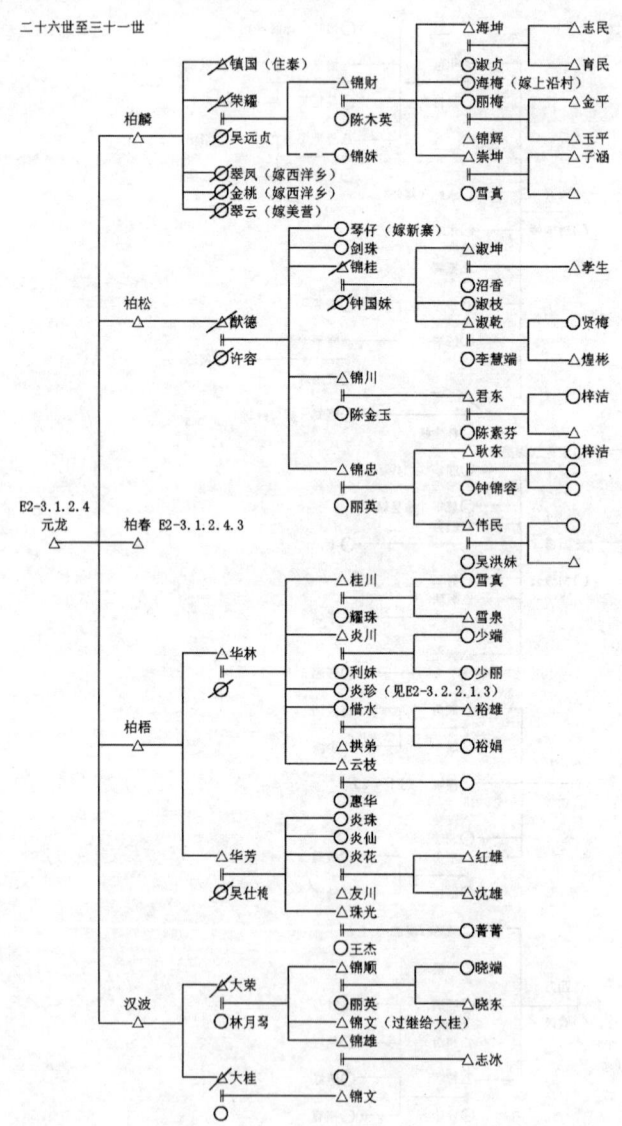

第六章
山河村沈氏宗族研究

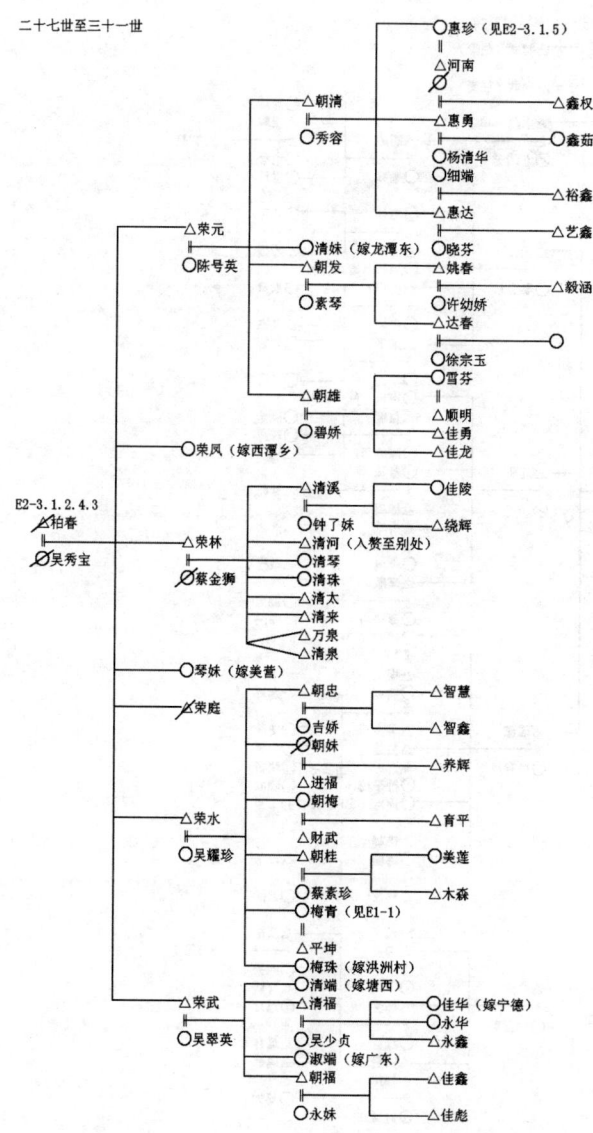

闽南山河人的社会与文化

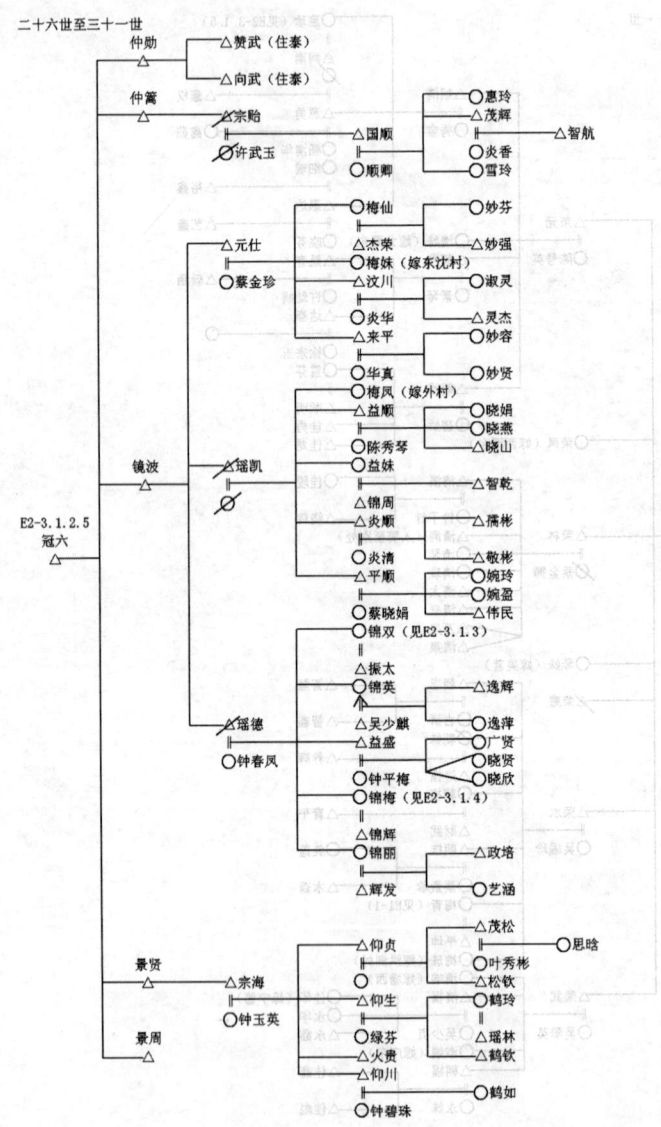

第六章
山河村沈氏宗族研究

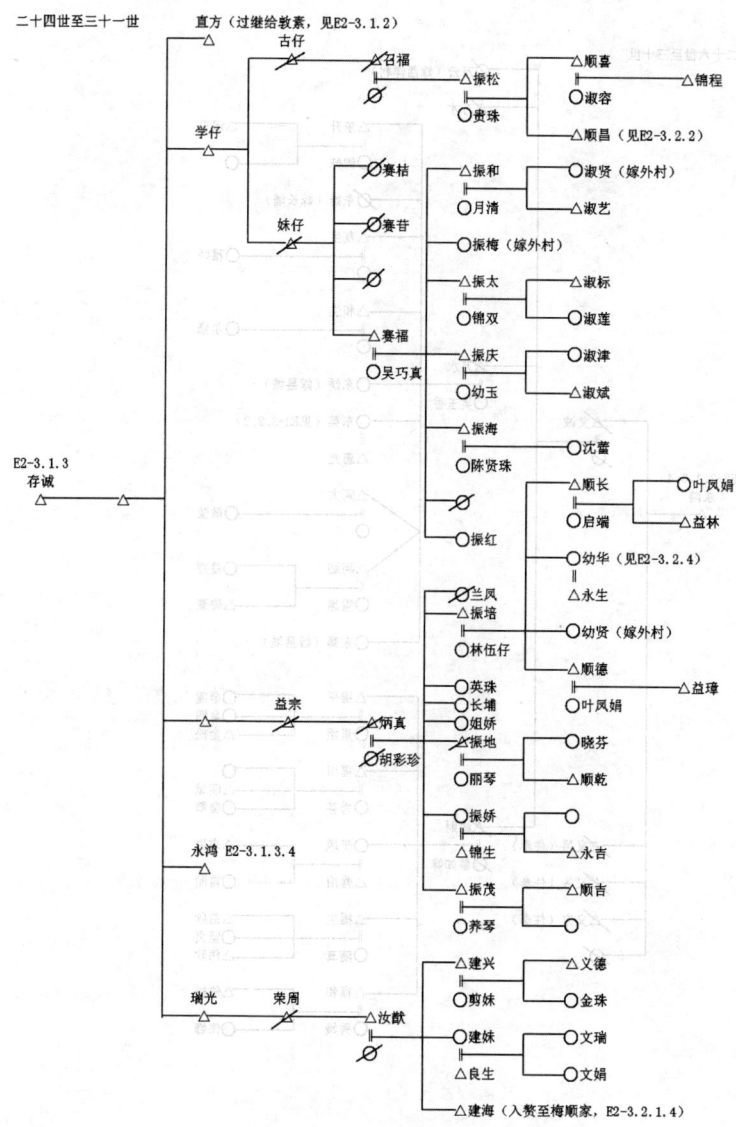

闽南山河人的社会与文化

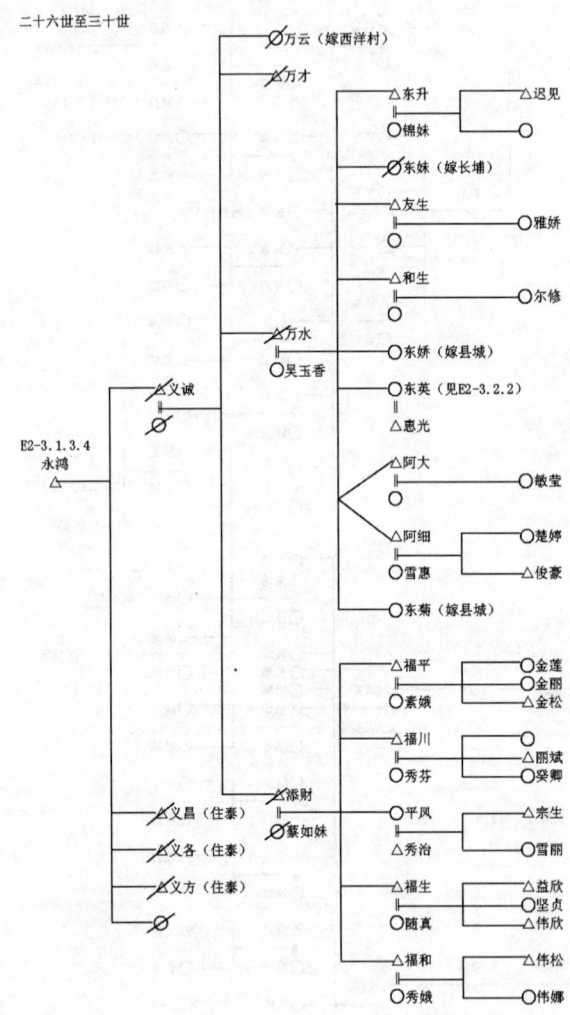

第六章
山河村沈氏宗族研究

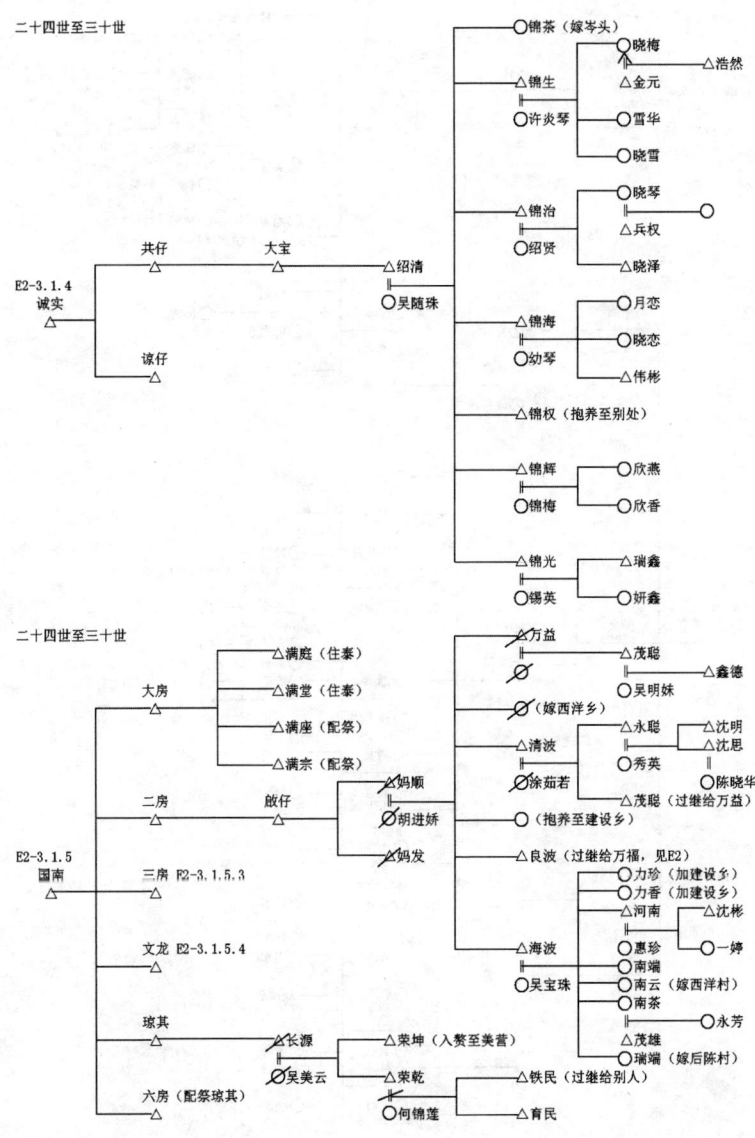

闽南山河人的社会与文化

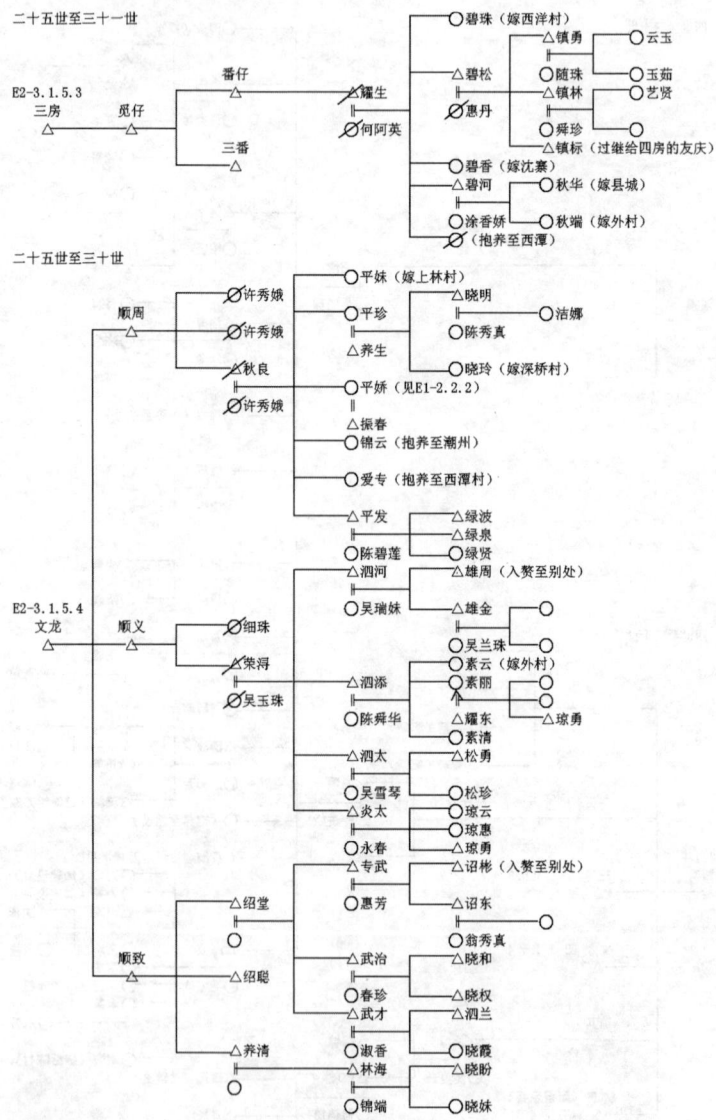

第六章
山河村沈氏宗族研究

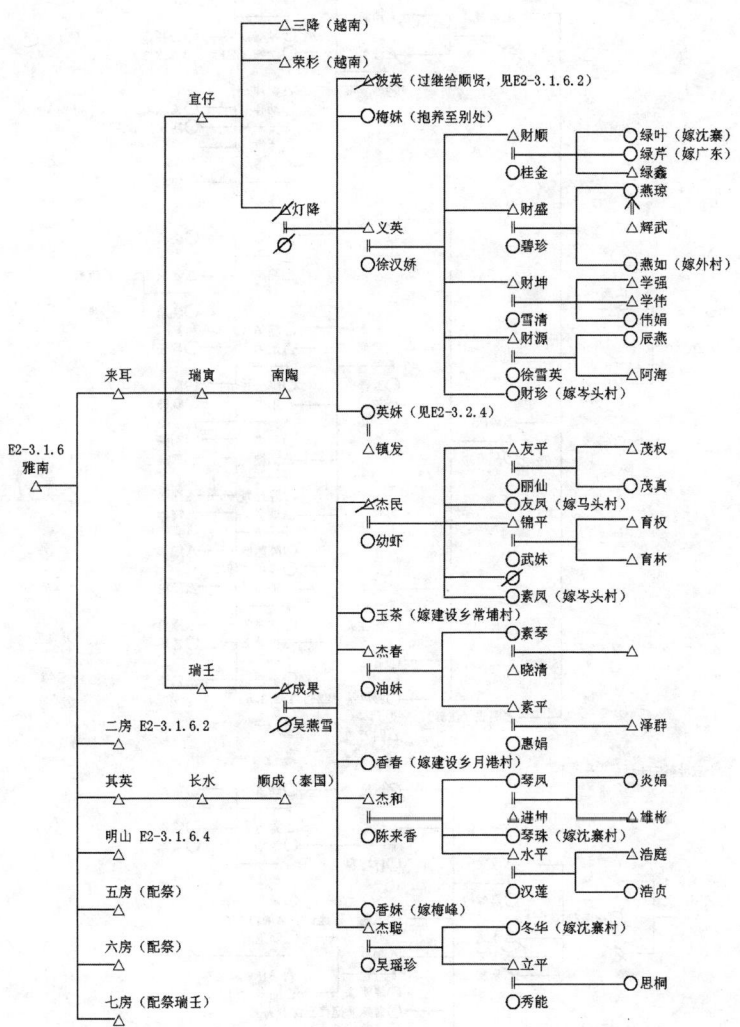

闽南山河人的社会与文化

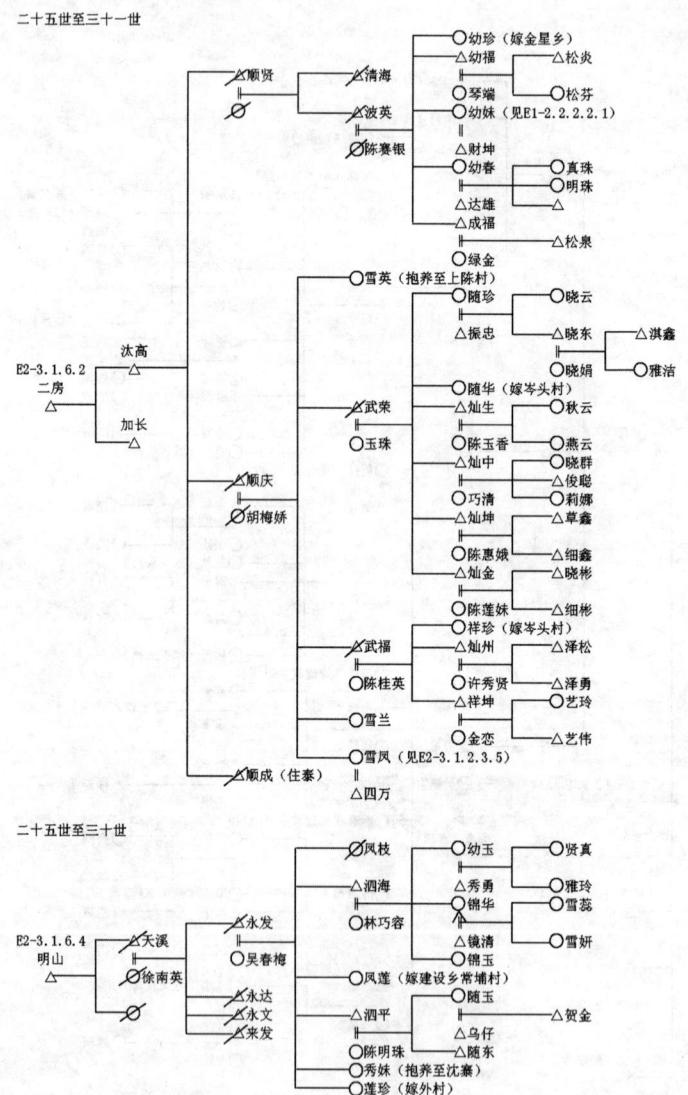

第六章 山河村沈氏宗族研究

二十四世至三十一世

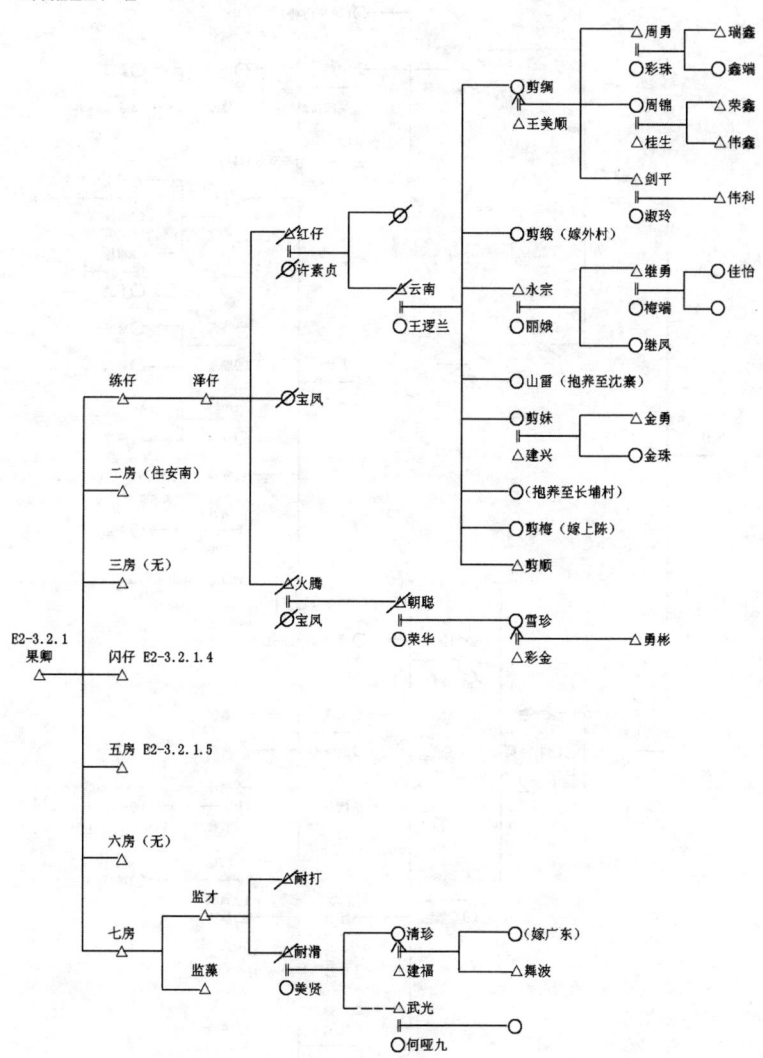

闽南山河人的社会与文化

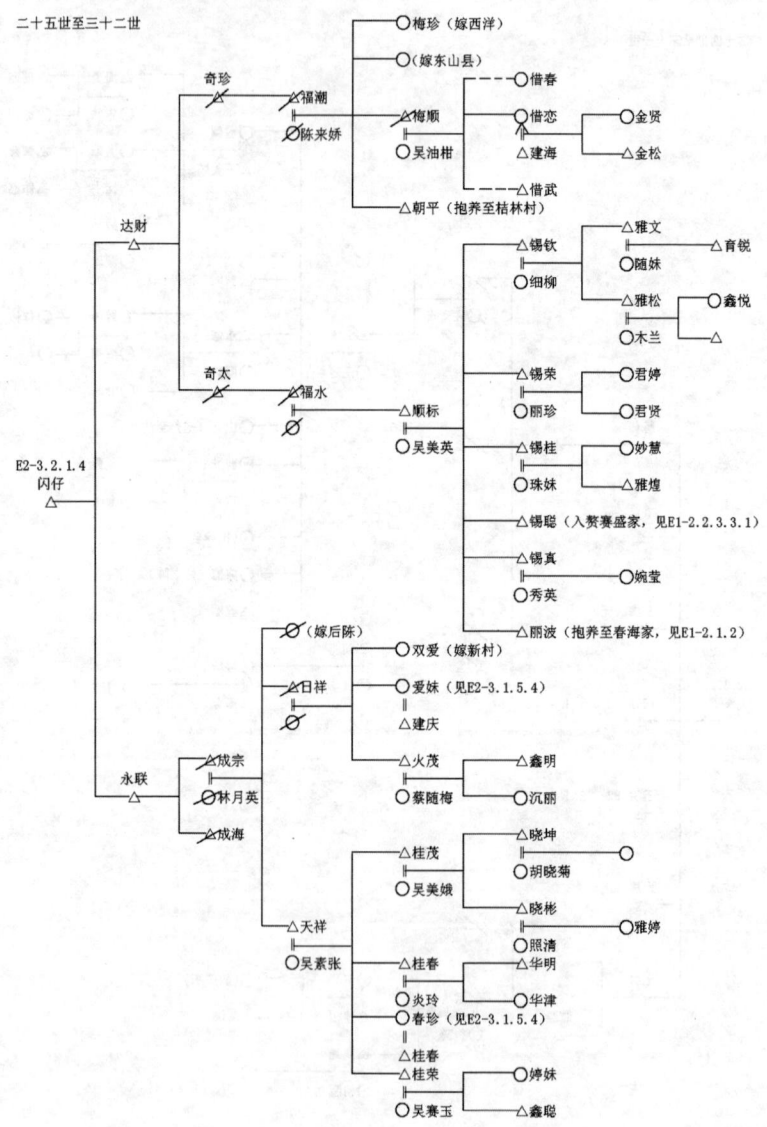

第六章 山河村沈氏宗族研究

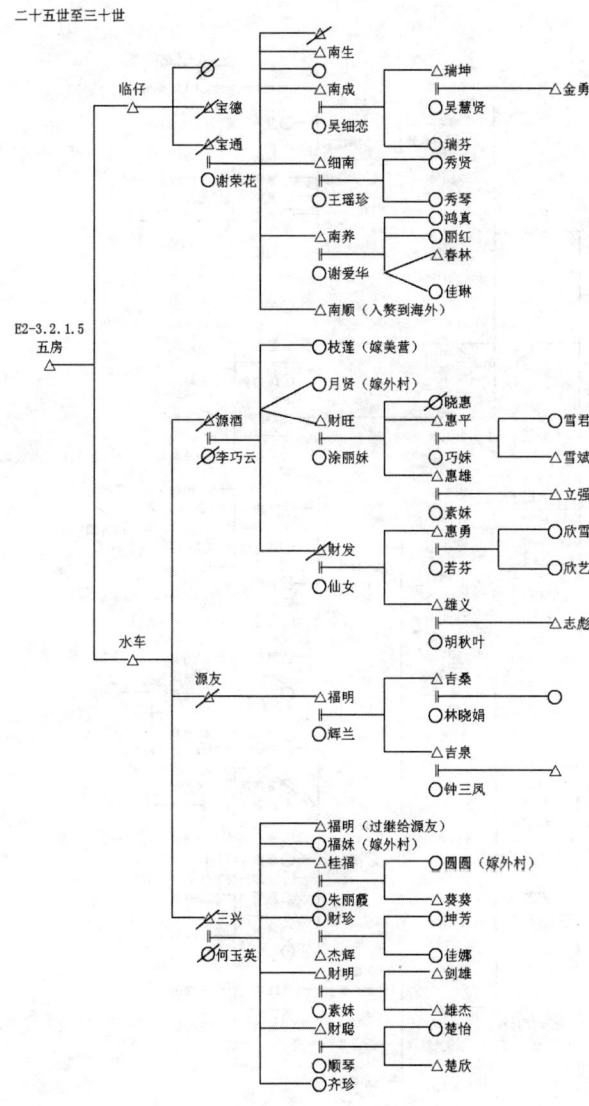

二十四世至三十一世

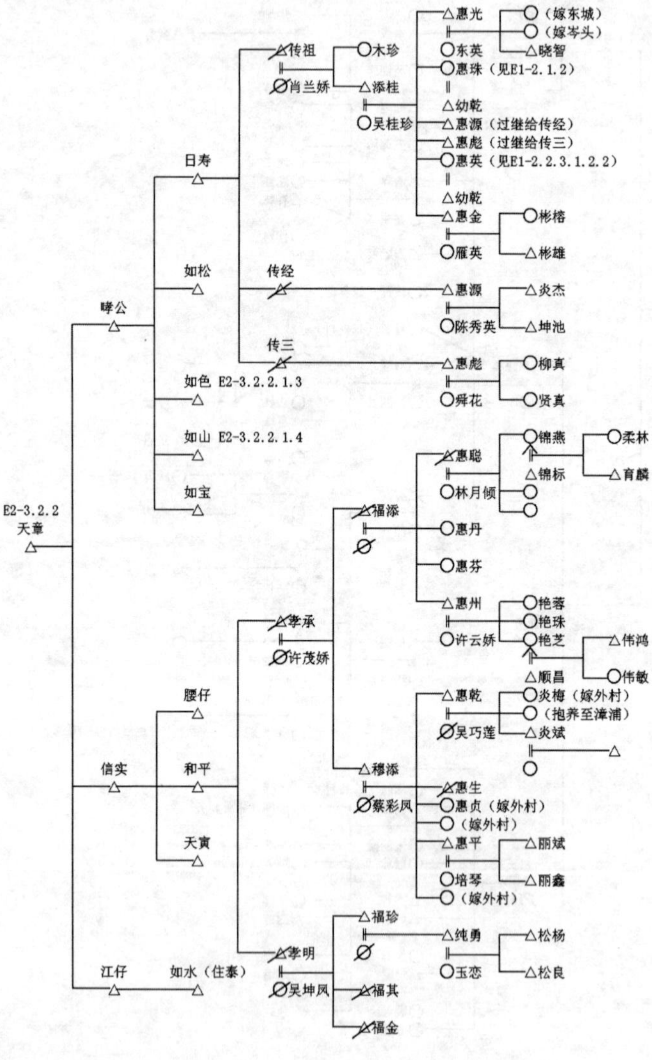
E2-3.2.2
天章
嵂公
日寿
如松
如色 E2-3.2.2.1.3
如山 E2-3.2.2.1.4
如宝
传祖
肖兰娇
木珍
添桂
吴桂珍
惠光
（嫁东城）
（嫁岑头）
东英
晓智
惠珠（见E1-2.1.2）
幼乾
惠源（过继给传经）
惠彪（过继给传三）
惠英（见E1-2.2.3.1.2.2）
幼乾
惠金
彬榕
雁英
彬雄
传经
惠源
炎杰
陈秀英
坤池
传三
惠彪
柳真
舜花
贤真
信实
腰仔
和平
天寅
孝承
许茂娇
福添
惠聪
锦燕
柔林
锦标
育麟
林月倾
惠丹
惠芬
惠州
艳蓉
艳珠
许云娇
艳芝
伟鸿
顺昌
伟敏
穆添
蔡彩凤
惠乾
炎梅（嫁外村）
（抱养至漳浦）
吴巧莲
炎斌
惠生
惠贞（嫁外村）
（嫁外村）
惠平
丽斌
培琴
丽鑫
（嫁外村）
孝明
吴坤凤
福珍
纯勇
松杨
玉恋
松良
福其
福金
江仔
如水（住泰）

第六章
山河村沈氏宗族研究

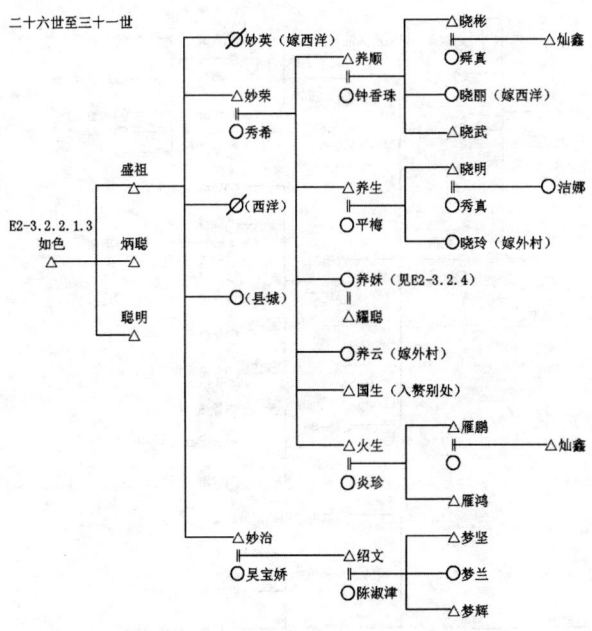

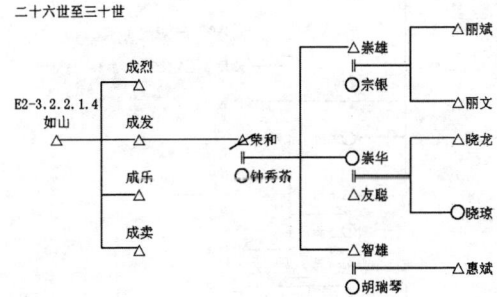

闽南山河人的社会与文化

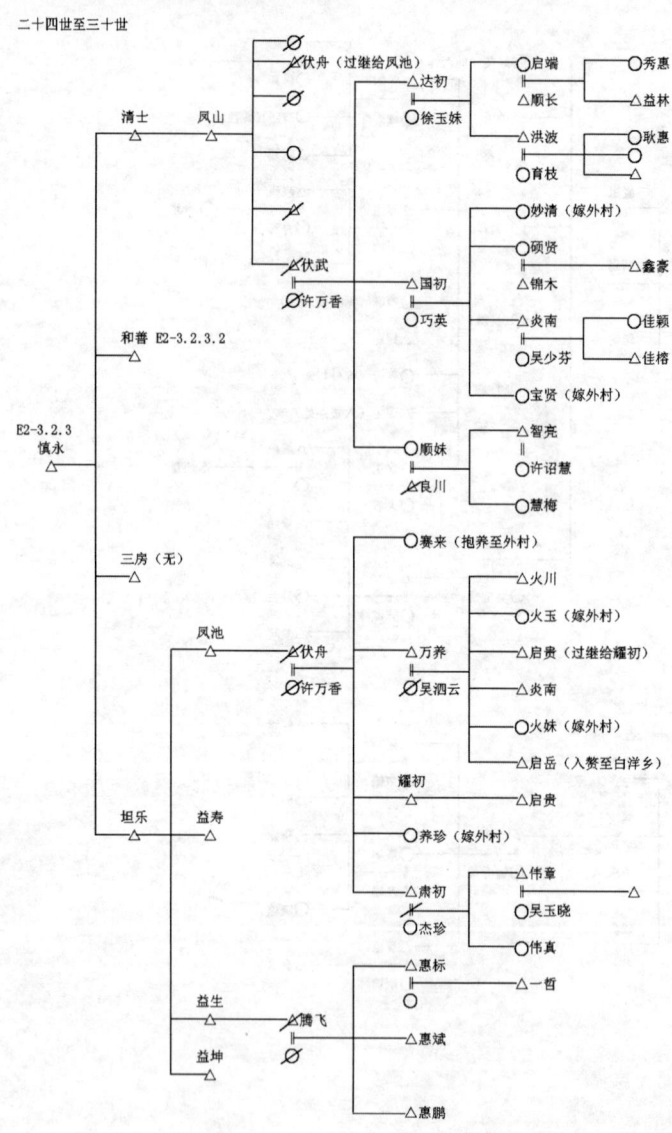

第六章
山河村沈氏宗族研究

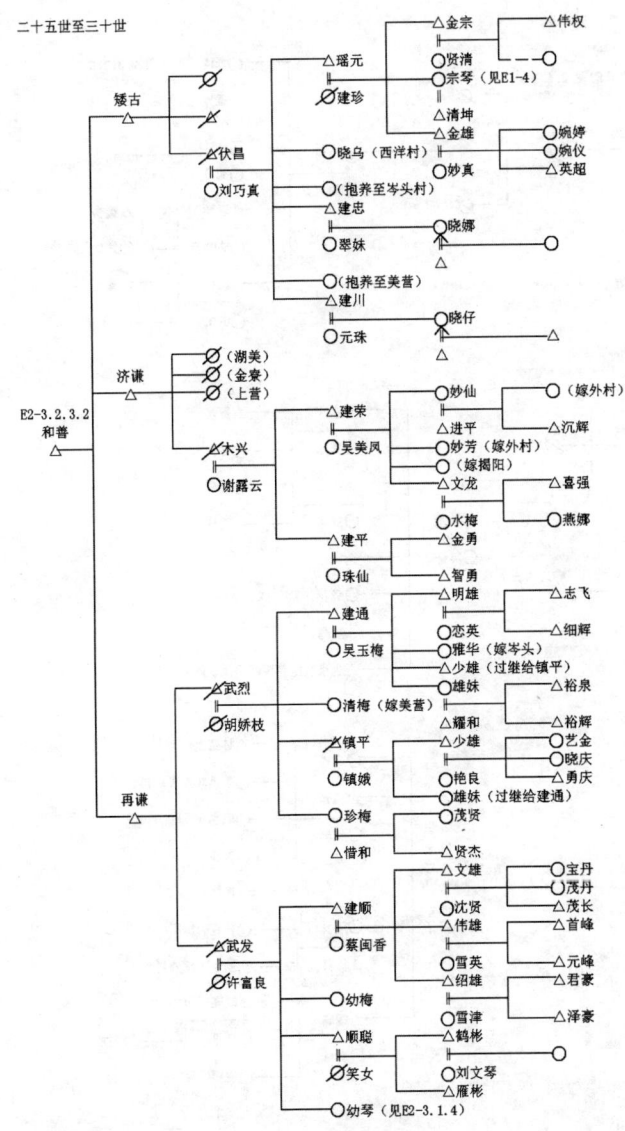

闽南山河人的社会与文化

二十四世至三十世

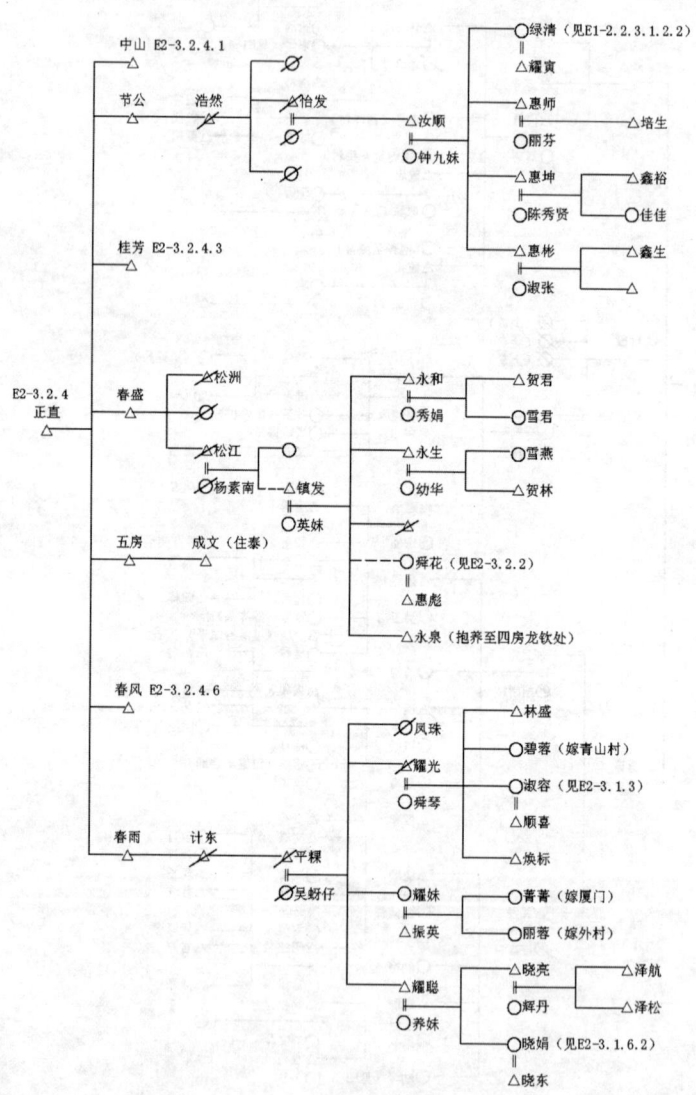

第六章
山河村沈氏宗族研究

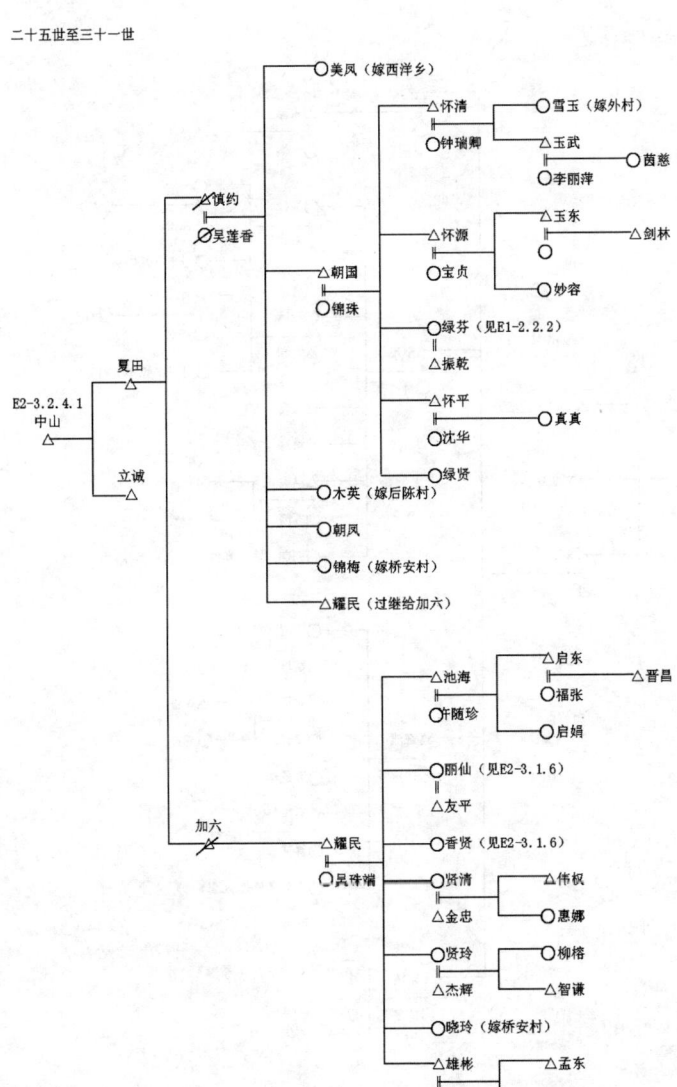

闽南山河人的社会与文化

二十五世至三十世

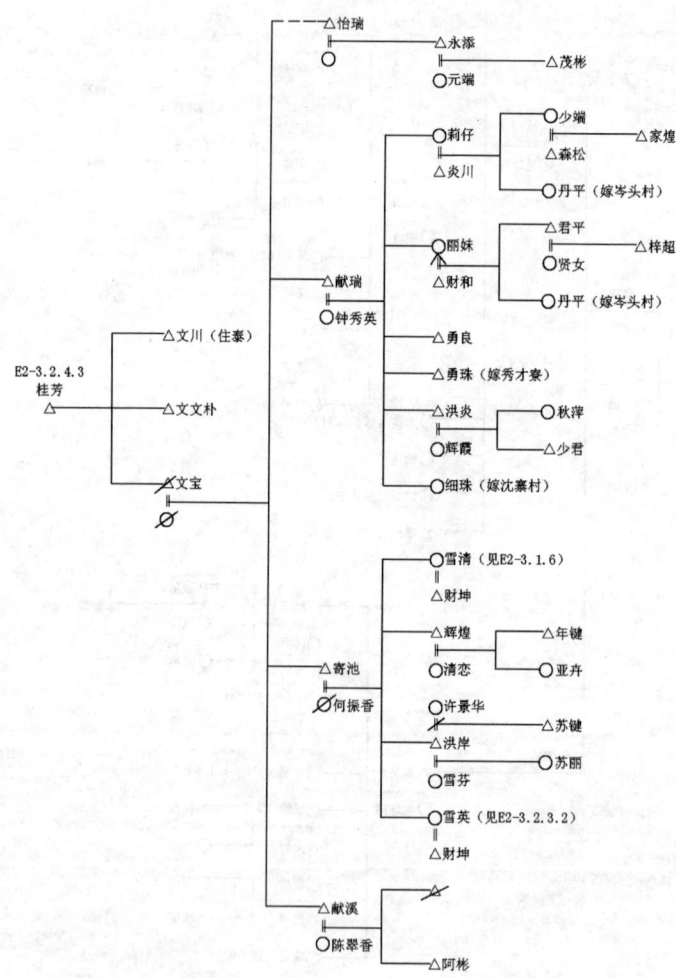

第六章
山河村沈氏宗族研究

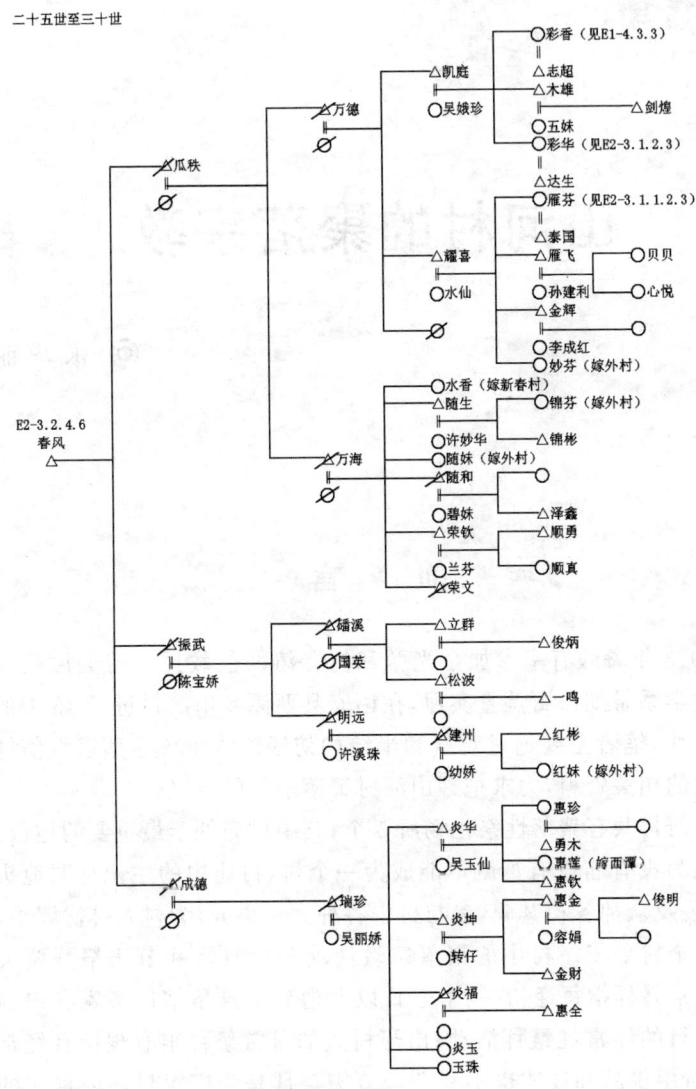

闽南山河人的社会与文化

第七章

山河村的聚落宗教 ▶▶▶

◎ 张华丽

前　言

　　2013年暑假有幸参加余光弘和杨晋涛两位教授主持的厦门大学人类学系暑期田野调查实习,在诏安县西潭乡山河村进行45天的田野工作,笔者主要通过观察和半结构访谈法收集该聚落宗教信仰和仪式的相关资料,力求把握山河村聚落宗教的概况。

　　山河村共有聚落性祭祀场所5个,其中村庙处于最重要的地位。村民认为没有庙没有神就不能成为一个村,村庙内的主祀神明地头公、祖公及众神各司其职,参与村中各种大小事务,为村人排忧解难,并保佑全村平安。村中的聚落宗教活动分为日常和节庆祭拜两大类。日常祭拜指每逢初一、十五日以及遇到特殊事情以各家各户为单位进行的经常性祭拜活动;山河村人的日常祭拜很有规律且经常举行,所用供品和仪式也不复杂。节庆祭拜是为庆祝村庙内神明的千秋圣诞进行的祭拜活动,既包含各家户的个体祭拜又包含庙会组织的集体祭拜。由于受到时间限制,笔者只有机会参与六月十九日

第七章
山河村的聚落宗教

佛祖生的祭拜活动。2012年山河村将其最隆重的庆典——祖公生，以全程录像的形式保留下来，不仅可以使我通过影视观摩的方式认识此一庆典，还可以使我在访谈时有具体的内容可与村民讨论。虽然美中不足的是不能参与并亲自体验，幸好2013年有三位同学应邀前往参加祖公生庆典，她们提供不少影音文字记录，并对我述说参与此一盛大节庆的感受，也可以稍稍弥补这一缺憾。

本章共分为六节，除前言和结语外，第一节介绍山河村各庙宇的基本资料；第二节介绍山河村的聚落宗教活动；第三节介绍佛祖生庆典的组织和仪式过程；第四节介绍村中举行的最盛大、最有特色的祖公生庆典。

一、山河村的祠庙

山河村为沈氏一族聚居的单姓村落，除八座祖祠外，村中现有村庙、土地公妈庙、圣公妈庙和榕树公等四座祠庙，来历均很久远，可以追溯到开基始祖从东城移居山宝雷（山河村旧称）之时。大伯公庙则位于村外西山半山腰处，是从村庙内分香而来，没有神像，"文革"期间因此得以免遭破坏，祭拜活动也从未中断过。

（一）村　庙

村庙常被村人称为大庙，其来历有三种说法。其一出自2008年《新编山宝雷村沈氏宗谱》，该族谱记载此庙是卅基祖雍穆公于清康熙二十六年（1687年）建村时修建。另有村人指出大庙原为黄氏一族于明末建造，由于沈氏搬来后占了风水，黄氏逐渐败落灭绝，大庙遂留予沈氏。第三种说法是最初黄氏族人在此建有一小庙，黄氏凋亡后，沈氏改建成大庙。

"文革"期间，庙内的神像被烧毁，大庙成为生产队的仓库，当时村民除上山时偷偷祭拜大伯公外，没有任何宗教活动。改革开放后，宗教政策转趋宽松，修庙祭神现象逐渐复兴，山河村村委负责人也兴起修庙的念头,指派沈惠文前往泰国寻求资助,既为重建大庙筹集资金,又以华侨意愿为重建的理由,以取得政府的许可。1986年大庙得以重建,并以樟木雕刻多尊神像。据村民回忆,修庙、雕神是当时的大事,大家都很喜欢,并成立董理事会,还将重建的缘由和董理事会成员名单刻在大庙墙壁上。待法师为神像开光后,关庙门三天,第三天晚上村委利用广播系统通知各家各户次日带红圆去祭拜。庙公由前任书记荣元担任,负责每天开关庙门、烧香、清扫等日常事务。此后每月初一、十五日村民都不待通知自觉前去祭拜,并形成习惯。

大庙位于村庄东南部接近村口处,四面均有道路,将其与周围建筑分隔。耆老沈泗海指出庙宇所在地阴气较重不宜人居,故庙后建有围墙将其与村民居住处隔开。庙前为宽阔的大路,路的另一侧为一片空地,在神明圣诞时用来搭戏台唱戏娱神;大庙右边隔一条小路即为祠堂大夫第。左边跨过小路是一小院落,院门外有一座葫芦状化金炉,院内有正房三间,是庙会的办公场所和存放杂物的仓库,偏房一间是庙工的住所;院内有两口大锅,供节庆时煮福猪之用,平日如果庙会组织集体劳动,亦在此炊煮供餐。

大庙坐北向南,为一进三开间歇山顶式双龙抢珠式建筑,两端及前后檐处有彩色瓷片粘贴的人物及祥瑞,色彩艳丽。庙前紧贴道路用铁栅栏围起,形成一座独立小院,三面栅栏处皆开有门可进入院落。走进院门,即是由不锈钢搭建的拜亭,内置两张方形大红供桌,其中之一摆放四只香炉,中间两个为方形鼎状,较小的一只方炉上书"武德侯"三字,另一稍大者并未题字,左右各有一只圆形无耳香炉。庙前墙壁上贴有红纸书写的年度庙会收支情况,及祖公生时村民乐捐名单和金额。庙门是两扇红漆木门,上面绘有顶盔贯甲的门神,村民祭拜后会给二神各分一炷香,以示崇敬。木门外还装有两扇上半部镂空的附加木门,据庙公解释,庙内众神可以通过镂空处眺望外面的风景。门楣上方刻有庙名"溪山保镇",左右两侧贴有对联。

庙内空间布局以匾额为标志被分为四部分:大庙正殿被分为两个部分,从庙门至前梁处为祭拜三官大帝的空间。中间正殿是祭拜

第七章
山河村的聚落宗教

祖公、地头公以及众神的空间。东西侧偏殿分别是祭拜观音菩萨和黄氏娘妈的空间。

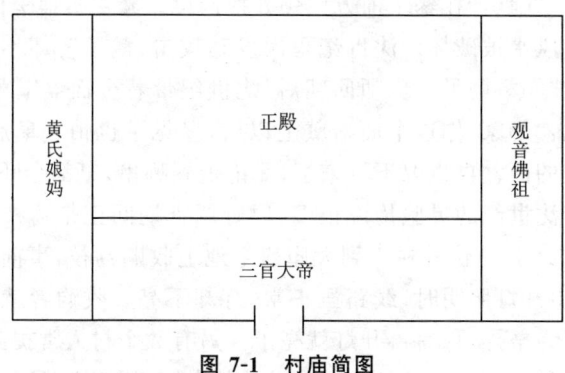

图 7-1 村庙简图

迈入庙门,头顶上方悬挂一小型无耳圆形香炉,前梁上悬"妙万物"匾额,对面庙门内门楣上贴着书有三官大帝四个字的红纸。村中耆老指出,三官大帝在神界的地位仅次于玉皇大帝,是大庙内众神中级别最高的神。此处平日并无供桌和拜垫。

庙内中间主殿悬"隆功厚德"匾额,正中安置一方形供桌,桌前放置数个拜垫,殿内分三排供有多位神明。供桌后面为第一排,东侧摆放约两米高的沈氏祖公沈世纪武像,前有拜垫一个,西侧为沈祖公、祖妈的神龛,神龛用樟木雕成,红漆外面贴金,顶部为绿色琉璃瓦材质建成的双层阁楼。

沈氏祖公武德侯沈世纪在村人的心目中占有重要地位,神像为黑面、圆眼、外露两颗獠牙,模样十分吓人。据说沈世纪是开漳圣王陈元光的部将,英武神勇,某次奉命攻打因建于形如鹅子的灵地上而得名的鹅子寨。在沈世纪之前已有很多战将前去攻打此寨,皆因攻打时寨子自动升起,而屡战屡败。又由于寨中全是女将,战败被俘的将士被逼迫结亲,为避免被招赘,沈世纪打仗时带着黑面獠牙的金面盆(面具)。一次战败,在即将被俘的紧要关头,战马被六月豆绊倒,他摔下马去,躲在豆田中得以逃脱。后来军师李伯瑶化妆成风水先

闽南山河人的社会与文化

生前往鹅子寨,以看风为名询问寨主等女将战斗中是否有口渴的感觉,她们都说有,李伯瑶诈称那是因为鹅要喝水,为取得胜利,必须有充足的水,并献计在寨子前方鹅颈处挖沟渠。寨主听信李伯瑶的话,结果寨内风水被破坏,沈世纪再次发动攻击,鹅子寨却不能再自动升起,故被一举剿平。班师回朝后,沈世纪带着金面盆上朝,皇后看到笑着说:"卿家,你这个面盆戴上以后,鬼见了也怕。"皇后说后,沈世纪脸上的面盆再也取不下来了,无论走到哪里,鬼都会吓跑。

关于沈世纪的灵验传说很多,田野调查期间正是荔枝成熟的季节。6月24日一位外村人到大庙前空地上收购荔枝,事前未祭拜祖公,晚上想开灯照明时,线路虽正常,灯却不亮。收购者就购买供品请庙公代为祭拜,拜后再开灯就亮了。另有数个村人常提到的传说,其中之一是说由于六月豆救过沈世纪的命,不能用六月豆祭拜他,否则他会生气将盘子踢下供桌。同样的原因,由于鹅子寨是他的敌人,祖公生时用鹅来祭拜,他会很高兴。另一传说是祖公过生日时,村人都会请来大戏娱神,唱戏前遇到大风大雨,老人向祖公求祷,告诉他要为他演戏祝寿,至预订唱戏前一小时必定风平雨住。据说村中有一年轻人见祖公生日时大家都来祭拜,他说这么多人拜块木头,真愚昧之类的话,不料回家后,他养的猪莫名其妙的暴毙,其父赶紧到大庙拜祖公认错谢罪。

祖公神像和祖公、祖妈神龛后居中放一张神桌,上面放置着十座十余厘米的小神像,他们是土地公、沈祖公武像、沈祖公文像、广平王、欧圣侯公、五显大帝、大伯公开山圣侯以及三尊五谷帝,神像左右两侧还放置带框画像两张,分别是土地公妈画像和沈氏祖公的文身画像。沈祖公文像没有带金面盆,是他的本来相貌,胡须齐胸。欧圣侯公亦为陈元光部下,本名欧哲,曾被追封为殿前亲军副指挥使威武辅德上将军,诏安县城内有专门供奉他的庙宇。三尊五谷帝神像都祖胸露乳,披着树叶做的绿衣裙,姿势各异,是传说中的炎帝神农氏,掌管农业。

第三排神像以后梁为界与前两排分开,梁下柱上挂有黑漆木板

第七章
山河村的聚落宗教

两块,上面雕刻有鎏金繁体对联一副:"一庙镇雷山雄踞东溪顶上;三眸瞪寰宇旷观赤县寒微。"这里供奉的是大小不同但高度都在一米以上的三尊神像,居中最大的一尊是本庙的地头公五显大帝,右边为广平王,左边神像酷似五显大帝,但较小,村民称其为小帝。地头公五显大帝是大庙的主祀神,他额头上多出一目,腰挎宝剑,手持金砖,身披黄色披风。关于五显大帝成为本村地头公还有一个传说,一次山洪暴发,村里积水成河,晚上有人看到现今大庙前的水流中有一处闪光,一传十,十传百,大家议论纷纷,第二天一起去看,发现是一尊五显大帝神像。当时的人认为,这尊神像看中了此处,便在此建庙,并请他做地头公,供奉之后非常灵验,有求必应。昔时,地头公有代言的乩童,他会借助乩童点名批评做坏事者,乩童本来不会讲普通话,可是当他起乩时就会说标准普通话。现今本村既无乩童也无其他专门的神职人员。

广平王吴汉,字子颜,东汉中兴名将,刘秀称帝后封舞阳侯。关于吴汉流传有其杀妻求将的故事。王莽篡汉后,下令捉拿汉宗室刘秀。吴汉为王莽的女婿,时任潼关总兵,捉住了刘秀,准备送去报功。其母得知后告诉他说,王莽是其杀父仇人,父亲被害时,他年龄小不懂事,现在应为父报仇,命令他杀死王莽女儿,扶助刘秀兴复汉室。吴汉依母命持剑杀妻,其妻正在经堂念佛,吴汉不忍杀她,将实情告知,其妻听后自刎而死,吴母为促使吴汉下决心反对王莽,也上吊自杀。据村民讲述,某年曾以《杀妻求将》这出戏来娱神,广平王很生气,将戏台吹倒,从此村民不敢再演此戏。

正殿东侧偏殿内后梁悬"观音佛祖"匾额,十余厘米高的观音像着蓝色披风像端坐于莲花台上,面前金童、玉女相伴。龛前的柱子上及对面墙壁上各有一黑漆木板,上书鎏金繁体对联:"葛水南旋宛然南海,雷山西望即是西天。"此殿有供桌二张,其中一张陈设供品,前有拜垫三个;另一张村民用来放置装供品的篮子等杂物,再前面是祖公的兵器架,摆有兵器和执事旗帜等。村中耆老指出,观音佛祖普度众生,只有供有观音的庙,外人(经常是乞丐)才可到村庙过夜,否则

205

地头公为保护本地村民,会害死他们。据传本庙佛祖也很灵验,前来求子者常能如愿以偿,故佛祖像前经常有信徒供奉的鞋子、灯油等。

正殿西侧偏殿后梁悬"黄氏娘妈"匾额,慈眉善目的神像也只有十余厘米高,此殿内布局与佛祖殿相似,亦有供桌两张,祖公兵器架一个。村民指出黄氏娘妈原居住于村东,由于人丁凋零,孤独无依,很疼爱沈氏一族的孩童。沈氏族人对她也很照顾,帮忙耕作、收获。黄氏将田地租给沈姓耕作,租金收入供沈氏孩童请教师和读书。她临终时交待将所有财产赠予沈氏,并要求沈氏世代子孙将其供于大庙内。村民认为黄氏娘妈也很灵验,尤其是在赌博时输得很惨,来求她就能转输为赢。

大庙四壁皆有古装人物彩绘,东西两侧墙上亦有建庙时刻的碑文、乐捐名单及金额和当时董理事会负责人,其中正副董事长均是泰国华侨。此外还刻有历次祖公换衣服和祖公生的乐捐者名单及乐捐金额。庙门外两侧墙壁上亦贴着书写前一年祖公生庆典时全村乐捐者姓名及乐捐金额的红纸。

(二)土地公妈庙

土地公妈庙位于村庄的东面,庙旁两棵树为自然长出,一棵是青金,一棵是苦楝,两棵树的根和枝叶绞缠在一起,难分彼此。"文革"期间,土地庙被毁,两棵树却得以幸存。村民认为这两棵树有灵性,不可毁坏,毁坏树者会败在树的前面。据说村中一位老妇曾擅自采树枝覆盖屋顶,该房不久竟莫名其妙的失火,于是赶紧回树旁祭拜表达歉意,以避免灾祸。村里祭拜活动恢复后,村民亦到此祭拜,但只有香炉,没有庙。1992年,住在树旁的一户人家出钱买了土地公、土地妈的神像,并建立小庙舍,该庙由瓷砖和琉璃瓦建成,面积约有7平方米,供奉的两尊神像为瓷质,安放在两棵大树下,旁边置一瓷缸用来烧金纸。户主还主动做好平时的清扫、管理工作,如今他们外出打工,由其亲人代管。村民认为土地公妈很灵验,若丢失猪、鸡等物,会来求他们帮忙寻找,庙内有血蚶的壳充作筶子,求问者即以掷筶征求神意。

(三) 圣公妈庙

圣公妈庙位于村子西侧大寨的东南边,倚寨墙而建。关于庙的来历,有两种说法。第一种说法:开基祖初来创业时,此处为一古墓地,老祖建祠堂时将古墓内掘出的骨骸装入瓮中,埋于祠堂东南部大寨墙下,并建庙祭拜。另一种说法是由于此处闹鬼才建庙,据传曾有人看到此处有一女鬼(村民俗称"大奶鬼"),坐在寨墙上,露出两个大大的乳房,有人路过就叫来吃奶,并把他们掐死。圣公妈庙非常简陋,由竹竿和牛毡搭成,由于风吹雨淋,房顶已坏,祭拜处有雨水漏下。7月24日,在大庙董理事会的倡议组织下,该庙得以重建,为不锈钢材质,祭拜处也铺了水泥。重建庙宇动工那日早晨,耆老到旧庙前烧三炷香,告知圣公妈说要为她修庙,请她暂时离去。待重建完工后,将猪肉、肉卷和肉圆放在一个盘子里组成一副牲礼,另备些水果,耆老焚香祭拜,告知圣公妈,庙已经修好,请她进庙。村民虽然惧怕圣公妈,但是如果丢了鸡鸭之类亦会来求圣公妈帮忙,方法与求土地公妈相同。

(四) 榕树公

山河村有很多榕树,有几百年历史的也有数棵,但端午节时村民祭拜的榕树只有一棵,该树位于大寨门前,是三十年前种下的。问及为何独独祭拜这棵榕树,村民指出是因开基祖在建大寨时,在寨门前南北两侧各种一棵榕树,每年端午都要祭拜,并流传下来,成为惯例。有人记得这两棵树很大很高,三个人手拉手都无法围拢,可是它们相继枯死,村民便在北侧原处补植一棵,自此树栽上后,村民就前来祭拜。

(五) 大伯公庙

大伯公庙在山河村西北半山腰处的一棵大榕树下,榕树根处供奉一个香炉，香炉两侧插有金花，再向外面十几厘米处置有另一个香炉，插有香枝。村民指出昔时山中经常有蛇、虎、野猪等出没，为保佑出入山林平安，乃从大庙分出大伯公的香火来此祭拜，村民来往于山间，路过此地必然会进行祭拜，曾经一度香火极盛。目前村民入山的机会减少，野生动物也几乎绝迹，大伯公的香火也越来越少，然而不时也有人会骑摩托车进出山中，因山路崎岖，他们也会拜大伯公，求出行平安。

二、祠庙的祭拜

山河村对各个祠庙的祭拜活动可分为日常祭拜和节庆祭拜两大类。日常祭拜指村中各家各户在日常生活中随时进行的祭拜活动。节庆祭拜指庙中供奉的神明的千秋圣诞日或者传统鬼神活动的日子举行的祭拜活动。

（一）日常祭拜

日常性的祭拜很多，每月的初一、十五日各家妇女必到各庙拜神，倘若家中遇到大事，如，娶妻、添男丁、建房、考上高中或大学、外出打工、出远门办事、疾病困扰、遭遇意外、遗失物件等亦会随时前往大庙求神，也有部分村民到土地庙和圣公妈庙祭拜。因此这些祠庙经常香火不断，尤其是每月初一、十五日，大庙附近及庙内会形成售卖供品和金纸的小市场。

日常祭拜主要由家庭妇女承担，如今外出打工比较普遍，十余岁的姑娘也会代替母亲前往祠庙祭拜。一般男性不参与日常祭拜，山河人认为男人的腿硬，不适合经常跪拜，再则大庭广众之下跪拜，男人会觉得不好意思，也会遭人非议。但是以下两种情况下会有男人前往庙中祭拜，第一种是个别家庭家中女人外出，初一、十五日男主人前往祭拜。目前村中有2户人家属于这种情况。第二种是家中发生重大事情如娶媳妇、添男丁，做父亲的会陪同妻子或母亲前往大庙

第七章
山河村的聚落宗教

祭拜。

初一、十五日按惯例性祭拜的供品有金纸、长钱、灯油、水果、点心。但如果遇到家中添了男孩,或建房大事等则要准备牲礼,如鸡、鸭、鹅或猪肉,还必须配酒。所有可吃的供品必须是熟的,能立即食用,水果亦必须洗干净。大庙的供品不能再用于土地公、妈庙和圣公妈庙的祭拜,如果去这两处祭拜,必须另备供品,但数量要少许多,比较简单。

村民提及祭拜就会说拜平安或拜祖公、地头公,祭拜的仪式也很固定。先在神案上摆好供品后点燃几炷香,再持香对庙中所奉的神明逐一参拜。祭拜时要说明求神的缘由,有报道人提及祭拜时的祷辞讲究,一般分三个层次,首先要求神明保佑全村平安,其次保佑自家人平安,最后才提及具体求问事项,如子孙考试顺利、老人身体康健、外出打工的家人平安挣钱等等。拜完所有神明后,将香插入香炉中。最后手持金纸、长钱朝神明再拜,拜后将金纸、长钱放入化金炉中焚烧。待金纸燃尽后方可收回祭品,酒亦倒回酒瓶,带回家中享用,村民认为吃掉祭拜用的供品得保平安。

日常祭拜亦包括求签,神明的灵验还在于他们能知人之吉凶,明可为与不可为之事,村民亦通过求签来验证神明是否灵验。大庙内祖公和观音佛祖各有一只签筒,求签一般在黄历上写明是好日子时进行。求签时须先祭拜神明,摇签一般安排在上香后,摇得神明的签后,再到庙公处拿到签诗,即可知所求之事是吉是凶,某事是否该做。如果非本村人来求签,庙公或其他村民会热情陪同,陪同者在焚香时说明求签者是谁,来自何方,并求众神保佑给来人一支好签等,村民称之为说好话。

据观察,村民日常并不祭拜三官大帝,这三位村民认为大庙中级别最高的神祇只有在天界神明的圣诞日举行的集体祭拜仪式中,才有机会享受香火。

日常祭拜的禁忌。第一,家中有人死亡,需要戴孝的,一年之内不能进大庙。第二,孩子不满月,家人不能进庙祭拜。

（二）节庆祭拜

节庆祭拜是村中盛大聚落宗教活动。当天不仅各家各户都会依据习俗携带供品前往大庙、土地庙和圣公妈庙祭拜，更为重要的是大庙董理事会和各福社须提前安排节庆集体祭拜所需的人、财、物等相关事宜，并组织耆老代表全村举行祭拜活动。

大庙董理事会和各福社（或称甲社）是全村集体祭祀活动的管理和组织机构。福社成立较早，以村中房支区分为组建依据，本村开基老祖派下五大房，因此全村划分为五个福社，分别是寨后社、河沟社、后坑社、清雅社、少白社。但是由于目前各房派下人数差异很大，一、二、三房总人数不及全村人数的0.5％，人多势众的四、五房分占40％及55％，因此，目前在福社组成人员上，除去河沟社全由四房组成，少白社全由五房组成外，其他福社则由不同房派组成，虽然经过如此协调后，各福社人数多少仍不相同。但村民对自己所属的房派非常清楚，在福社机构中亦有本房的代表。福社组织机构由正副负责人和协助若干人组成，负责组织、协调本社成员参与村中节庆祭拜相关工作。

大庙董理事会俗称庙会，是在改革开放后重修大庙才成立的，参加庙会的老者被称为耆老，条件是必须为好命人，即夫妻健全，儿女双全并成家育有内外孙者，同时他们还要热衷于公共事务，有责任心。庙会组织设有董事长、理事长各1人，董理事长副职1~2人，名誉董理事长若干人，会计、出纳、管理员各1人，成员若干人主要由各福社负责人组成。除去第一任董事长外，其他各任董理事长都由村委任命，从成立至今，所有董事长都有在村委工作的经历。在现实生活中，庙会还被另称之为老人会，老人会是20世纪80年代建立的民间老人互助组织，如今对村人来说本来意义上的老人会已经名存实亡，与庙会之间是一批人马，两个称呼，针对不同性质的工作，采用不同的称呼。大庙每年各节拜神事项由各福社轮流组织，福社内亦采取轮流的方式分派到各家各户，庙会每五年安排一次各福社轮值

第七章
山河村的聚落宗教

事宜,用红纸书写贴于庙会办公房间的墙壁上,各福社负责人据此组织本社群众筹集资金、采买祭品及分配福猪等。

以下依时间顺序分别简要叙述山河村人的节庆祭拜。

迎神。去年底升天述职的众神在正月初四日返回人间,初三日晚上11点到11:30(即初四日的子时)之间,村中各耆老要身穿长衫,携带自家准备的供品前往大庙迎接众神从天上归来。民谚有"送神早,迎神晚"之说,山河村为何更提早至子时呢?村民对此有如下两种解释:第一种是说由于本村沈姓老祖到此开基时,已有许姓、刘姓、黄姓等人家在此定居,沈姓初来乍到,为了避免和其他姓氏在迎神时发生冲突,于是他们提前迎接神明。第二种解释具有神话色彩,由于大庙内供奉的地头公是五显大帝,传说五显大帝在天庭肩负把守南天门的职责,因此他要提前将大庙内的众神送回,再回天庭履职。迎神时全村要备福猪一头、水果、饼干等供品,通过掷杯筶来判断神明是否归来,如果连续掷出三个圣杯,表明神明已经回来,各耆老行二叩六拜之礼,请求地头公、祖公、佛祖及众神明保佑全村平安,并询问他们在天庭抽的签好不好,全村人今年会不会有好收成、运气如何。询问的方法是从庙内佛祖签桶内抽签,并依据庙内传下来的签诗解来解签。据耆老讲述,每年一般抽到的都是中签,2014年抽到的仍是中签,预示上半年收成不好,下半年会好。不过无论抽到的是上、中签,还是下签,他们都会欣然接受,一样地叩拜神明。

三拜公生日。山河人所谓的三拜公其实是俗称三界公的天官、地官、水官;山河村在正月十五日赐福天官和十月十五日解灾水官神诞为三拜公庆生日,但七月十五日赦罪地官的生日却无类似仪式。为三拜公庆生是在正月十五日和十月十五日的子时,供品除有饯盒茶、饭、米粿等外,还必须准备素菜十二碗的菜桌,分别是金针菇、香菇、木耳、卷煎、豆干、豆腐、红糕、梅支、花饼、瓜煎、饼煎、粿粽各一碗。村中耆老在其他节日的集体祭拜,都行两拜六叩的礼仪,只有三拜公生日时行三拜九叩的大礼。

黄氏娘妈生日。黄氏娘妈生日在二月初二日,集体祭拜时间在下午两点,供品有福猪、饯盒茶、米粿等,祭拜仪式开始之前,须先将黄氏娘妈的神像移到大庙正中的神龛上,再陈列供品,行两拜六叩之礼,祭拜时的祷词大意是"今天是黄氏娘妈的生日,大家一点心意来祭拜黄氏娘妈和众神明,希望保佑全村平安,五谷丰登,外出平安,赚大钱等。

祖公祭日。大庙内的祖公是湖东,包括山河、沈寨、湖内、龙坑等十村沈氏宗族共同祭拜的对象,为了协同做好祭拜活动,成立有湖东沈氏董理事会,董事长由山河村庙董理事会的董事长兼任,其组织结构亦与山河村庙董理事会组织结构相同。每年二月二十二日是祖公的祭日,各村的耆老都要带祭品前来祭拜,山河村负责准备十二碗供品。下午两点,所有耆老(约有70多人)身穿长衫来到大庙,祭拜程序如下:湖东沈氏董理事会董事长烧香;正副董理事长行二拜六叩之礼;各村耆老轮流行礼;董理事长拜金纸;化金纸;放大炮三响。祭拜时要告知祖公"今天是祖公的祭日,东湖几个村的儿孙都来祭拜,请保佑全东湖所有儿孙平安"。

每隔四年的祖公祭日还须为祖公换袍,依据传统,一般赶在鼠、龙、猴年更换;在祖公换袍的年份,东湖沈氏董理事会在该年正月初五日召开会议,商量相关事宜,至正月十五日所有事项安排完毕。依据分工,众耆老分头订做衣、帽、鞋、袜。根据本地的殡殓习俗,衣服要上七下五,为祖公换袍时也要准备上衣七件,下裳五件。祖公的冠帽要饰以金箔和玛瑙,外穿的是夹织金线的袍子,一整套袍服花费在五万元以上,因此须由东湖各村人自愿募捐,方能集腋成裘。当年出钱最多者可以拥有祖公换下的袍、帽。待所有冠服做好后,须择吉日方能确定何时迎袍、换袍。迎袍安排在上午,东湖各村所有耆老身穿长衫,敲锣打鼓去村口迎接,并用双手抬起衣服,绕全村走一圈,俗称游袍。游袍后将衣服安放于大庙内的供桌上,所有耆老一起吃寿面,再吃稀饭。下午董理事会在东湖各村挑选十位左右最好命的耆老负责为祖公换袍。换袍时要先关庙门,董事长烧香告诉祖公要为他换衣服,众耆老行二拜六叩之礼后,脱掉旧袍,并整理仪容,再换新衣,

第七章
山河村的聚落宗教

换好衣服后,东湖董理事会正副董事长先拜,各村耆老再轮流祭拜,董事长再端金纸拜,然后化金纸,放大炮三响。仪式结束后庙门须关闭三天,因此换袍必须在二月十九日以前进行,否则会影响祖公祭日的各项仪式。凡赶上换袍的年份,还必须请剧团在二十一、二十二日唱戏两天。

大庙墙壁上记录有五次祖公换袍的日期分别是 1992 壬申年二月,2000 年庚辰年二月,第三次 2004 年甲申年二月;第四次 2008 年戊子年二月,第五次 2012 壬辰年二月。

佛祖生。观音佛祖的生日在六月十九日,集体祭拜时间在下午两点,供品与三拜公生日相同,佛祖神像无须挪到中间神龛,仍安放在原位。佛祖生时必须同时拜三官大帝(佛祖生的庆典详见下文)。

广平王生。广平王生日为六月二十五日,集体祭拜时间在下午两点,须备福猪一头、茶和果品,并为三拜公和佛祖各准备十二碗的素席一桌。

开山圣侯生日。开山圣侯生日为七月二十五日,集体祭拜时间在下午两点,要准备一头福猪、三牲礼放在中间供桌上,并给三拜公和佛祖各准备十二碗的素席一桌。

祖公生。庆祝祖公生日订于八月十三、十四两日,是全村最隆重的节日,其热闹程度超过春节过年,村民一般在这两天邀请亲朋好友前来观看。祖公生庆典不在大庙,而是在大寨祖祠举行,祭品异常丰富,最有特色的是五牲雕,礼仪规格极高,子孙行三献礼,大致过程是八月十二日迎祖,八月十三日祭祖,八月十四日祖公出巡,祭祖,游火烛,八月十五日祭祖,八月十六日祖公众神归庙,十三、十四、十五日晚上唱戏。

地头公生日。地头公生日为九月二十八日,一般比较隆重,庙会提前两天组织募捐,二十七、二十八日唱戏两天娱神,轮值福社须提供福猪一头,素席两桌,二十七日下午两点众耆老集体祭拜时也会携带自备的三牲、酒和其他供品,祭拜仪式与佛祖生相同,村民个人二十八日上午会准备三牲和酒前往大庙祭拜。二十八日下午两点众耆老仍须集体祭拜,但不必再准备三牲,随意准备一些祭品和金纸即可。

平安节。为十一月冬至日,需福猪一头,早上村民拜五牲和酒,下午两点村中耆老准备三牲去大庙祭拜,拜后的祭品再在大庙外拜大众公妈。

腊月二十四日送神。山河村人认为神明在每年的腊月二十四日上天述职,并抽取来年各自管辖区域内的运势,当天上午各家都会带米和红糖做的煎饼到庙内祭拜,送神上天,回到家中再送自家的灶君升天。这天下午两点以后,待各家送神结束,耆老在大庙中再举行集体祭拜,须备办福猪一头,饯盒茶和米粿,行二拜六叩大礼,祈求各位神明到天庭为全村争取好处回来,求玉皇大帝保佑乡民平安发财。

三、佛祖生庆典

田野调查期间,笔者有幸全程观察观音佛祖的生日庆典,以下即将观察所见略述之。上午全村各家妇女都携带供品前去祭拜,大庙门前亦形成一个售卖金纸和各类供品的小市场,祭拜所用供品和仪式与村民日常祭拜相同,不同的是多了一项带银牌拜平安的内容。按照山河村的风俗,凡家中添男丁者,待婴儿满四个月,外祖父、母赠送一块银牌,祖父、母则会将儿子幼时戴过的银牌传给孙子,银牌一面刻有吉祥祝福的话语,另一面刻村庙内佛祖、五显大帝、地头公、大伯公等的名号,得到银牌当天要拿到村庙拜平安,拜后再戴一个月,此后平日可戴可不戴,但凡遇到银牌上刻的神明寿诞日,必须拿到庙内拜平安,拜毕当日要给孩子戴上,平时佩戴亦可随心,直到孩子年满十六岁,银牌方被父母珍藏,留给未来的孙子。银牌拜平安程序如下:陈列供品时将银牌置于庆生神明供品之上,如平时一般焚香礼拜,待焚过金纸后将银牌从供品上拿起,在庙内众神明面前再拜,为孩子求平安,然后再持银牌到庙外香炉处,并在每个香炉上绕两圈,如此即可为孩子戴上。各家各户村民的祭拜活动一直持续到中午。

第七章
山河村的聚落宗教

　　观音佛祖生日当天全村耆老必须齐集庙中，代表村民为观音菩萨拜寿。集体祭拜须准备斋菜三桌，每桌除十二碗素菜外还包含三碗米饭及米粿。2013年，寨后社轮值准备供品，该社又将准备斋桌事宜分配到社中二房和四房中的长房，其中二房准备一桌，四房的长房准备两桌。二房采取各家轮流方式，今年轮到沈昭其家；四房长房以亲兄弟及其儿孙一般五六家为单位轮流，今年其中一桌轮由沈三叠和大哥及其子负责，兄弟二人共同准备，大哥准备十二碗与斋饭，沈三叠准备米粿和水果，另一桌由沈掌川五兄弟共同准备。庙公亦代表董理事会购买梨子等水果为供品。中午十二点半以后，耆众老携带自备的供品、金纸陆续赶往村庙，摆在供桌上；庙公在大庙门口安放三拜公的供桌，随后在各神明供桌上摆好茶具，并斟三杯茶，放置钱盒茶，即在钱盒上方堆放水果，并依据各神明的饮食嗜好代表董理事会调换放置不当的供品，例如佛祖不喜油腻的食品，偏好水果、果冻等清凉爽口的食物，若有人将油炸食物供奉在佛祖面前，就会被庙公换到其他供桌上。斋桌三份分别置于三拜公、佛祖和地头公众神之前。

　　两点后庙公搬来长梯架在庙门后，祭拜即将开始。董事长和庙公穿长衫祭拜，其他耆老穿便衣。董事长首先焚香拜三拜公，庙公爬上梯子，将香枝插入庙门口悬挂的香炉内，二人在三拜公神位下行三拜六叩之礼，再转身向地头公、祖公等众神行二拜六叩之礼，随后到佛祖神位行二拜六叩之礼，最后到黄氏娘妈神位前行二拜六叩之礼。董事长和庙公起身拜佛祖时，其他耆老两人一组随后轮流依次祭拜众神，祭拜进行两轮后在庙内烧300金纸。结束前董事长再次为三拜公上香，并第三次跪拜三拜公，其他神明不用跪拜第三次；拜毕董事长与众耆老持金纸在佛祖、地头公等众神和黄氏娘妈前作揖（三拜公不用拜金纸），然后到化金炉焚纸献神，待金纸燃尽，燃放长鞭一挂，大炮三响，仪式结束。

四、祖公生庆典

诏安俗有"沈半县"之称,沈氏一族人口众多,无法同时同地祭拜被认为是共祖的祖公武德侯沈世纪,故沈氏各村落轮流举行,从农历七月初一日一直持续到十一月初一日,历时四个月之久,沈祖公神像亦随祭奠被抬往各村,俗称游乡。游乡活动历史悠久,并得到很好的传承,直到"文革"时期才被迫停止,改革开放后庆典又逐步恢复。依据旧时的轮流方式,山河村每年八月十三、十四日两天为祖公庆祝生日。1986年,山河村与同属湖东的10个村共同出资以樟木雕刻一尊祖公神像,在湖东各村开创祖公"游乡"的习俗。从八月初一日开始直到八月十四日,各村轮流迎请祖公到本村祭拜,顺序如下:八月初一、初二日沈寨;八月初三日福兴;八月初四日龙掘东;八月初五日韩田;八月初六日东坑尾;八月初七日倒地其;八月初八日樟树脚;八月初九日岩仔头;八月初十日田中央;八月十一日龙冲;八月十二日至八月十五日山河。随着村民经济水平的提高,在村委会推动和村干部带头捐资的情况下,2006年山河村的迎祖活动开始做大,成为村中最盛大的聚落宗教庆典。

祖公生是山河村的头等大事,几乎所有出外务工者都会不远千里回村参加,庆典持续四天,涉及人员众多,声势浩大,花费亦很大,估计2012年的开销超过10万人民币。庙会从七月中旬就开始繁忙而琐碎的筹备工作,会计和出纳每天到大庙收取村民捐献的香油款,各福社依据分工准备供品,组织本社人员。祖公生活动过程略述如下。

八月十二日迎祖。迎祖是将祖公神像和祖公祖妈牌位从龙冲接回山河村所举行的仪式过程。迎祖庆典组织者之一报道人沈建顺指出,迎祖要突出展现子孙的兴旺发达和对祖宗的崇拜。迎祖过程也清楚地体现此点。

八月十二日,负责组织筹办庙会的众耆老身穿长衫一大早即到大庙,将庙内诸神请到村中大寨内的震山祖祠,除黄氏娘妈与众小神

第七章 山河村的聚落宗教

像一起置于中间的供桌之外,其他诸神放置位置与在大庙内相同。早晨五点钟,全村人乘车赶往五公里外的龙冲,车辆包括庙会承租的大巴车、私家车、拖拉机、摩托车、电动车等,并有锣鼓队、舞龙舞狮队、仪仗队等随行,另须携带供品和二或四匹马。到龙冲后鼓乐齐鸣,身穿长衫胸带迎祖红花的耆老代表全村行礼祭拜,以告知祖公山河村全体男女老少前来迎请祖公去大寨祖祠为他祝寿。接着请扮演成潮剧《状元拜寿》的主角状元及其夫人的演员向祖公行十二叩的大礼,随后龙、狮队表演并向祖公叩拜。拜毕鞭炮齐鸣锣鼓喧天,山河村的青壮抬出祖公武像、祖公及祖妈神龛及坐于其中的祖公文像,也扛起祖公所用的刀枪剑戟仪仗等,返回山河村。

  回程是表达子孙兴旺这一主题的关键,故要讲究声势,抬着祖驾,列好队伍,吹吹打打,步行而回,而且每年迎祖必须严格依照既定路线往返。2012年,迎祖队伍绵延近一公里以上,领头的是二人抬的红底金字恭迎祖驾大匾,其后依序是:缓缓行驶的近30辆小汽车组成的车队,车前一律贴"迎祖"二字;由60多面大白旗组成的大白旗队,执旗者身穿样式统一的黄色衣裤,据说大白旗是沈祖公的战旗,白底黑边,上书沈字;由村中8岁以上男女童组成的彩旗队,男童在前,执小白旗,样式与大白旗完全相同,只是旗杆和旗帜尺寸大幅减小,女童手执彩色旗帜紧随其后;红黄两条彩龙组成的龙队,沿途不停舞动,后有车载助威锣鼓,车厢前置一块苍松为画面的牌匾;由一条粉红彩龙和一只黄红绿三色的金凤凰组成的龙凤呈祥,后亦有车载助威锣鼓,车厢前置一块以华表为画面背景,上书"弘扬姓氏文化,促进社会和谐"的屏风;俗称桃花过渡的旱船一艘,船前悬挂一帆风顺条幅,船头饰以三束盛开的桃花,船尾站立一人掌舵,船内另有一女子和一老翁划桨;由头戴八仙面具,身穿传说中八仙服饰的八人组成的八仙过海;礼炮车和锣鼓队,不时鸣炮、敲锣鼓,烘托热闹气氛;由四匹鞍辔齐全,佩戴红花的骏马组成的神马队,村民说为祖公祖妈一生征战,酷爱骑马,这是为他们准备的战马;由彩布做的大型公鸡、母鸡各一只,再将布模套于人的头、肩,手臂则自翅膀处伸出,

闽南山河人的社会与文化

行进时模仿鸡走路的锦鸡队;太子队孩童组成,前行的是身穿黄色衣裤,腰扎红带,手执练武用的棍棒三四十个孩童,其后另有五个孩童身穿黄色衣裤,身披黄色披风,头戴金冠,扮成太子模样;由村中女童组成的小公主队,前面二十多个女童身穿红色旗袍,手执仿古式遮阳伞,后面五个则身穿粉红色衣裤,腰系红带,头戴金冠,肩挑花篮;舞狮队、腰鼓队、铜锣队、礼炮车和载有以太阳和金龙为背景的"国泰民安"匾额的三轮车;夸耀家族历史的匾额队,主要有"奉旨特简"、"亲赐元戎"、"三世将军"、"四世大夫"、"进士"等山河村祖上所得皇家钦赐匾额,以展现山河祖先的辉煌历史;四人高举四支大白旗出场,其后跟随两人敲清道锣,两人扛清道旗,并有本村铜锣队助威,组成地景队;身穿长衫,胸带迎祖红花的耆老组成老人队;由龙虎旗、沈氏大灯、回避及肃静牌、武德侯执事牌、刀枪剑戟大笔等仪仗组成的执事队;最后在凉扇和掌扇导引下,沈氏祖公、祖妈神龛和武德侯武像乘八台大轿出现,迎祖的众村民簇拥其后。

除了声势浩大的队伍和音响外,途中还有祭祖仪式。迎祖队伍经过每个沈氏村寨时,该村村民和耆老会在路口准备好鞭炮、香炉和祭品,等待祭拜。此外队伍路过私营工厂或企业时,厂主会邀请祖公、祖妈进入厂内接受祭拜。2012年在距离村口一公里左右几家鳗鱼养殖场、养猪场、瓷砖厂和青梅厂都邀请祖公进内祭拜,保佑其平安发财。中途祭拜时,状元及夫人和舞龙舞狮队都要陪同叩拜,每次叩拜都会获赠红包或礼品。

祖驾到达山河村口时先进行"走王"①表演,然后再进村,进村所经道路两侧的家户会提前赶回,待祖驾经过门前时,立即燃放鞭炮,以示欢迎。到达大寨门前时,亦有走王表演,随后祖公祖妈牌位和祖

---

① "走王"是闽南民间宗教中常见的迎神节目之一,扛抬神轿者在抵达庙前或特定地点,会快速的奔跑前进,并立即将轿杠换肩后转身回跑,如此进退数次,以显示扛轿者的武勇,并助神威。

第七章 山河村的聚落宗教

公神像被请入大寨内的震山祖祠,安放于早晨被请进此的其他神像的前排正中,安座毕耆老即为祖公献茶。祖公、祖妈进寨后是舞龙、舞狮队和桃花过渡等表演,齐向祖公祝寿。此时寨前热闹非凡,广场上空飘扬由两个大氢气彩球牵拉的巨型条幅:"八月称觞扬祖德,秋风舞彩颂宗功。"晚上八点左右,众耆老从自带供品集体祭拜祖公和众神。迎祖活动结束至此。

八月十三日庆生。本日庆生由五房为主的清雅、少白和后坑三个福社负责组织和祭拜。下午两点众耆老聚集在大寨正厅以丰富的祭品和隆重的仪式为祖公祝寿。大寨内震山祖祠门前点燃三支大龙香,厅内放置口含柑橘一个的福猪一头(橘与吉在闽南同音,寓意吉祥),供桌上还有五牲醮、十二碗和寿桃等粿品,在锣鼓唢呐声中,祭拜仪式开始。祝寿仪式由司仪主持,待司仪宣布祭祀开始后锣鼓立即奏乐。主祭孙一人和陪祭一人就位,二人均为村中公认的好命人。待明烛上香,锣鼓唢呐奏乐,众耆老行二拜六叩之礼之后,主祭孙行初献礼。献礼由司仪导引主祭孙陪祭人绕天井走一圈边走边诣,"唐开漳功臣,追封武德侯太始祖沈公,暨妣,敕封妙嘉一品夫人,尤氏沈妈之神前,跪!"锣鼓一通,唢呐伴奏,献茗、献酒、献羹饭;献毕行二拜六叩之礼。接着主祭孙行亚献礼,仪式同初献礼,但本次为献馔及献果品,献毕读祝文,众耆老皆跪;司仪读毕祝文,锣鼓一通,拜金纸和祝文,拜毕一并在供桌旁焚烧。待金纸和祝文烧尽,众耆老行二拜六叩之礼。随后请"仙姬"祝寿,《仙姬送子》是传统的潮剧剧目,讲述七仙女将孩子送予丈夫董永的故事。献毕祝文,剧中主人公七仙女和董永的扮演者就带孩子(由布娃娃代替)为祖公祝寿,主祭孙将孩子、冠带和吉祥祝福对联置于供桌之上,董永夫妇上香,并向祖公拜十二次,代表每月一次,该年若逢闰月须拜十三次。二人拜毕,主祭孙行三献礼,仪式与前二次献礼同,但本次为献馔、献金帛。三献礼结束,全体耆老向祖公致鞠躬礼,退位,礼毕。鞭炮齐鸣。

众耆老代表全村祭拜完毕,清雅、少白和后坑三个福社的各家在大寨门前广场上放置供桌,其上陈列丰盛的牲礼、果品和金纸祭拜。

祭拜完毕,在广场上演传统潮剧《京城会》,剧目演完,休息。晚上七点半再继续演戏至夜晚十二点,剧目不确定,人神赏剧共欢。

八月十四日庆生。十四日的庆生活动由以四房为主的河沟和寨后两个福社备办。下午村民祭拜采取祖公巡查的形式进行,在祖公巡查点陈列祭品,待祖公到达时祭拜。祖公出巡队伍很有声势,前面有清道旗,锣鼓队开道,大白旗、彩旗各 4 面,执事等随行,大庙内众神陪同。祖公、祖公及祖妈神龛、地头公、广平王众神由青壮年人抬着,其他小神像由青少年抱在胸前。据说扛抬神轿可保身体康健,故村中青年均踊跃参加。出巡队伍从大寨出发,路线依据旧例。巡查仪式亦热烈隆重。下午两点众耆老在震山祖祠上香,禀告祖公起驾出巡时辰已到,拜毕庞大的出巡队伍出寨,沿途经过的村民家均燃放鞭炮以示欢迎,每到一站出巡队伍都进行走王表演。出巡第一站为沈氏家庙前的大灰埕,附近居住的河沟社村民在大灰埕摆好供桌及祭品等待祭拜祖公,队伍到达距离沈氏家庙约百步之遥时,进行走王表演,表演后安放众神供村民祭拜,拜毕燃放鞭炮。第二站为大夫第门前大灰埕,附近居住的河沟社村人在此祭拜。第三站为本村小学,祖公生时小学生停课放假,所缺课程待周六、周日弥补。祖公巡视时,学校亦准备祭品并请庙公和耆老代为祭拜。第四站是友敬祠前,在此居住的寨后社村民在此祭拜。第五站是高山埔大灰埕,相对来说,高山埔是新建的较为独立的住宅区,以五房为主,还有部分一房和三房族人,此处村民虽然十三日已祭拜过,还会再备祭品等待祭拜。最后返回大寨,进入寨门前在寨前广场进行走王表演。

祖公率众神回到大寨后,众耆老再次代表全村祭拜,行三献礼,礼仪与前日同样隆重。晚上七点半大寨门前戏台演戏,一直持续到夜晚十二点,即使游火烛将村民都引离戏台前,演员还是照常演戏,不能间断。

第七章
山河村的聚落宗教

九点左右祖公及众神带领村民游火烛①,路线与白天出巡路线相同,这是本村一项独特的庆生活动。据说乾隆元年(1736)该村二十一世祖沈之骁中武进士,为全村之荣耀,村中沈氏族人认为这是沈祖公之庇荫,故在其后的沈祖公寿诞之日通过游火烛来感谢神恩,并达到神人同乐的目的,从此成为定例,相沿成习至今已将近三百年。游火烛时全村村民组成一支庞大的队伍,由锣鼓队鸣锣开道,随后两位称为火举手的青壮年人高举一对大火烛,为祖公神像照明,祖公神像前后两旁是手执旗帜刀枪的仪仗队,随后是一对青壮年人举着一对小火烛,为地头公等诸神照明,后面紧跟着举着小火烛鱼贯而行的村民。夜晚游火烛的队伍像一条长长的火龙,在全村各甲社游动,游到路面平坦处,抬神队伍还要进行走王表演。最后回到大寨前广场,经过一段走王表演后,众神回到大寨震山祖祠,大寨广场开始盛大的烟花表演。

游火烛全程需要3至4个小时,场面十分热闹壮观。火举手沿途须做旋转火烛等表演,为防止被火烛喷出的火焰烧伤,火举手需头戴战笠,身穿湿衣。为免火烛烧得过旺、过快,火举手后还有专人紧随负责对火烛喷水,一则保持火烛均匀地燃烧,再则也可在火烛延烧及人或物时,立即予以扑灭。延续二百余年的游火烛从未引发过火灾或随行村民被烧伤的事故,村民认为是祖公有灵庇佑的缘故。如今山河村的游火烛已经声名远播,十四日晚上邻近村镇的亲戚朋友都会前来观看,入村的游客人数超过本村居民一倍以上,加入游火烛队伍的来客都会得到一支火烛,以共襄盛举。当日交际较广的人家待客费用往往达到万元以上,游火烛也成为一场社交盛会。

---

① 原本游行村民所执之"火烛"是灯笼,后来因灯笼亮度不足,也容易被风吹灭,村民逐渐研制成现今的"火烛",是以大竹一端劈开做成漏斗状,斗中加入浸泡花生油的纸屑等物再引火。以下所述之大火烛约长两米半,小火烛则略小于二米。

 图 7-2 大火烛
 图 7-3 游火烛

八月十五日祭拜。八月十五日不论白天晚上，村民随时可到大寨震山祖祠祭拜，晚上大寨门前仍上演戏剧。八月十六日早晨吃罢早饭，众耆老到大寨祭拜告知众神中秋节结束，请他们返回大庙，待众神回到大庙，耆老代表全村以中秋饼祭拜，村民个人也会前来祭拜。为祖公庆生的盛会亦随中秋佳节结束。

结　　语

山河村人将聚落神明视为保佑家庭及村落平安的超自然力量加以顶礼膜拜。被询及日常祭拜的仪式和祭品时，他们常用"随意"一词来表示，似乎并无刻板的规定，每人均以各自的理解或习惯来做。在实际观察中也注意到村民祭拜时祭品和行为的差异；祭拜场所除大庙外，其他三处是否祭拜，也随个人意愿。此外有耆老提及依旧规不能穿拖鞋进庙，调查期间正值盛夏，几乎所有进庙者都穿拖鞋，可见"随意"一词准确的概括了日常祭拜的特点。然而在最重要的祖公生庆典中，仪式与祭品的繁琐与讲究，隆重与奢华，以及村民的狂热，远远超出外人的想象。2013年参加祖公生庆典的几位同学，都用"震撼"来表达其感触，似乎又显现山河宗教的另一面向。

通过与村民的交流与直接观察体验，笔者对山河村的聚落宗教活动亦有一些感悟。第一是政治与宗教、地方与中央的关系。"文化

第七章
山河村的聚落宗教

大革命"期间村庙的衰败,改革开放后村庙的重建,庙会的组织与管理,近年来山河村祖公生活动越做越大和活动中的符号语言,都与村委会的积极参与和支持密不可分,也与当时国家的政治气氛密切相关。第二是聚落宗教展现的历史力量。山河村的神明都各有其传说故事,祭拜神明的代表人物和祭品也浓缩着历史的记忆,比如庙会的耆老与祭拜时所穿的长衫、供奉的神像与祭祀场所、状元及状元夫人、五牲雕、三献礼、火烛等等,重复历史是他们现实信仰生活的一部分,历史符号在一定程度上展现山河人的世界观和价值观,笔者却由于学识和田野调查的不够全面、深入,而无法做出具体的分析。第三是宗教活动中的人员分工倾向。山河村的宗教活动有明显的分工,耆老是节庆集体祭拜活动的组织和参与者,他们熟知仪式过程、传说掌故和庙神的灵异事迹,以智者权威的身份参与;青壮年男子则是盛大宗教仪式主要出钱、出力者,也是耆老为传承聚落宗教信仰培养的对象,以积极主动参与获得身份的认可;妇女无论在日常祭拜还是在节庆祭拜中都以求拜的形式参与,用行为诉说虔诚,用体验见证信仰;孩童则在母亲的带领下经历宗教的熏陶。不同的参与方式对他们有什么影响,或者说明了他们在现实生活中的不同地位与分工?还是现实生活中的不同地位与分工影响了他们宗教活动的参与方式?由于同样的原因,也无法提出自己的答案。然而这些问题之间有着密切的联系,对他们彼此关系的理解,或许能够更深刻地从一个侧面,展现山河这一聚落以及其宗教信仰发展的未来。

参考文献

沈庭辉　沈建聪(合编)
  2011　诏安山宝雷村独特的游火烛风俗。走进山宝雷村(未刊)。
高丙中
  2001　民间的仪式与国家的在场。北京大学学报(哲学社会科学版)38(1):42—50。

附录一

重修大庙碑记、庆成楹联

重修大庙碑记

人之新陈代谢,物之新旧兴废,乃造化自然之理也。查大庙自前人修葺,距今七十余载,经已逐渐破漏荒颓。幸得去岁本村旅泰人士沈楚池、沈宝发、沈享家三人还国省亲,见庙宇之荒颓,慨乡人之困惫,毅然义举,倾囊集资维修庙宇,重塑众神金身。一切遵依旧制,使庙貌众神焕然一新。此其功可谓大矣。乡人感彼等虔诚仗义,爰将乐捐芳名勒碑刻石,永垂后世以供春秋不巧云耳。

落成之庆楹联

庆庙宇之重新,堂哉黄哉皆由泰侨鼎力。
成经营于此日,优矣美矣实乃众志成城。

(二十八世裔孙炳德撰)

附录二

祖公生祝文

维

年岁次　　八月十三日裔孙　　等谨以刚鬣柔毛、牲礼、庶馐、粢盛、果品、金帛、香烛之仪,嵩祝于

太始祖、唐开漳功臣、追封武德侯沈公

太始祖妣、诰封妙嘉一品夫人尤氏之神前曰:

谱肇固始,牒承光州,唐膺司马,宋赠武侯。

闽海著基,漳郡宣猷,冰心铁面,绶带轻裘。

开疆辟地,迩赛远柔,勋勒钟罗,德重山丘。

南诏衍派,明宪贻谋,宗枝奕叶,被泽蒙庥。

兹逢华诞,注算添筹,梨园演唱,桃实存酬。

仰祈明鉴,伏望芳流,冠衣百世,俎豆千秋。

尚飨

(原载沈耀喜、沈朝荣编修主持人、沈庭辉主编:《山宝雷村沈氏宗谱》,2008 年 8 月)

附录三

2012年祖公生祝文

维

公元二零一二年岁次壬辰朔越八月十三日主祭孙沈添贵与全村众裔孙谨以刚鬣柔毛牲礼粿品庶馐肴馔粢盛菽黍金帛香楮之仪 敬献于

唐开漳太始祖武德侯沈公妣晋封妙嘉一品夫人尤氏沈妈之神前曰顺祝五显大帝全庙众神尊翳为我祖智勇忠贞平蛮除暴安定黎生拓地千里铁面扬威千古英名威震四海功名重器赐爵封侯兹逢寿日敬献礼牲冰桃竞寿玉液盈樽笙歌蹈舞佑我孙曹代代蕃荣

尚飨

（沈建顺提供）

附录四

2012年迎祖队伍排列顺序

恭迎祖驾匾额——小车队——大白旗队——彩旗队——龙队——龙凤呈祥——桃花过渡——八仙过海——礼炮两辆——仕江锣鼓队——神马——锦鸡——太子队——小公主队——腰鼓队——礼炮车二辆——高音响车两辆——舞狮队——溪南锣鼓队——三世将军等匾额——大白旗四支——地景队——老人队——过厅彩、执事队——祖公——村民。

（沈建顺提供）

附录五

迎请太始祖沈公队伍顺序排列

1、清道旗2人;2、大白旗4枝;3、彩旗2人;4、灯笼2人;5、马头锣2人;6、龙虎旗4人;7、肃静回避牌2人;8、武德侯牌;9、殿棍;10、竹景;11、小斧;12、大刀;13、木瓜;14、金瓜;15、龙头;16、大笔;

备注:本村锣鼓队应在执事的前边,老大的后边;
马走在锣鼓班后边,而且应带马鞍;
清道旗大白旗应在老大对前边。

(沈杰春提供)

附录六

祖公生祭礼仪式

通:祭礼开始,奏乐,有事者各执其事
　　主祭孙行冠洗礼
主祭孙就位,各就位
上香迎神。
复祝位,读祝所,读祝文读祝时皆跪,祝文读完后,皆化给祖公牧众裔孙拜,一叩首,二叩首,三叩首,兴,四、五、六叩首,兴,复位
通:主祭孙行初献礼。
引:主祭孙行初献礼,诣唐开漳庙祀功臣武德侯太始祖沈公,妣晋封妙嘉一品夫人尤氏之神前跪。
通:献酒,献面,羹饭
　　拜,一叩首,二叩首,三叩首,兴,再跪,四、五、六叩首,兴,

复位。

　　通：主祭孙行亚献礼。

　　引：主祭孙行亚献礼，诣，唐开漳庙祀功臣武德侯太始祖沈公，妣，晋封妙嘉一品夫人尤氏之神前跪。

　　通：献酒，献茗，献馔。

　　　　拜，一叩首，二叩首，三叩首，兴，再跪，四、五、六叩首，兴，复位。

　　通：主祭孙行三献礼。

　　引：主祭孙行三献礼，诣，唐开漳庙祀功臣武德侯太始祖沈公，妣，晋封妙嘉一品夫人尤氏之神前跪。

　　通：献酒，献馔，献金帛

　　　　拜，一叩首，二叩首，三叩首，兴，再跪，四、五、六叩首，兴，复位。

　　通：化金，鸣炮

　　全体耆老礼毕向我太始祖沈公致鞠躬礼（三鞠躬）

　　退位

　　散馔

（沈杰春提供）

第八章

山河村的家庭宗教

◎ 铁艳艳

前　　言

家宅不仅是一座遮风避雨的房屋,更是安身立命、祛邪避祸、抵御超自然灾害的防护体。此一防护体功能的完善是通过房屋的选址、建造与入住,房屋内外厌胜物的安置,房中神灵的供奉与祖先祭拜这三个层面来共同完成的;每一层面在具体实施过程中都通过特定的仪式,将物质上的安置转化为精神上的安抚。本文通过在山河村45天田野调查所得的资料,探究农村家庭是如何通过既定程序,构建一套家宅超自然防御体系,进而管窥闽南家庭宗教信仰的特点。

本章分为四节,第一节为山河村房屋建造的过程,即家宅这个超自然防御体系的客观实体是如何构成的。第二节是家庭祭祀,包括祭拜祖先、神明、孤魂野鬼,依靠神灵的护佑和祖先对子孙的关照来驱邪免灾,保障家庭的兴旺。第三节是家宅厌胜物的安置,即在房屋的门、窗、墙等位置安放厌胜物,防止鬼魅、污秽的侵入,冲撞家人。第四节是家庭性的岁时祭仪,即在家中庆祝或祭拜的节日,通过节日的象征性活动以祈求家人的安康、家庭的幸福。

一、家　宅

所谓家宅,宅是指由物质组成的、静态的建筑,而家是指宅中人际关系的结合体,也是个人参与社区活动的最基本单位。建房、成家的观念已经深入每个山河人心中。虽然近年农村社会外出务工的现象很普遍,但个人与家庭息息相关,家是个人行为的出发点,是人心所向。

建房是建立家所属的宅这个超自然防护体的第一步,也是关键的一步。在闽南一带,建房的过程有诸多讲究和仪式,如北山人的建房过程包括选址、奠基、筑墙、上梁、上瓦、装饰(任杨娜 2012:92),金门陈坑人的家宅建造过程包括选址、动土、上梁、入厝、奠安(陈婷婷 2013:294—300),可见房屋建造仪式虽因地而异,但其目的却是异曲同工,即在为家宅建立一个坚固的防护体系。山河村历经三百多年,古建筑群曾举行过何种仪式,村民已无法提供任何资料,而地方志对此的记载也寥寥无几。受土地国有政策的限制,新宅的位置基本固定,选址仪式也不再隆重。加之村中青壮年常年在外,无法参与或主持繁复的仪式,新房建造模式趋于现代化,现今已知山河村的建宅仪式仅有选址、动土、上梁、入厝四类。

(一)选　址

在中国人的风水观念中,房屋选址关乎家运及家族子孙的前途,故村民对此十分慎重。以往因土地较宽敞,村民可选择的基地较多,建房前先聘请地理先生观测可能建地周围的环境,然后选取风水宝地,以求人丁兴旺、家宅安宁。本村地理先生指出,家宅的选址要与四周的环境、五行相配,家宅属水行,神庙和宗祠属火行,水火不相容,因而村中大庙、宗祠正前方都不宜建房。大庙和宗祠正门前是村里的公共场所,需要开阔的空间及幽静的环境,故而不许村民在此建房。祠庙正门前的大路是祖先和神灵进出的通道,在此建房会阻碍祖先与神灵的进出,冲撞神灵,给家人带来灾难。再则祠庙多处于风水宝地,得尽天地之精华灵气,而余气所剩无几,假若居于近处,则生气较弱,不利于宅居人口的前程。如若香火旺盛,噪声不断,则易使人心浮气躁,也不宜在其近旁居住。一般来说,房屋选址忌藏阴气,土生万物,亦藏万物。假如家宅正前方为废墟或空房,也为不祥,一方面废墟象征生机殆尽,无发展前途,即死路,死路则气运不畅;另一方面,空房废墟人气弱则阴气重,易聚集鬼怪污秽,滋生煞气,因而山河村人家宅前方若有荒地或破宅,皆要在正门上方悬挂照镜,以驱邪避煞。此外房屋选址要结合屋主及其家庭成员的生辰八字,以推算最有利于家宅的位置。

现今建地有限房屋选址虽不如昔时重要,但房屋的朝向仍保持坐西北朝东南的传统。这种选址传统是由山河村西北高东南低,依山面水的地势形态所决定的。从传统风水学上来讲,修建家宅前低后高的地势为大吉,不但给人背有靠山之感,且门前土地平广开阔,在家中可居高临下、俯视前方。反之如果住宅是前高后低,后门正对下坡路则视为大凶,对家运不利。且出于舒适度的考量,这样的负阴抱阳便于通风、采光,冬暖夏凉;如遇暴雨天气,也可避免雨水倒灌、屋内积水。因而山河村的家宅基本都是前低后高,只有古寨例外,古寨总体地势相对平坦,且以震山祖祠为中心呈"回"字形,四方朝向皆有,故不能一以论之。本村风水先生解释,不同的风水师,对房屋朝向的推断不尽相同,在居住比较集中的情况下,房屋朝向一致也是基于美观的考虑。

(二)动 土

建房基址确定之后,家主要请地理先生选黄道吉日进行动土仪式。动土伊始,为求家宅安宁、添丁发财等,较为讲究的屋主会请地理先生根据男女主人的生辰八字以及生肖来推算动工的时间,一般选在万事皆宜之日,避开与主人相冲的时辰。动土前要准备大金和白石灰，取少许地基处的泥土，加入白石灰搅拌，然后将其包裹于大金之内，这个过程表示向土神献上大金，并祝告："弟子沈XX，今日要在此破土建房，请土神准许，并保佑建房顺利。"包土的金纸由屋主或地理先生用力甩到或压贴在地基附近的墙壁上。倘若基址周围无其他建筑，则将包土的金纸甩到地基处，即为建造新房时的做法。如若在老宅基础之上再建一层，则将包土的金纸贴在加层的墙壁即可。

山河村的动土仪式历时短、程序简单，既无正式的祭拜，也无需供品，甚至动土当天也可不用地理先生主持，与之后隆重的入厝仪式形成鲜明对比。

（三）上　梁

上梁是指安装建筑物屋顶最高一根中梁的过程。经过在山河村的走访观察，目前得到的有关上梁仪式的线索只有古寨中两间房屋中梁上的八卦图案（见图8-1，图8-2）。

图8-1　太极

图8-2　八卦

图8-1为太极，见于震山祖祠大门房梁。图8-2为八卦，见于大寨外围一座百年老宅的阁楼。通过对闽南习俗的了解和经验人士的介绍，我们认为这是当时举行上梁仪式的痕迹。上梁仪式从中梁的安放开始，用于制作中梁的木材都是直且粗的杉木，中梁做为房屋的中心，在整个家宅中担任中流砥柱的角色。上梁仪式象征期盼中梁

能支撑房屋的稳固、坚实,从而保佑家庭兴旺。如图 8-2 所示,中梁的中间画有八卦图案用以辟邪制煞,以求家宅平安。鉴于村中此类古宅多已荒废,很难再探寻到更多昔时上梁仪式遗留的痕迹。已发现的两处太极八卦图因房屋有人居住并清扫维护,虽历时久远,图案仍旧清晰可辨,足以证明上梁仪式在山河村的存在,也体现了古人在家宅建造方面的考究和对家庭宗教的重视。

(四)入 厝

入厝即家人入住新屋的仪式,是山河村家宅从建造到入住最重要的仪式,山河村人称之为"谢土"。

1. 谢土的意义

"谢土"仪式是山河村家庭宗教中一项十分重要的仪式,深受村民的重视并一直延续至今。村民认为建房材料均源于自然,与土有关,因而用"谢土"一词十分贴切。如建房所用的沙子、水埋藏于土壤之中,砖瓦、水泥也由泥土制成,再者土生金,金源于土,钢筋等金属制品也与土壤有密切关系,房梁及木质家具的原材料也要依靠土壤养分的供给才得以成材。况且国人自古以来讲究百年之后,入土为安,先祖们以及陪葬品埋于地下,年复一年,也逐渐融入泥土。村民相信建

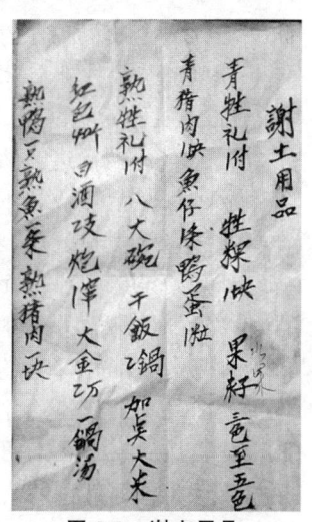

图 8-3 谢土用品

房所用的土中含有先人的骨灰或化石,这样建起的房屋会得到先人的庇佑,因而入住新房时要谢土,感谢土神和祖先的恩赐和保佑。

2. 择日

新厝完工后,举行谢土仪式无时间限制,可立即入住,也可待三五年后入住。房屋翻修或加层也要谢土,但是在"谢土"之前须先请

风水师择日选出良辰吉日，将家中男女主人、子女和父母的年龄、姓氏告知风水师。风水师会选择避开与家人相冲的生肖年份。通常"谢土"的日子会在当月或下月内挑选一天黄道吉日。在40多天的田野调查中，我们共参与四次"谢土"仪式，其中一次是全程观察，一次是为加盖的二楼举行"谢土"。仪式开始时间多在下午三点，选择此时入厝主要考虑到白天利于行事，上午有充足的时间备办物品，下午三点午休过后，亲朋好友有足够的时间和精力参与这一仪式。如若顾及其他因素，也可另选适宜时辰。"谢土"当天家主会邀请亲朋好友来观礼、赴宴。

3. 仪式

风水师选定时辰后，会将须备办的祭品写于红纸上交予主家（见图8-3）。现今随着村民生活条件的改善，谢土用品讲究以丰盛为佳，一般包括"生牲礼"[①]和"熟牲礼"两类。比较隆重的有五牲或三牲，通常五牲指鸡、鸭、鹅、猪、鱼肉，三牲指猪、鱼、鸭肉。此外还有水果、馒头[②]等。据报道人讲述，祭品的摆放也有一定讲究，熟食和生食各放一侧。除祭品之外，全新的厨具和泥瓦匠与木匠工具至少各准备一样。仪式开始前，将横批为"谢土大吉"的对联贴在正门上。吉时到开始祭拜土神（村民又称"土煞"），祈求土地神保佑全家平安祥和，祭拜时要先在家宅附近挖土少许，团成圆球形置于正厅中央近门处，即为土神的象征。祭品置于其后，家人随风水师在祭品后方的位置朝门外念词、祭拜，并将一炷香插入土球。礼毕，在房屋四周燃放鞭炮。然后家人及亲朋好友帮忙撤下祭品，用来宴请邻居亲友，山河村人认为食用拜过的祭品会有福气。

[①] "生"在闽南话中与"青"同音，故常俗写为"青牲礼"。

[②] 谢土、拜神常用染成红色的馒头，村民称之为 *aŋban tao*，或 *aŋ pao*，丧礼则用白馒头，祭拜去世的亲人。

图 8-4 供品

"谢土"仪式结束之后,要进行安宅。通常情况下,风水师会根据每个房间的内外环境画安宅符,并吩咐家主分别粘贴在各个房间门楣处。安宅的过程与谢土相似,只是于卧室内进行,所准备的物品置于窗前的方桌之上,有牲礼、红圆及各种熟食,其中牲礼须以托盘盛放。

图 8-4 所示为一例,方桌之上有牲礼、五香、苦瓜包瘦肉两碗、茶水两杯、红圆十二碗。家人随风水师一起祭拜,接着在各个房间燃放小炮后仪式结束。

二、家庭祭祀

家庭祭祀旨在建立家庭成员与神、鬼、祖先的关系,通过相关祭仪向他们示敬,以获其庇佑或表示感恩。每逢岁时节庆、婚丧嫁娶,以及外出、迁居时,山河人都要祭祀神、鬼或祖先,祭仪虽繁简各异,却必不可少。家庭祭祀主要按农历展开,分为神明、鬼灵及祖先祭拜。

(一)神明祭拜

村民认为神明能给家庭带来福佑,必须加以供奉祭祀,家庭中的

闽南山河人的社会与文化

神明祭拜是为家人祈福的主要方式,最常见的有灶君、开山圣侯、观音等神明。

1. 司命神君

闽南人普遍供奉灶君,灶君的全衔是"东厨司命九灵元王定福神君",山河村人简称之"司命公"。由于司命公的普遍性,有关司命公也有很多不尽相同的传说,村中男子不喜司命公,也与司命公的传说有关。相传古时有一张姓富家子弟外出游历,后因家道中落,父母以其妻抵债。此人回乡时发现父母已死,妻子也别嫁,最终沦为乞丐,某日在行乞途中偶遇其前妻,遂随其进入厨房用膳,恰逢主人回家,张某躲避不及慌不择路钻进灶膛内,主人生火煮食时,即被困于灶内活活烧死。其妻为祭奠张某亡魂,在灶头立神位,邻居有疑来问,乃谎称祭祀灶神可以保佑家中的牲畜壮实,司命公祭仪就此流传开来。

灶君在山河村各家中虽形式各异,但几乎皆有供奉。据家户访问结果显示,受访的 92 户家庭中除 18 户空户、2 户基督教徒外,72 户中有 53 户供奉司命公,足以见其在山河村家庭神明信仰体系中的重要性。早期有些灶君神位无神像,而是贴红布于灶台旁,再插入两支金花 hui chun hue(可在村中商店购得),以祈求灶君保佑家中畜禽平安,其中又以保佑家猪最为重要,因为每年春节在条件允许的情况下各家会杀一头猪,称为年猪。现在司命公身为家中最重要的神明,一般供奉在客厅方位最好、最有利的位置,常居左。传统风水学有"左青龙,右白虎"之说,取护卫之意,可镇压邪灵。左边是龙门,青龙位于东方,且代表春天和正气,象征着春天的生机勃勃、万物生长之气。如今有些家庭会在司命公神位上方贴上用毛笔书写的"司命公"三字的红色纸质横幅,还有少数家庭中悬挂着司命公的画像,并搭配一副对联。每月的初一、十五日,村民先去大庙祭拜祖公和其他众神,再回到家中祭拜司命公。祭拜以早上为宜,若有事耽搁,也可推迟至中午或下午。通常由家中的主妇祭拜,倘若女主人不方便祭拜司命公,可由子女或男主人代为祭拜,摆上点心、水果。昔日这些供品均由家人制作,而现在均是购得,供品种类和数量不限,常购买

第八章
山河村的家庭宗教

符合家人口味的食物。祭拜时用三炷香、行跪拜礼，拜两次，口中默念"祈求司命公保佑家人平安、身体健康、工作顺利"等等，接着烧大金。山河村人常用的大金有两种。一种是长约20厘米，宽约14厘米的黄色纸钱，贴有金、银箔，可用于祭拜祖公、司命公、开山圣侯、土地公、天公、五谷帝等神明以及祖先。另一种为金元宝，中间红色区域贴有金箔，未打开时呈梯形，打开后成元宝状，用于较为正式、隆重的祭祀仪式。

每户家庭里供奉的司命公都是分家时从父辈分得传承来的。古时分家即分灶，随着分家的进程，司命公也落户到新家庭。例如一对夫妇有五子，在诸子成家之前，一家只有一口灶，供奉一个灶君即可。在诸子成家之后，各人会从父母家分得并继承一个灶君神位。如果诸子已分家，并分得灶君，父母若与子女共伙，则不用另设灶君神位，若自伙还须另拜灶君。当诸子迁入新厝时，须将司命公也迁置新房内。但如今尤其是迁至新房的司命公，他的职责和能力已远远不只掌管灶火，还要照顾家人衣、食、住、行及整个家族的命运，是每户家庭中非常重要的神灵。

2. 开山圣侯

开山圣侯是众所周知的历史人物介之推，在晋文公流落在外饥寒交迫时，介之推割己肉以做食物，晋文公掌权后忆其恩德请其出仕，介之推婉拒并隐居于绵山，晋文公听信他人之言欲放火烧山逼其现身，终致使介之推与其母被焚而死。晋文公深怀愧疚，改绵山为介山，并建庙祭祀。因介之推死于山中，所以民间尊称他为开山圣侯，又称大伯公，开山圣侯即为山神，是山河村家庭中另一重要的神明。村民相信大伯公的英灵坐镇大山深处，可保家中禽畜的平安成长。传说山中的老虎捉鸡，也须经过开山圣侯的同意，因而凡是在山上开荒、养殖，或在村中养猪、开工厂，以及家宅建在村外的村民，都要供奉开山圣侯，以保佑他们位于田间地头的家避免野兽侵袭，或出行在外平平安安、事业兴旺等。开山圣侯也是每月的初一、十五日祭拜。此外每次收获之后，也要祭拜。因村落较大，家户较多，且供奉的位

闽南山河人的社会与文化

置相对隐蔽不易得知，笔者曾经走访的92户中共发现10户供奉开山圣侯，4户位于村外，主营养殖和作物栽培；6户位于村里，除1户大米加工场外，其余皆因养猪而供奉。开山圣侯供奉的位置也因村里、村外而不同，在村中的神位一般不在正厅，而是供奉于猪圈、工厂附近独立的房间。居住在村外的村民则将开山圣侯的神位供奉于正厅中央的墙壁上。山河村人供奉的开山圣侯同司命公一样并不设神像，但是位于村里的均有专用的神龛，通常是木制的，宽约30～40厘米，高约半米，且有两个烛台或灯日夜照明，神龛外还配以颂扬开山圣侯的对联。而供奉在村外的开山圣侯则是将金花和对联粘贴在墙上，下方是一块横木板，用以放置茶水，祭拜的过程与祭品也与拜司命公相似。

与司命公的代代相传相比，供奉开山圣侯必先至村社公庙中请神，在请神之前须选择良辰吉时，并提前准备供品，再按时去大庙请神。请神时先行跪拜之礼，禀告神灵："神明在上，我是×××，家住××，想请您去我的家，保佑我的家人平安、事业兴旺，您是否愿意？"然后投掷圣杯。圣杯是两个红色的半月形的木块，如果圣杯落地后是一正一反则表示神明同意，如果两块都是正或均为反则表示神明不同意，请神者可祈求后再掷，但以三次为限，直至掷出圣杯。接着用红纸折成三角形，包上香灰，以香灰代表神灵，来到预备供奉神灵的房间。由请神人选一个方向，掷圣杯以卜算神灵对该位置是否满意，直至确认方位，方可安置神位。

3. 观音佛祖

山河村中有些村民时常去寺庙诵经拜佛，在所观察的92户中有8户供奉观音菩萨。有的像开山圣侯一样只有神龛而无神像，神龛上方贴有一张写着"观音娘娘"的红纸，神龛为木质，这样设置的观音神位通常是从寺庙请来的。若供奉的是神像，则通常是户主到广州或是县城请专人雕刻的。随着中国民间技艺的复兴，十字绣的"观音像"也出现在个别村民家中。神像要经过开光才有灵性，开光又称为封神 hong xing，村民家中的观音像大多是请附近美营村的道士开光。开光前须将观音佛祖像置于庙中的长案中央,神像前方摆一盛有三杯茶水的荐盒,左右两边再配以果品,由法师诵开光经①之后,用手指蘸清水,洒在佛像上,最后由道士带领家人拜观音像即为开光礼成。观音佛祖像一般供在客厅中央的长案上,通常晚饭后祭拜,每日以三杯茶水拜一次,切忌荤腥。农历六月二十九日是观音佛祖的生日,供品比较丰盛,有"十二碗",即从豆干、豆腐、金针菇、木耳、香菇、白菜、青果、米香、红糕、状元糕、管盏、梅枝、花饼、饼盏、冬粉、花生糖②中任选十二种,盛放于碗中。

4. 其他神明

往昔在每年的冬至、腊月和正月拜天公的较多。正月初九日乃天公生日,村民在自家的大门前或阳台、晒场等比较开阔且光线充足的位置设长案、摆祭品,祭品以熟牲礼为主。昔时拜天公比较隆重,通常要召齐家人到场,由家长率领家族成员家长在前,其余男性成年家属随后,妇女及年幼子女垫后,每人手持三炷香,朝门外的方向行

图 8-5 三界公炉

跪拜礼,并口念保佑平安兴旺的祷辞。拜毕由家长收集各人手中的香先在香炉中插三炷香,其余每一供品上各插一炷。

---

① 在山河村的 40 多天,未曾发现有神像开光的事件,无法得知开光经的具体内容,本文所述皆根据报道人之访谈。

② 豆干、豆腐、金针菇、木耳、香菇、白菜必须是生的,米香 bi p'aŋ,即用大米或玉米爆出的米花,管盏的做法是用熟豆腐皮包米饭,状元糕是用红纸包裹的画有状元像的方形糕点,饼盏是用米粉或面粉做成的方形的饼,梅枝 mai ki,是用米粉粘糖蒸熟的糕点,花饼即印着图案的或形状似花的饼,冬粉即用绿豆、荞麦或从薯类中提取的淀粉做成的粉丝。

闽南山河人的社会与文化

除此之外,在风水师沈先生家的二楼,供奉着祖师爷云望仙师,每日清晨家人用青果等来祭拜。农历五月十四日是云望仙师的生日,届时也有很多弟子前来祭拜。据沈先生解释,祭拜的神明放置在一楼、二楼均可,但相比之下二楼宽敞、安静,更适宜供奉神明。村中摩托车修理店的吴姓店主是本村的女婿,诏安县深桥镇深桥村人,店中供奉三忠圣王①,每日以三杯茶水、三炷香祭拜。据其介绍,三忠圣王是深桥村的地头公,村民离村在外,还要祭拜本村的地头公,以求平安。

(二)鬼灵祭拜

"暗神"是孤魂野鬼的隐讳说法,每月初二、十六日的傍晚,山河村的每家每户都会在自家门前设供桌,上置米饭、菜、汤、水果等。供桌可以是一张小方桌或一把高椅凳。食物不限量,但饭、菜、汤要齐全。晚饭前由家中的女主人或子女代表全家祭拜暗神,拜时面对供桌朝向门外,跪于桌后,心中默念:祈求暗神用完餐后,能保持家庭安宁,再拜三次。拜毕将香分别插到盛有米饭、菜的器皿,接着烧纸钱,常用大金。燃香的时间要停留几分钟或者更长,好让暗神有充分时间享用晚餐,并收好钱财。仪式结束后,开始撤桌,这些撤下来的饭菜可充当晚餐。

另一位村民在荔枝收完的当晚,于自家门前,以米饭、馒头、菜(猪肉等)祭拜黑神,因其每天凌晨三点要骑摩托车上山劳作、天黑路险,且田间草丛多虫蛇、易被咬伤,因而要祭拜、安抚黑神,祈求其能阻止虫蛇鬼怪的伤害,保障在山间工作的平安。

---

① 相传南宋末年,宋帝被元军追击,向福建奔逃,途经诏安考湖村(今诏安县深桥镇考湖村)附近,受吴明济、吴明润和吴明泽三兄弟掩护,逃过一劫。但是这三兄弟却牺牲在与元军的战斗中。宋帝在广东饶平渡船南下时,听闻此噩耗,特草诏敕封这三兄弟为"三忠圣王"。

（三）祖先祭祀

山河村中无论房屋建筑是一层还是多层，祖先的牌位都供奉在一楼，村民认为如此可接地气。因房屋年代的不同，祖先牌位多设置在祖屋。大寨一带许多房屋现今已无人居住，仅在此供奉祖先牌位，因而成为祖先祭祀活动比较集中的场所。凡是祖屋在大寨内的家户，他们的祖先牌位都供奉在祖屋内，逢年过节在此举行祭拜仪式。此外在一些60多岁的老人家中也可见到祖先牌位。而在年轻人所建的新宅中，尚未发现有供奉祖先牌位的。安放祖先牌位的位置讲究宽敞、舒适，多为正厅中央墙壁，有些摆在左上方，有的居中，也有少数位于左右两边的墙壁。图8-6、8-7、8-8，是供奉祖先的三种类型。

图8-6 供奉祖先

图8-7 供奉祖先

图8-8 供奉祖先

图8-6即古寨内的神龛，木制、无漆，有牌位、香炉，无祖先像，以一个玻璃罐充当香炉，且一个牌位上通常写有户主的父母或祖父母两人的名字，供奉的祖先皆为三代以内。图8-7所示为一个专门供奉和祭祀祖先的公厅。户主祖母及母亲的像挂于正厅中央的墙壁，母亲的像位于祖母像的斜下方，而家中男性祖先的像未能保存下来①。公厅中虽无神龛、却有一张长案桌，位于祖先像的正下方，长

---

① "文化大革命"时期，全国发起"破四旧"运动，亡者不能举办葬礼、留遗照。即便昔年留下来的遗照，在"破四旧"的特定历史时期也几乎被消灭殆尽。因此很多家庭供奉的只有牌位而无祖先像。

案桌下置八仙桌,在祭祀时可将其挪出以摆放祭品。相较于图 8-6 和图 8-7 房屋的独立性和专门性,图 8-8 是有些老人家中供奉祖先的常见形式,父母亲遗像挂于正厅中央墙壁,相片间设一神龛,上置香炉。

每逢祭日子子孙孙会聚集在此,祭拜祖先。每年祖先的祭日、清明和春节,祖先牌位供奉在古寨内的村民皆以扁担挑饭菜、纸钱、香烛等到老宅祭拜。饭菜和水果盛放在一个双层竹篮里,此竹篮是祭拜专用的,共两层。祭拜前要先将祭品摆上八仙桌,待家人到齐之后开始祭拜。已故亲人的第一年祭祀比较隆重,至少要备三牲及八碗,属于牲礼的鸡、鸭、鹅等要集中

图 8-9　祖公袍

放在一个大的托盘里,其他鱼、猪肝、猪肠、鸡、鸭、鹅、猪肉、虾、花蛤、粉丸①等,从中凑齐八碗,此外还有米饭、水果、糕点等,祭祖用酒的数量依所祭拜祖先的人数而定。祭拜时儿或孙必须在场,而已嫁女则很少来拜。祖先祭日当天较日常祭祀的时间长,以便让祖先好好享用一餐。每年除夕的晚上以及正月初一、初二三天要祭拜祖先,初一祭拜用的供品要求全素。祭拜时家人手持三炷香,先向祖先祷告、祈福,再行跪拜之礼,之后开始折大金、长钱,其中红、黄、绿、紫等颜色的纸钱代表给祖先做衣服用的布料。

在一位 80 多岁老先生家的二楼,供奉着该村的祖公袍,祖公即为山河村沈氏的始祖沈世纪。每隔五年的祖公生日,村民都要为其举行换袍仪式,这件祖公袍据说是去年祖公生日换下来的。放置祖公袍的长案桌正对二楼的窗户,光线较好。长案中间摆放着五个茶

---

① 粉丸是一种用面粉、红薯粉捏成并蒸熟的丸子。

杯,一个金色小香炉和一对烛台,烛台彻夜通明。每天晨起后,主妇以三炷香、五杯茶水,先拜祖公袍、再面向窗外拜①,希望祖先在天之灵保佑家业兴旺、子孙平安。

三、家宅的厌胜物

屋宅是"家"的依托,是村民最直接生存的空间,负有保全庇护的任务。为了增强家宅的防护,村民使用一系列的厌胜物来强化住宅对邪秽的抵抗。山河村家宅厌胜物种类多样,且代代相传,保存良好。村民相信,当房屋格局不佳,或与周边风水不谐时,须安放相应的厌胜物,以协调家宅的内外结构,驱邪制煞。家宅厌胜物在一定程度上还可起到除病免灾的作用。在山河村可见的厌胜物有仙人柱、榕树枝、照镜、八卦、大蒜、毛笔、剑狮、葫芦、大吉、石敢当、过厅彩、符箓等等。据粗略的观察,山河村共有 45 处家宅安置厌胜物,这些厌胜物多设置在房屋的门窗或路冲位置,主要分布于大庙、河沟、寨后、高山浦一带,其中高山浦和学校附近的房屋修建的年代较晚,厌胜物以符箓为主。

(一)符

符的种类很多,就颜色而言,常见的有黄、红两色。根据村中风水师的说法,黄色的符常用来驱邪、镇煞,红色的则用以保平安。红符依照用途又可分为安胎符、安宅符、镇煞符等。结婚时新房的门符四张一套,在大门的门楣处、新婚床头各贴一张,新婚男女各有一张。一些比较古老的门符是传承得来的,新的则是请法师画的。因自古以来就有"一师一术"的说法,所以不同的风水先生对于不同的事、不

---

① 从传统民间信仰来看,朝门外拜即是拜天公,天公位阶较高,村民通常先拜天公,再拜祖公。然此处先拜祖公再拜天公,可能体现家主对祖公的重视。

同的人所画出来的符也不尽相同。门符（见图 8-10）的内容不同，意义和用处也不同。

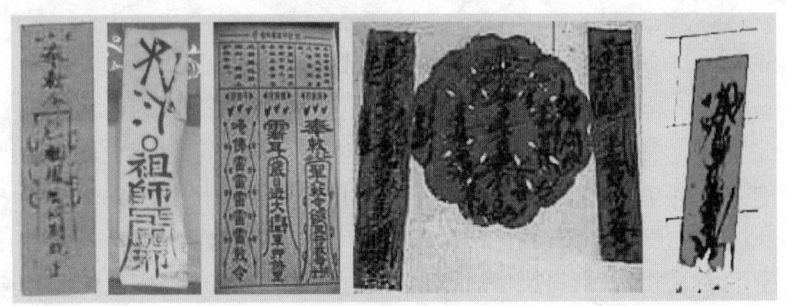

图 8-10　门符

依照符的使用方法主要分为贴、藏、烧三种，其中"贴"指贴在室内墙壁、门的正上方，"藏"可藏在身上、床下、枕头下，"烧"即焚化与水吞服。图 8-10 中左起第 4 幅为较正式的一幅，贴于正厅，由三张符组成，中间是一张圆形花边状的符，左右分别是一黄一红两张符。在有厌胜物的这 45 处家宅中，贴有门符的有 16 处，其中黄符 3 处，红符 13 处。符可驱邪，还可祛病。

（二）八　卦

山河村家宅中以八卦为厌胜物的有很多。前文提及中梁上彩绘的八卦是其一，图 8-12 中的黑白八卦石为其二。八卦的中间为太极图案，一阴一阳，四周分为乾、坎、艮、震、巽、离、坤、兑，是为"八卦"，由石头雕刻而成。还有用木制的或用水泥砌成的八卦，多为近年安置的，中间仍是黑白的太极图案，但四周以红色为底色，再用黑色颜料绘出八卦。山河村发现的八卦挂饰共有 14 处，独立设置的有 6 处，搭配设置的有 8 处，且有一处配有穿着玉环的中国结。玉因它的灵性而得名，在中国传统文化中也是一种古老而神秘的厌胜物。

第八章 山河村的家庭宗教

（三）照　镜

古有"照妖镜"之说，妖魔鬼怪在镜中都会现出原形，另外镜子可以将一切邪气、阴气反射出去，辟邪驱恶。如前文提到的，如果家宅前方是空地、大道或是空宅等阴气重的环境，就要在房门上悬挂镜子以反射周边强大的阴邪之气。在这45户有厌胜物的家宅中，安照镜的占9户，其中用方镜的有2户，圆镜7户；镜子与其他厌胜物搭配安置的有4户，独立设置的有5户；门前正对的是空地或荒地的有5户，门前正对道路的有4户；正对新房的占3户，其余6户都是老宅。照镜悬挂于房门正上方，多为圆形或方形的梳妆镜，有铜镜，或简单的木框、塑料框镜子。

（四）大　吉

昔时浴室、厕所等处仅悬挂长方形的布帘以遮掩。有时在门帘上方中央，缝上一小块长方形的红布，即为大吉，见图8-11。浴室、厕所常被认为是不洁之地，易沾染邪气，悬挂大吉可避免与邪气冲撞、鬼怪上身。据村民解释，因孤魂野鬼怕火，火是红色，以红色的布象征火也具有一定的辟邪功能。村中目前已知的4处大吉均已有些年代，两处在浴室，另两处是在房门。图8-11所示，房屋门前正对着一条村道，挂上八卦、大吉，皆为驱邪避煞。

图8-11　浴帘上的大吉

图8-12　八卦与大吉

（五）剑　狮

剑狮是绘有狮头口中横叼一柄剑的正八边形的陶土或石砖，也有雕刻成的。狮乃百兽之王，剑是七星剑，均有驱魔辟邪之效。剑狮安放的位置、形状和作用都与八卦极为相似。山河村所见的剑狮只有 2 处，均位于房门上方，见图 8-13、图 8-14。

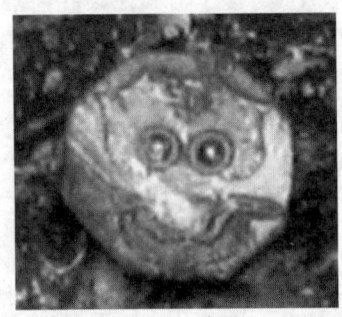

图 8-13　剑狮

图 8-14　剑狮

图 8-13 中的剑狮见于一幢百年老宅，经过多年的风吹雨淋图案已经有些模糊，仅从"剑狮"两颗圆睁的眼睛和凹凸的线条可以依稀辨别出脸形的基本轮廓。图 8-14 中的剑狮见于一幢偏僻的家宅，门前直对一条小道，道路另一端连接的是池塘，被认为阴气太重。剑狮的双目圆睁，炯炯有神，绿色的毛发和红色的胡须直立，嘴中剑柄朝左，意为辟邪，以压制房屋所处环境带来的煞气。如若剑柄朝向为右，则意为祈福（王晓戈 2008:98）。

（六）过厅彩

悬挂于房门上方中央的红色香囊状饰物被村中老人称为过厅彩，为家宅厌胜物中较古老的一种。村中所见只有 1 处，见图 8-15。古人认为红色和香灰可以辟邪，因而将两块小长方形的红布缝成布袋，装入拜神的香炉里的香灰，再将袋口缝实，以红绳将它挂在门楣处，即具有辟邪的功能。过厅彩与大吉相似，只是过厅彩一般设置在大门或卧房的门楣处，可以做厌胜物独立存在，也可搭配毛笔、榕树枝等物。

图 8-15　过厅彩

（七）石敢当

昔日在古寨东墙有多处石敢当，而现今仅余一块，见图 8-16。据村民介绍，因要维护古寨的完整性和独特性，须拆除院墙外不相符的建筑，此处的石敢当也不例外。现存唯一的石敢当已辨不清字迹，然而从它所处的位置——嵌于"丁"字路口的墙壁以及"石"字的痕迹可确定它为石敢当。石敢当可压制不祥之物、驱风、防水、辟邪、止煞、消灾，是村落、家宅中很常见的厌胜物，历史悠久。

图 8-16　石敢当

（八）笔　尾

笔尾是一种建筑厌胜物，只见于祠堂，不用于普通家宅。它是垂悬于祠堂屋脊两端的雕刻木板，上部是神兽的头像，中间是两个铜钱相连的形状，末端肖似燕尾，见图8-17。神兽象征神圣不可侵犯的力量，令一切超自然的危害不敢靠近，从而保护祠堂的安全和祖先的安宁。此外"笔尾"还具有一定的实用性，祠堂屋顶多由木制房梁搭建而成，笔尾可以引导房梁附近的雨水顺流而下，防止雨水对该处的长期冲刷和腐蚀（史雨川2010:156）。

图8-17　笔尾

以上是一些可以独立设置的厌胜物，然而像蒜、毛笔、葫芦、榕树枝常与八卦、照镜等搭配悬挂于门楣。大蒜气味浓烈、百虫不沾，俗信亦可驱鬼，然大蒜仅靠气味驱鬼效果低微，因而不单独使用。关于毛笔辟邪的说法有两种，一为胎毛和桃木皆具有辟邪效用，用桃木和胎毛做成的毛笔亦有此功能。另一说法是取"必定平安"的谐音"笔定平安"之意，挂毛笔以保家人平安。在道教文化中，葫芦是神仙的用物，与灵物有关，从而可驱邪祛病、攘除夭殇、增福寿、提运气（张庆松，2008:54）。葫芦可以挡煞。通常一只或三只悬挂于外部煞气所冲之方向即可。葫芦可采用葫芦瓜晒干的或者铜制的葫芦，但要注意若使用铜质葫芦须与家人的五行相符。葫芦在使用前须选吉日吉时开光，才能发挥作用。

山河村河沟岸边和震山祖祠前的三颗榕树已有百余年历史，被村民认为是"神树"，榕树枝在村民眼中也具有灵气，可以保佑家宅平安、家运亨通，并得到村民的敬仰。村中共发现8处由八卦、毛笔、蒜等混搭而成的厌胜物，且每处都有八卦，见图8-18。

图 8-18　毛笔、葫芦、照镜和八卦

四、岁时祭仪

　　岁时祭仪是指在一年中特定的日子祭拜神明、祖先,以求得保佑,是山河村家庭宗教中的重要组成部分。山河村的祭祀仪式颇多,以下即按时间顺序呈现村中较重要的岁时祭仪。

　　春节是中国传统节日中最隆重的一个节日,在外的游子春节时都要回家团聚,看望父母亲人;孩童要添置新衣,大人要备办各种年货,平时十分安静的村庄,在年前即渐渐变得热闹。从家庭宗教方面来看,春节象征着除旧迎新,节前村民都要清洁卫生,扫除屋内的乌烟瘴气,给家人和家中供奉的神明一个整洁、舒适的环境,并以崭新、光明的姿态来迎接新的一年。为了增加节日的喜庆气氛,同时又可驱除家宅内外的不祥,除夕各家各户都要燃放鞭炮。全家人聚在一起吃年夜饭,杀"三鸟",即鸡、鹅、鸭,还有鱼。妇女蒸制各种特色糕点,最常做的是甜糕 *tam kue*;其制作方法是在一个盆中放入米粉加水和,掺入红糖,不加发酵剂,放置一段时间让其自然发酵,然后将盆放在火上蒸,蒸熟之后切成四块即可。

　　此外还有各种不同的粿,图 8-19 为做粿用的模具,下为手柄,上

闽南山河人的社会与文化

为模子,前、后、左、右、上五面各有一个大小不一、形状各异的图案,用此模具可以将生粿压制出模中的花样。正月初一日早上,男女老少身穿盛装,祭祖先、拜长者,给子孙分压岁钱。之后开始走亲访友,互相拜年祝福。女儿要与女婿一起回娘家给父母送年礼,昔日皆要准备"猪脚锅"①,现今礼品种类多样,也可改送红包。正月初四日迎神,初五神落天,村民相信众神将携带玉帝旨意从天庭返回人间。初四日晚上,各家各户都要焚化"云马"②为众神送去脚力,也要备办

图 8-19 模具

"麦草",以慰劳众神的坐骑。灯光照明一整夜,意为给众神返回人间照路。正月初五晨起后祭拜众神。众神回到人间一面传授上天的旨意,一面在人间体察民情,为百姓提供帮助。

正月十五日元宵节,凡是前一年结婚、生子的家庭皆要去大庙拜祖公,禀告"老爷"③今年家里添了丁,请"老爷"保佑新婚夫妇恩爱和睦、多子多孙、阖家平安等。新婚夫妇要在大庙挂上红花,家中有添子的要庙中此挂上红灯,若生女儿则不必如此,由此可见中国传统社会中对延续香火的重视。祭品盛放在碗中,五牲或三牲,但忌用鸭。山河村的每个新生婴儿,无论男女都会佩戴由祖父母或外祖父母送的金银手镯或项链,这些首饰是佩戴的厌胜物,皆须经过开光才可保

---

① 为人婿者在春节时挑选一只肥硕的猪脚,用文火熬汤,然后盛在合适的锅里,称之为"猪脚锅",以孝敬岳父、岳母。昔时在物资贫乏的年代,村民恐怕很难找到比"猪脚锅"更有营养价值的东西。现今"猪脚锅"配料丰富,猪脚也可用鸡、鸭、鹅、鱼等肉类代替。

② 代表众神往返天庭坐骑的纸钱。

③ "老爷"是山河村人对祖先的称呼。

第八章
山河村的家庭宗教

佑婴儿平安、健康。此外还要在自家办"丁桌",每桌一定要八碗以上①。

农历二月初二日是春祈,八月初八日是秋报(村民也称之为秋祈),农业社会中这两个节日意在祈祷和庆祝农作物大丰收。据报道人解释,本村的春祈和秋祈是为了给因某些原因不能按时回来祭拜祖先者一次补拜的机会,同时也是为了祭拜那些平常易被人忽略的祖先,例如没有后代的先人,他们担心祖先在阴间不得照顾,所以在秋祈日孝敬祖先。此外村中还有四房做春祈,五房做秋祈之说。节日当天村民要先去大庙拜,再到供奉祖先的公厅拜。祭品中有一种粿,是将米粉和成面团,再加入胡萝卜丝蒸熟,用来祭祖先,表达对他们的感恩。

山河村的清明节有新旧之分。三月初三日是旧清明,由于许多人在兵荒马乱的战争中牺牲没有得到安葬,以致成为孤魂野鬼,因而这一个月中不断地有人祭祀祖先,或在家中或到墓地祭拜。当月忌婚嫁,既表示对亡魂的尊重,也是图吉利。清明祭祖山河村中有"一新一旧"的说法,即第一年遵照新清明,即二十四节气中的清明节;第二年则在三月初三日旧清明祭拜。三年之后,可任意选择过新、旧清明,也有三年以后都过新清明的说法。近年实行火葬,山中墓地少而分散,加之村民的时间协调不易,所以流行过新清明。清明祭拜祖先的供品中有一种馒头 ban pao,是将一种青色的草捣碎,用汁液将馒头染成青色,②在扫墓时做为祭品。

端午节是中国传统节日之一,家家户户都会在这一天吃粽子,山河村也不例外。晨起后陆陆续续有村民到大庙拜神,之后再回到家中拜公妈(祖先),该村还保持着"走黄巢、插艾草"的习俗,将艾草和榕树枝(或菖蒲)绑成一束,插或悬在门上。因为菖蒲乃五瑞之首,象征祛除不祥的宝剑,其生长的季节和外形被视为感"百阴之气",叶片

---

① 至少包括猪肉、猪肝、猪脚、蚶、虾、粉圆、鱼、蛋卷各一碗。
② 经多方访问,村民统称其为馒头 aŋ pao。

呈剑型,插在门口可以避邪,也被风水师称为"水剑",后来的风俗则引申为"蒲剑",可斩千邪。艾草喻为招百福,是一种可治病的药草,插在门口可驱蚊虫、净化空气。晌午时分妇女开始煮粽子、做粿。

七月初七日是七夕节,在闽南地区这一天为祭拜床神日,拜床公床妈,做"冒尖"的甜米饭。家中有新生儿的都要拜床公床婆,以保佑孩童平安、乖巧。

七月十五日是中元节,俗称"鬼节"。各家现在七月十四日蒸糯米粿,将糯米放入水中浸泡,然后磨成粉浆,加水煮熟、煮软,盛到碗里,蘸花生粉、芝麻粉吃。晚上各家人在家门口摆上祭品,祭拜门外的孤魂野鬼。待到次日,只拜神明,不拜祖先、鬼灵。

八月十三至十四日是祖公的生日,也是山河村最大的节日,其隆重程度甚至胜过春节。这时所有在外的村民都要回乡,参加村社的庆祝活动。家家户户都要准备丰富的祭品,摆在大寨、河沟等地,按照村社的安排,祭拜祖公。由于之前比较隆重,隔日的中秋节村民只须到大庙简单祭拜即可。

冬至也是山河村比较盛大的节日。在冬至的前一天,请风水先生在临近冬至的日子里选择吉日庆祝平安节,每家每户要杀三鸟,蒸粿,祭拜祖先和神明。北方有句谚语"冬至不端饺子碗,冻掉耳朵没人管",相比之下,南方人在冬至吃糯米圆,意为"团团圆圆"。

与正月初四日的迎神相对应,腊月二十四日是送神。众神牌位和纸质神像在这天要更换,而用金属和玉石做成的神像可不必替换。晚上家家户户将祭品摆放在长案桌上,米饭盛到碗里,插入一对红花,即为"春饭",表示希望来年丰收。然后开始祭拜神灵、烧云马、稻草,放鞭炮,恭送众神回天庭。每家的灯在这天都要亮一整夜,为众神照路。翌日主妇再将米饭中的金花插到神位上。

结　语

家居建筑做为超自然的防御体系,在建房仪式、信仰体系、家宅

第八章
山河村的家庭宗教

厌胜物和岁时祭仪四个方面的表现形式、功能也因地域、时代、文化以及人们自身等因素的不同而发生转变,并在逐渐的调整、适应中,显现本地特色。山河村处于闽南地区,其建房仪式在保留闽南文化特点的同时,也因自身所处的时代背景而有所转变。首先,在国家对土地资源严格控制的背景下,土地资源紧缺致使村民在建房时的选址范围缩小,无法兼顾风水学上的各类因素,风水学对建房的影响受到限制。其次,经济的发展也使村民居住条件有所改善,房屋的建造材料由泥、瓦、木头转变为钢筋、水泥、砖瓷,房屋的结构也由平房变为楼房。房屋结构的改变使建房过程也随之改变,旧时的建房仪式,诸如上梁、安门,逐渐被村民简化。外出打工人数增加使村民无法全程关注房屋的建造,但"谢土"仪式仍然保存完整,也足以体现村民对宗教的重视程度。

在山河村这个拥有久远的历史、古老的建筑和深厚的文化底蕴的村落,既可以看到中梁上的八卦图案,古寨内祭拜祖先的公厅,又可见现代化装修精致的楼房,以及楼房内的司命公像,说明家庭宗教能适应不同时代的文化环境,展现了长久以来在民间积淀的旺盛生命力。

再者,厌胜物的设置,弥补了房屋建造仪式与家宅神明在家宅做为一个超自然防御体系中的不足,老宅中的大吉和过厅彩均是本地比较有特色的厌胜物,古老而稀少。毛笔、大蒜、葫芦等搭配设置的厌胜物也独具一格。符箓、八卦、照镜成为山河村现今最主要的厌胜物。此外岁时祭仪始终起着增强家庭凝聚力、突出闽南家庭宗教信仰体系特点的作用。

综上所述,山河村家庭宗教的各个方面融合成一完整体系。从入住开始,对每个细节如神明位置、厌胜物的安置、祖先的祭祀和节日的祭仪都有具体的安排和讲究,且内外兼顾。这四个方面就像一个房间的四面墙将家庭围绕的密密实实,给家人提供一片属于私人的自由的天地,使家中的生活安然无忧,进而维护家族血脉的延续和闽南文化的传承。

参考文献

沈庭辉、沈建聪
2012 福建省历史文化名村——诏安县山宝雷村。丹诏乡讯(25):58—65。

任杨娜
2012 北山的民居建筑。载杨晋涛与余光弘(合编),闽南北山人的社会与文化,页72—100。厦门:厦门大学出版社。

陈婷婷
2013 陈坑的家庭宗教。载余光弘与杨晋涛(合编),闽南陈坑人的社会与文化,页293—325。厦门:厦门大学出版社。

王晓戈
2008 华夏狮崇拜与闽台民间"八卦剑狮"探源。载福建省炎黄文化研究会与福建文联(合编),闽台传统文化研究文集,页281。福州:海风出版社。

史雨川
2010 璞山村的家庭宗教。载余光弘与杨明华(合编),闽南璞山人的社会与文化,页147—174。厦门:厦门大学出版社。

张庆松
2008 葫芦的宗教文化内涵浅析。阴山学刊(3):53—54。

第九章

山河村妇女的日常生活

◎ 张小红

前　　言

本报告根据 2013 年暑假为期 45 天的田野调查资料撰写。① 在进入田野的一周内,我结合对山河实际情况的初步印象、指导教授的建议,及对调查时间、经验、语言能力等因素的考量,及时将调查主题由原订的"农村妇女地位"调整为"昔时妇女的日常生活"。希望通过村中老年妇女对往昔生活的点滴回忆,记述妇女不同于男性的生活

---

① 田野调查能够顺利完成,离不开余老师和杨老师对我的指导和对我在田野中遇到的各种问题的及时解答,都让我少走很多弯路。此外要感谢山河村热情、淳朴的村民给予我的帮助,尤其是我接触最多的老人。田野工作中老人为我一遍遍不厌其烦的讲解过去的生活,有时回忆里的心酸还惹得她们落泪;为了让我有更直观的感受,她们还不惜大动干戈翻腾出旧时物件;老人甚至顶着烈日、冒着大雨带我去她们已经闲置很久的老屋,感受昔时妇女的生活环境。这所有的一切都深深感动着我,在此我想再次向他们表达我最诚挚的谢意,谢谢可爱可亲的山河村人。

经验,及身为女性在生活中特别要面对的事物。遗憾的是这些内容大多只存在老人的记忆中,随着她们记忆的减退和生命的消逝,将变得越来越少人知。因此本文是在尝试记录历史记忆中不可忽视的一部分,如今却濒临消失的宝贵材料。

本文主要运用的方法是入户访谈和记录个人生活史,同时辅以观察老人的现时生活,及发掘闲置不用的旧物,以激起老人的昔时记忆。研究对象主要是山河村的65~75岁老年女性,[①]访谈中发现在她们的叙述中"大量日常生活的细节无序地混杂在一起,没有清晰的时间次序和界限,也似乎看不出与重大历史过程的意义关联"(郭于华2003),因此所收集的很多生活材料都不易明确判断是属于1949年新中国成立以前还是新中国成立以后的,在收集材料和撰写报告的过程中尽可能向前追记山河妇女的生活。报告内容多以"过去"为主,从衣、食、住、行、生理五个方面分别叙述,即以"民族志的现在"呈现。

一、衣

妇女不仅要处理自身的穿衣打扮问题,还要负责料理家庭中其他成员的服饰衣装,可以说日常生活中的"衣"如果离开了女人就失去了存在的根基。此外无论是穿衣还是日常梳洗,都是对身体的关注,所以本节先从女人日常梳洗打扮开始叙述。

(一)日常梳妆

农村妇女对于日常梳洗打扮强调的是方便和经济实用。在访谈中除了提及头发时老人能活络长谈一阵外,其他有关梳洗打扮的内容她们常显得生疏或是讲述内容过于简单,一句两句便被带过。生

[①] 文中所有无特殊说明的"老人"一词都指代这一年龄段的老年妇女。

疏是因为几乎没有精心装扮的经验,内容简单是因为困难的生活,让妇女没有条件讲究打扮。

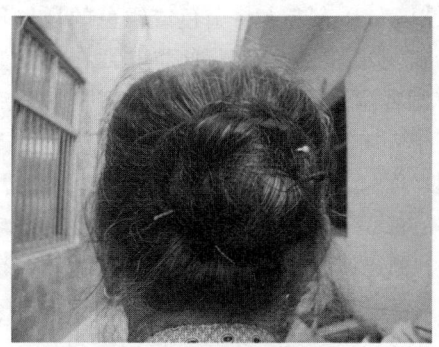

图 9-1　老人发髻上的铁簪和耳勺

1. 刷牙洗脸

在年过八旬的老人记忆里,年轻时的她们多数都没有牙刷,只能用水漱口或用手指蘸盐刷牙①,有牙刷的也没有牙膏,只能干刷。但牙刷、牙膏已是一些六七十岁的老人年轻时的生活必需品,那时使用最多的是中华牌牙膏。洗脸则只用清水和毛巾,并且一天只在早晨洗一次。

2. 头发

女人多用木梳梳头,而用于梳妆打扮的镜子很别致,使用时可以撑起站立,不用时将其收合后就俨然一个小小梳妆箱。正面的两个小抽屉内可放梳子、发簪等物件。

图 9-2　头钗

昔时,年轻姑娘大多用红色头绳绑两根长辫子,也有人扎单辫。盘发则是已婚妇女的标志性发型,出嫁当晚她们就要盘起头发。年

---

① 在调查中,有两位老妇人解释说用盐刷牙的人可能是因为牙齿上长了牙包。

闽南山河人的社会与文化

轻女人盘发时可在发髻下方的两侧各留出一绺头发梳成小辫子;年龄稍长的女人将头发全部盘起后用黑线网将发髻兜住,再插上头钗。山河村八十有余的老妇人现在还保持类似的发型,只是头钗已简化成一根短小的铁簪。还有老人将金色或银色的耳勺和铁簪一起插在发髻上,妇女为避免小耳勺找不到,便将其插在头发上。女人的发饰除了头钗,还有圆或扁形的银珠簪,若在发髻上下分别插两个头钗和两个银珠簪就是较为隆重的装扮。在特殊日子里女人还在发上饰以鲜花,如百日红(紫薇 *Lagerstroemia indica* L.)[①]、菊花(*Dendranthema morifolium* (Ramat.) Tzvel.)、鸡冠花(*Celosia cristata* L.)等。出嫁这天新娘就要在头顶斜前方插上石榴花和稻穗,其中石榴花[②]是红纸做的,红花寓意生男孩;稻穗须是采自早稻,象征早生贵子。

妇女并无洗发露可用,但她们会利用炉灶中随时可取得的草灰洗头。方法有两种,第一种是将草灰置于毛巾上用水冲淋,毛巾下方用盆盛接经过滤后的水便可洗发;第二种是将草灰放入锅中加水煮后用簸箕过滤其渣,再沉淀、去沉滓即可,也可用此水洗衣服。此外将茶油渣[③]捣碎,用纱布包裹放入水中煮,所煮之水也可用于洗头发、洗衣服。如果头发里长虱子,须用小苏打水洗发。妇女收拾、护

[①] 本文中所有植物学名皆参见江纪武主编:《拉汉药用植物名称和检索手册》,北京:中国医药科技出版社,1990 年;中国植物物种信息数据库:http://db.kib.ac.cn/eflora/Default.aspx。

[②] 这种石榴花一般由娘家和婆家共同购买,要准备充足的量,结婚这一天要发给前来参加婚礼的所有女性亲戚戴。但年轻女人只在胸前佩戴一朵即可;而已经做奶奶的妇人则要戴一对,并且是将其夹戴在脑后的发髻上。

[③] 所谓茶油渣,即茶油树(油茶 *Camellia oleifera* Abel)的果实榨油后所剩残渣。山河的茶油树现已被砍伐殆尽,茶油也很少再有人使用了。有幸调查期间在一位老妇人家见到一小瓶茶油,淡黄色,色泽清亮。过去一两岁的幼儿若肚疼肚涨,可在肚上抹茶油治疗。

理头发多离不开茶油,因其可使头发黑亮又顺滑。但茶油有一个很大的缺点,即味道颇似油烟味,使用后如不彻底清洗,头发会散发出很难闻的味道。

自制"洗发水"使得长发女人洗发耗时较久,但由于整日忙碌,易出汗、沾灰,她们仍须隔一两天就洗一次头发。女人洗发不仅麻烦,还要遵守一些传统禁忌。山河村每年农历十二月二十四日家家户户都要送诸神上天,直至正月初四日众神才会再次返回人间;这期间妇女禁忌洗发。而正月剩余的日子里女人不可在屋外洗发或披散头发外出行走,方能保一年大吉大利。不能遵守这些禁忌的女人被指为无教养。相比之下,短发妇女洗发就方便和随意很多,可以洗衣服时顺便在溪边洗,或者上山时用山泉水简单冲洗。但是,在山河女孩子留短发是新中国成立后才逐渐出现的现象。姑娘留短发一般是将额顶的头发向后捋,再用小卡子夹住。十多岁的姑娘有时会在卡子处点缀一朵红缎做的花。妇女留短发多梳中分,两耳边用黑色卡子将头发固定。以前没有专门的理发店,很多妇女都会剪发,常常是谈笑间就可彼此剪好头发。剪下的长发通常不随意丢弃,收集起来可卖钱,一把长发可换不少现钱。

3. 修饰物

妇女常用的化妆品有雪花膏、眉笔①、水粉、红粉和红纸,其中水粉抹白皮肤,红粉涂染两腮,红纸润色嘴唇。这些化妆品一般在百货店里出售,但偶尔也有小贩挑着货担到村中叫卖。虽然多数妇女平时很少涂脂抹粉,但她

图 9-3 麻绳状的银手镯

们每个人几乎都有一到两样化妆品,因为即使从没化过妆的女人,出

---

① 木簪子在火上烧过之后也可以用来描眉。

嫁那天也会摸索着自行化一点妆。

除了化妆品,佩戴耳环、项链、镯子等饰品也可达到修饰美化的效果。昔日的饰品多以银饰为主,但不同年龄段的女人佩戴的样式不同。年轻女人一般戴父母买的像麻绳纹形的镯子,老年妇女则戴女儿买的扁银镯;年轻姑娘耳上一般戴耳坠,已婚妇女则要戴耳环。

4. 指甲和体毛

由于劳动繁重,妇女不便留长指甲,一旦蓄长指甲就会招惹闲话,被传为好吃懒做的女人,所以指甲稍长就要用剪刀修剪,能使用指甲剪的人很少。更不能被接受的是女人涂染指甲,过去村民的观念是只有妓女才涂红指甲。

在现代社会去除过多的体毛(如腋毛、腿毛),是很多女孩在夏天必做的事。但过去除了女人"挽面"的习俗外,村民是忌讳去除女人体毛的,因为他们认为女人的体毛越旺盛越好,可以带来福气。昔时产妇分娩时,接生婆出于卫生的考虑通常要剃除产妇的阴毛,但碍于婆婆的阻挠常无法做到。

(二)女人的衣服

典型的女性衣裳是短衣加长裤,没有张扬个性的纷繁款式,也没有刻意凸显女人曲线或肌肤美的设计,朴素实用是山河妇女的衣装特色,最大程度发挥的是保暖及蔽体功能,而非现在愈演愈烈的身体装饰功能。此外鞋、帽虽小,也是女人日常着装中不可或缺的部分。只有当衣、裤、裙、鞋、帽全部齐全,方能细致的展现一位穿戴整齐的妇女。

1. 短衣

女人婚前婚后的衣装有区别。尚未结婚的年轻姑娘可以穿有印花图案、颜色相对鲜艳的衣服,也可穿对襟短衣。但已婚妇女通常只能穿俗称"四裾半"的斜襟短衣。所谓"四裾半"是指衣服内襟只有一半,连同衣服两侧开叉处的四角,整件衣服共有四个半角。四裾半多为斜襟,有五或六个盘扣,在第三和第四颗盘扣之间的衣服内里缝有

第九章
山河村妇女的日常生活

衣袋,老人一般用衣袋存放诸如零钱、钥匙之类的小物品。短衣第三颗盘扣上常挂着女人用于擦手或嘴的手帕,不用时可将其掖进衣内。这种手帕多为一块白色柔软的方布,帕面可绣花做装饰。与平常穿的"四裾半"不同,女人结婚时穿的是"五裾衣",因其内襟被续长,不再只是一半而得名。据老人回忆,"五裾衣"对女人来说非常重要,有长命百岁之意。新娘穿"五裾衣"三天后便要将其洗净存放,直到百年以后才能取出再穿,届时的"五裾衣"已是寿衣。此外新娘的衣、裤皆为天蓝色,但内衣、裤都是白色。

妇女衣服的颜色极为单调,多为蓝、灰、黑色;衣服的数量也十分有限。昔时,新媳妇嫁入婆家时,婆家要为其准备八套或十二套(家境好的)新衣服,冬夏各四套或六套,每套包括内、外衣裳。女人日后所需衣服全部在此,无特殊情况,她们再难添新衣。妇女的夏衣多为长短袖斜襟。家中无外人时可穿一

图9-4 短衣斜襟

件短袖单衣,但若家中有客或要出门时就须再套一件长衫。冬季天冷,衣服的搭配方式有多种,穿棉袄时里面可穿一件薄衣打底;也可内穿毛衣或背心夹袄,外套长袖衣服;还可将毛衣换成"保暖衣",即有两层布的加厚衣。

2. 长裤

昔时,妇女的裤子因裤腰大且无松紧带,被戏称为"大裤头"。要将"大裤头"稳当的穿在身上没有一定的技巧是办不到的。"大裤头"的裤腰处有一截五寸(约17厘米)宽的横布,系裤子时将此横布在身前收折到恰好卡住腰的程度,再将折起的部分向内掖好即可;或者收

住裤腰系两个死结,再将死结向内掖;也可用裤带系裤子,如有穿内裤就两条一起系,因为内裤也没有松紧带。系好之后再将绑住的裤腰向外翻几圈,以便将余出的横布掖起来显整齐,同时裤带也可不外露。"大裤头"除了裤腰巨大,另一不

图9-5 长裤

便之处在于没有放物品的裤袋。为了弥补这一缺陷,妇女常在腰间挂一个腰旁,所谓"腰旁"是指可以穿在裤带上被系在腰间的便携式裤袋。其上缝有纽扣,可防止物件遗落。但一般只有更注重自身形象的年轻女人使用腰旁,她们认为衣袋内装随身物品会显得体态臃肿。新中国成立后,裤子有很大的改进,首先是裤子的腰围变小了,裤子的一侧还设计了纽扣和两根带子,将其系住便可固定裤子;其次是裤腰正面添设了一个垂直的小裤袋,两侧的裤缝处也各有一个口袋。

3. 裙子

在山河调查的过程中,很少听到老人述及裙子的话题,据她们回忆昔时妇女很少穿裙子。但从对有关裙子的零星材料的整理中可以发现,穿裙子对于过去的妇女来说基本上是仪式性装扮,例如结婚、丧礼或正月十五日去庙里拜拜时才穿裙子。此外一尺两寸的围裙也是女人出嫁时必备的嫁妆之一。围裙的裙身为纯黑色,裙头和裙带则与新娘的嫁衣同色,皆为蓝色。围裙做为嫁妆也许是村民对新娘将会成为贤妻、良母、顺媳的期待。

4. 内衣内裤

女人没有专用的内衣,贴身做打底的衣服即可视为内衣。一般是夏天短袖、冬天长袖,颜色皆以浅色为主。由于经济条件有限,村民常将不能继续外穿的旧衣充做内衣。少数老妇人提及手巧者会自

行缝制形似裹胸的内衣,其方法是在胸前部位多重叠几层布,用收针的针法使两处出现弧形,类似文胸的两个罩杯的雏形。但由于手工缝制,立体感并不好。内衣的一侧缝有两排细布带,穿时系上布带即可将内衣固定在身。土布质地硬且缺乏弹性,所以自制内衣穿在身上并不舒服。同时一些保守的老人认为制作和穿戴这种内衣的女人是不知羞耻的,在她们的观念中,女人不应该穿内衣,以免将乳房裹得太紧,导致乳腺管堵塞,进而影响对婴儿的哺乳。

昔时,女人多数不穿内裤,只有冬天为御寒会穿两条裤子。新中国成立后,女人逐渐开始穿内裤,但当时的内裤仅是短裤,妇女通常将旧的长裤裤脚剪短充做内裤。

5. 鞋子

女鞋和男鞋在样式上基本无差别,关键区分在于尺码的大小。村民所穿的鞋子种类分为五种:土布鞋、木屐、力士鞋、水鞋和草鞋。土布鞋指用破衣旧布做的鞋,但后跟处有木制鞋跟。这种鞋通常走亲戚时才舍得穿,而平日干农活时多半都不穿鞋。雨天村民穿自制的木屐,虽然当时也有专门卖木屐的店铺,但普通人家都靠自制。先将木头削刻成合适的鞋底,保留一寸左右的厚度,同时留出比鞋底略高的鞋跟,再用小钉子将橡胶皮、布或棕丝做的鞋面钉在鞋底上即可。木屐的鞋底被磨薄时,村民即将其当做拖鞋在早晚时穿。力士鞋是新中国成立以后开始流行的胶底鞋,黑布鞋面和鞋带。力士鞋属于好鞋,一般只在逢年过节或去别人家做客时穿。水鞋顾名思义多在雨天穿,但女人结婚时也要穿这种橡胶材质且有鞋带的黑色水鞋。买不起水鞋的人家可用黑色布鞋替代,但多数人家会选择向邻居借一双水鞋让女儿穿着出嫁,等完婚后再将其归还。草鞋只有男人上山割柴草时才穿,而女人上山只能赤脚。过去编制草鞋的材料有多种,一般为稻草、黄麻皮或蔺草(茳芏 *Cyperus malaccensis* Lam.),后者一般生长在山间水沟中,村民将其割回家晒干、压扁后即可编草鞋。

袜子的颜色以白色和麻黄为主,可用纱线手工自织,也可从市场购买,其中以菠萝丝面料的袜子为最佳。但穿得起袜子的都是有钱人家,普通百姓家如偶置一双袜子,妇女会在袜底添缝几层布,让袜子变得结实,以便多穿几年。一双袜子寿命长达数年不足为奇,有时袜底没了村民还继续穿。

6. 其他用具

蓑衣、斗笠是以前村民常用的雨具,基本没有男女样式之分,只有大小之别。蓑衣大致分棕蓑和樟蓑(主要由樟树皮制成)两种,雨天蓑衣不仅可以避雨还可起到保温作用。但穷人家通常买不起蓑衣,只戴斗笠。常由竹片和竹叶做成的斗笠能避雨亦能遮阳,村民务农时都戴笠。如果被水田中的水蛭咬伤,斗笠上的干竹叶还可用于止血。山河新娘并不遮红盖头,而是戴斗笠。

在没有凉席也没有风扇的情况下,扇子就是夏天妇女不离手的消暑工具。村民使用的扇子多半是自制的,其材质有蔺草、鸭毛、鹅毛,不过也可从市场上买到用竹片和纸糊的扇子。由于诏安地区的夏天炎热,每天夜晚妇女常要用扇子为床上的孩子扇风和驱赶蚊虫,直到他们入睡。

(三)家人的服饰

料理一家人的穿衣问题是妇女的重要任务之一,包括织布、缝制衣服、洗衣、晾衣、保存衣物等,每一项都体现女人的默默付出和在小处用心的生活智慧。

1. 织布

村民的衣服和床上用品皆由家中妇女以纺车和木织机一梭一梭耐心编织而成。手织土布多为纯棉布料,但因山河不产棉花,原料须从市场购买,所以妇女多用自家种植的黄麻(*Corchorus capsularis* L.)、苎麻(*Boehmeria nivea* (L.) Gaudich.)纺织麻布,这些麻类植物纤维在变成布料之前都要经过一系列复杂工序。以黄麻为例,要先将黄麻皮剥下,浸泡在碱水里漂白,再将其置于水中煮沸;最后用木棍在溪水里敲打黄麻皮,直至出现白色的纤维,再用纺车纺成麻线后才能上机织布。手织布的本色多为土黄色和白色,织出后须染色,村中常有挑担走街串巷的小染匠,价钱便宜,还能调色试染,所以昔时山河妇女很少自行染布。

织布不仅费时又费力,妇女通常一天仅能织出一丈(约 3.33 米)布。有老人指出以前的妇女因要在家中织布,所以几乎不能外出。织布是妇女劳动工作的重要内容,所以了解织布过程的繁复,可以看出那个时代女人生活的辛劳与智慧。新中国成立后,山河村不再有人进行手工纺纱织布,也未留下任何纺车和木织机的残件。村中真正经历过纺纱织布的老人也已年过八旬,她们的思路和表达都已不再清晰,加之访谈时语言沟通的问题,所以无法从任何一位老人处获得手织土布完整工序的资料。但印象深刻的是每当访谈中提及织布这一话题时,很多老人都会情不自禁地手脚并用模拟手推脚踩的织布情景,同时嘴里还不忘发出"咣当咣当"的织布声。

田野调查中唯一见到的与纺织有关的实物是一块已经发黄的手织布,村民称之为菠萝丝,即用菠萝叶纤维织成的布,具体过程可简述为手握一把梳子状的工具洗刷菠萝叶,使叶肉与纤维分离,然后将一段段浸水后的菠萝纤维纺成线,最后织成菠萝丝。将这种布染成石青色或天蓝色后是缝制上衣的上等布料,也因此村民几乎不用菠萝丝做裤子。菠萝丝布料的新衣在穿脏之后,经历第一次水洗时要用已变酸的稀饭汤浸泡,据说如此可让衣服颜色保持鲜亮,不会褪色。

2. 缝制衣服

妇女缝制新衣时如果不会自行裁剪,要先请人代裁布料,再利用晚上空闲时间缝制。手脚麻利的女人一晚即可做好一件新衣,新衣颜色多为蓝色、黑色和土黄色。对于山河妇女来说,布是很重要的嫁妆,因为陪嫁的布越多,不仅越能显示娘家富裕,更重要的是日后添置新衣有充足的布料可用。

新中国成立后,日常生活资料都要凭票购买,其中也包括布。当时一个成年人一年只有三尺(约 1 米)布,恰好是一件新衣的用料。

缺少布料时妇女就买几块手帕做为补充。做好的新衣服要留待走亲戚或有事出门时才穿,穿过之后也不舍得洗,挂在外面晾晒一阵便收回叠好存放起来。穷人家有新衣根本是奢望,他们常不得不将布票卖了换钱,因此总没有得体的衣服穿出门,只能向别人借。

当没有条件添置新衣时,旧衣服的及时缝补就显得格外重要。几乎每天晚上结束一切家务之后,妇女都要借着煤油灯昏黄微弱的光线,缝补全家人的衣鞋床被。夏天蚊子多,常要坐在蚊帐内缝补,放在床边椅凳上的煤油灯隔着蚊帐亮度更低,因之缝补衣服是颇费眼力的,经常要贴近才能看清楚,加之一天的劳累让女人很容易打盹恍惚,所以缝衣针扎到手指是常有的事。但不论条件有多艰难,或手指被扎过多少次,缝补对已婚妇女来说是无法回避的工作。她们要细心学习在缺布的状况下,打理好一家老小的衣着。例如过去男性裤子的膝处容易在劳动中磨破,妇女就常用其他破裤子膝弯处的布做补丁,但要注意不能用女性穿过的裤子,因为村民认为女人的经血是不洁和晦气的。女人裤子的禁忌还有不少,如不能裁剪成抹布擦桌子,或用于拼接包婴孩的小毯子等。

3. 洗衣

晨起做完早饭后,妇女要去河边、溪边或池塘边洗涤全家人的脏衣服。衣服少时竹编簸箕即可携带,衣服太多时要挑担。女人除了可以用前文中提到的方法洗衣服外,还可将茶油渣做成圆形茶饼洗衣,将其一分为四,使用时取其中一块涂抹衣服即可。也可用碱去除衣服上的油渍。其实早有从南洋进口的肥皂,只是普通人家常无力购买。冬天洗衣时女人的双手在冰冷的河水里常被冻得红肿而麻木,所以要借助手捶之力才能完成洗衣[①]。洗衣还有先后顺序的讲究,女人的要先洗,然后才能洗小孩和男人的,因为女人的衣服被认

[①] 夏天不用手捶的主要原因是因为夏天的衣服比较单薄,用手捶易损伤衣服。

为是不洁的,不能置于男人和小孩的衣服之上。

至于被罩、床单,通常一年洗两次,过年和入夏各一次。洗之前要在家先以上述的灶灰水将其浸泡后再挑去河边,衣服多时也要先在家中浸泡。女人单独洗涤大件床单等衣物很吃力,所以同在河边洗衣服的妇女会互相帮忙。由于普通人家一般只有一套被罩、床单,所以洗时要挑天气晴朗的日子赶早洗,以便晚上可以收回再用。

洗好的衣服通常挂在门前的屋檐下晾晒,檐下悬挂三根高低不一的竹竿,从高至低分别晾男人、孩子和女人的衣服,不得乱序。遇见雨天衣服总不干时,须将潮湿的衣服放在一个罩着炭炉的竹筐上烘干,尤其是小孩子的衣服,因为可供他们换洗的衣服很少。

4. 衣物的保存

平日里常穿的衣服晾干收回后挂在屋内衣架上,随穿随取,但男女衣服要分开挂。换季后不常穿的衣服则按照女下男上的秩序存放在衣柜里,被褥也有专门的衣柜存放。为防止衣物发霉长虫,柜中常放一种四方形的樟脑,但味道浓烈,所以妇女还是选择定期将衣物取出晾晒通风,以防霉除虫。

旧式衣柜大小不一,样式图案也略有不同,但材质和颜色均为杉木和红色,因为杉木不易被虫蛀蚀。一般情况下,即使同住一个屋檐下的婆媳也都各自拥有一到两个衣柜,原是嫁妆的一部分。

5. 子女的穿衣问题

每个家庭无论贫富,几乎都有很多子女,因此要解决家中所有孩子的穿戴问题也需要妇女算计和动脑。不能穿的破衣烂衫不可随意丢弃,可裁剪成婴儿的尿布,或拼接成背小孩的背巾,讲究又手巧的女人会在背巾的面上绣八卦图形,以保护幼儿吉祥平安。孩子的衣服多数也由大人的旧衣改制而成,并且惯常的做法是改成年龄较大的小孩的衣服,如此可做到物尽其用,兄姐穿完弟妹接着穿。

二、食

旧时村民所吃的粮食基本上可自给自足,他们在自家的一亩三分地上按照季节时令的不同,有序的种植各种粮食[①]。在家外的农事妇女也要参与,主要负责相对省力但费时的工作;而后将收获的粮食加工成家中日常饮食,或年节里的特别食物。家里家外关于"食"的劳动加起来占据了妇女生活的大部分内容。

(一)日常饮食

提到日常饮食,村民的关注点会落在"食物的匮乏"上,无论是主食还是副食。但每一顿日常饭菜除蒸煮主、副食外,还要清洗炊具、餐具,妇女为准备一日三餐而付出的辛劳是相当可观的。

1. 主食

村民日常喜食稻米,少吃麦、面。但由于水稻产量常不足以自给,多仰赖自种的地瓜做为补充。

(1)稻米

山河稻作分早晚两季[②],稻田里通常由女人完成的农活有拔秧挑秧和晒稻,插秧和割稻则由男女共同完成。收获后分到家户的稻米要经过砻谷舂米的过程才能成为可以煮食的大米,而这些工作大多由妇女完成。砻谷即以石磨般的木质土砻去掉稻米谷壳,须用大力推砻旋转才能磨出糙米,所以女人在砻谷时常累得大汗淋漓。糙

[①] 山河村的耕地分水田和旱田两种,村民以"田地"和"园地"区分二者。田地主要种植主食的水稻,园地则栽培蔬果。

[②] 早稻是每年农历三月至六月,晚稻是每年农历七月至十月。

第九章
山河村妇女的日常生活

米去掉米糠后即能食用,去米糠须以木制踏碓舂米①。将糙米放入碓臼内,单脚站立于踏碓上用力踩,踏碓上下起落间,就可舂出白米。由于多数妇女身材较矮小,力量不足,常须以石块垫高才能使上足够的力气,完成舂米的重任。舂白一白米,最少需要踩踏碓三百下,耗费近一个钟头的时间,而一个五口之家一次至少要舂三到四白米。

无论是砻谷还是舂米,对妇女来说都是十分繁重的劳动,但这样的劳动每隔三五天就要进行一次,因为带壳的稻米耐储存,不易发霉变质。所以农户不会将收获的稻米一次性磨好、舂好再储存,而是每次按自家十天或半个月的用量进行舂磨,仅在过年过节时多备一些。由于土砻和踏碓是多户人家共用一个,所以女人之间要砻谷、舂米时须协调好时间,或依序排队。

砻谷舂米之后,妇女还要负责将大米进一步加工成可以吃的食物。我们熟知的做法是蒸煮成米饭或稀饭,但是除此以外,大米还可加工成其他各种美食,山河妇女常做米条食用。制作时首先要用水磨②将米磨成浆,然后在专用的长方形铁盘里浇上薄薄一层米浆用火烤,烤熟后可从铁盘上取下完整的一张米皮,将其切成条即可。由于制作过程相当耗工,妇女只能在空闲时间做米条调剂家人的日常餐食。

当收成不好,分到各家的粮食不够吃时,妇女只能每顿煮稀饭,即使如此有时也难以为继,要靠借粮来维持。村民用竹罐盛米,借几罐就须还几罐。此外年节时做粿所必用的糯米是与大米一起种植的,收获后按照每人每年 20～30 斤的量分配到各家。有限的配给使得女人在操持家务的过程中,必须按照年节的大小和紧要程度精心

---

① 在山河村见到过一个早已废弃的木制踏碓。但据老人回忆,木制踏碓是生产队时期才有的,之前所使用的是木制手槌加石臼。即舂米的方法经历了从手锤式向脚踏式的转变,后者的效率是前者的两三倍。

② 在山河村的街角巷尾和古寨里还可看到已被废弃的石制水磨。据老人回忆,水磨是村民昔时加工粮食常用的工具,几乎半数人家都拥有水磨。

闽南山河人的社会与文化

筹谋和算计,否则关键时刻会无米炊煮。

(2)地瓜

地瓜一年只种一季[①],主要由妇女负责挑草灰为土地施肥、除草等较为轻松的农活,浇水除虫等则是男人的事,而挖地瓜则由男女合力完成。收获的地瓜一般是一层层的垒放在屋角,再以竹席或草席围住。妇女要将收获后遗留下的地瓜藤挑回家喂家畜。有叶的藤喂猪,只剩茎的藤喂牛,剩余的切碎加水煮,煮好滤干后存放于大缸中,留做日后喂猪用。

地瓜做为村民的主要食物之一,有很多种食用方法,常以大锅煮熟,吃时将剥下的皮保留以喂猪,或者将地瓜去皮煮粥。由于地瓜一次性的收获量可吃一年,所以除了吃新鲜的地瓜外,妇女还将地瓜加工成地瓜干和地瓜粉。制作地瓜干时先将地瓜洗净,用工具刨出地瓜条,再将其晒干存放于罐中;但在刚开始刨条时要注意将地瓜转着圈刨,直到地瓜皮被全部刨净。因为带红皮的地瓜条不能用于晒地瓜干,妇女要先将带皮的条分离出来煮熟喂猪。刨地瓜条的工具极易割伤人手,所以女人在制作地瓜干的过程中常常刨破惯用的手。制作地瓜粉先用特制的盆将洗净的地瓜磨碎,该盆内壁带锯齿状锋利物。妇女白天忙于各种家务和农活,通常要到晚上才有时间磨地瓜,但为了不拖沓,一次性将待磨的地瓜磨好,妇女常背负最小的孩子熬通宵磨地瓜;[②]加之需用大力气才能磨动,一晚过后女人已精疲力竭。而地瓜磨碎后还要经过水洗、用纱布包裹着挤压、沉淀、漂白和晾晒这几道工序才能完成,这些工序同样耗费体力,尤其是挤压的过程对于女人来说绝对是重体力活。

妇女不仅可以不畏辛劳自制出地瓜干和地瓜粉,还可在烹饪时

---

① 但有两个可选择的时节,一个是在农历四月收完豆作后种植,八月即可收获;另一个是在农历六月收完花生后种植,等到十月再收获。

② 据老人回忆,当时磨50斤地瓜就要花费一整晚的时间。

第九章
山河村妇女的日常生活

变换出各种花样。如将地瓜干加红糖煮食,或加少许米煮粥,女人常用这种方法解家中无米、少米之急。此外地瓜干还可做粿馅,至于地瓜粉则可以做出更多不同的吃食。其一是将地瓜粉加水搅拌,混入喜爱的蔬菜,如包菜、白菜或各种豆子,再加入葱、蒜调味,最后将此混合物倒入花生油锅中煎熟,美味的菜饼就做成了。村民常吃稀饭,晚上易饿,妇女就常用此种菜饼充当家人的夜宵。也可以将地瓜粉做成团加水煮,煮熟后加入红糖即可食用。另可将地瓜粉用水调和后搓成小粒粉圆,再混合绿豆煮汤。每逢清明上坟必做粉圆,但此时粉圆的做法与前者并不相同,是在地瓜粉中配蒜用油翻炒,起锅后再加入水和糖混合均匀,做成圆球状上锅蒸。再者可用类似做米条的方法将地瓜粉做成条,然后混着蔬菜或糖煮食。以前农户家中的面粉常不够用,妇女做薄饼时会在面粉中掺一些地瓜粉,做出的薄饼包菜或碎花生都很好吃。但烤这种饼的火候很重要,所以每次女人都要先去山上捡一些木柴备用,因为家中常烧的荔枝叶或稻草火力太旺,不适于烤饼。

小小地瓜经由妇女的勤劳和灵巧,成了家人三餐的重要保证。[①] 调查中谈论地瓜这一话题时就常有老人称地瓜是大食品,即无营养又无质量但却可以填饱肚子的食物。[②]

(3) 小麦

虽然山河现已无人种植小麦,但昔时村民会在每年十一月收完水稻后种一些小麦,待来年二月收获。在山河村每年农历三月二十九日要吃上文中提到的薄饼,村民现在多购买食用,但过去只有家中有面粉才能吃到薄饼。当然面粉还可以煮疙瘩汤,汤里可放油盐和包菜。而用面粉做的油炸葱丸,其美味与肉不相上下。因此当年节

[①] 一日三餐中,通常中午会煮一大锅地瓜,而地瓜干或地瓜粉则常在早晚吃。

[②] 这是当我询问老人"大食品"所指何意时,老人略带自嘲的回答。

家中无肉时妇女常以此代之,或者有葱丸时可少买一些肉。

2. 副食

(1)蔬菜

村民食用的蔬菜多为自家园地所种,夏季有空心菜、苋菜、长豇豆和丝瓜;冬季有白萝卜、小白菜、豌豆、菠菜和大蒜等。村民偏爱烧菜汤,不爱炒菜,除非中午煮一大锅地瓜或有米饭吃时才会炒菜相配。除了菜汤,咸菜是村民一日三餐中最主要的配菜。现在村民戏称的老三盘即指一盘腌萝卜、一盘萝卜干、一盘芥菜,用老人的话说就是"菜头、菜卜和挂菜"。

萝卜对于村民来说可谓一宝,不仅根可以腌成耐储存的咸菜,萝卜叶也可以搓盐后晒干,煮鸡、鸭、鹅时加在汤里调味。萝卜成熟时节即妇女忙做萝卜干之时。三种咸菜中,萝卜干的做法最为讲究,也最麻烦。首先要在晴天里将洗净的萝卜晒两日,再在夜间为其搓盐,然后放入桶内以干净的大石头压于其上,翌日再取出晾晒;萝卜每次被重压后会渗出很多盐水,多数情况下妇女不会将其倒掉,而是收集起来等晚上再搓盐时倒在萝卜上,可节省盐的用量。如此反复搓盐、挤压、晾晒十余日后,即可切去萝卜的头尾,放入罐中密封储存。一两年后萝卜干会变黑,放得越久颜色越深,风味也更佳。[1] 但仅仅按照上述方法不一定能做出质优味美的萝卜干,因为晾晒的过程对天气要求十分严格。一旦天气不配合,萝卜很容易发霉变质,尤其是被碰伤的萝卜,之前的辛苦就付之东流了。这就是为什么要在萝卜晒好后才能切去两头的原因。

腌好的咸菜不仅可以配稀饭,还可与鸡蛋用花生油炒食,没有花生油时,妇女就将自种的花生捣碎和着咸菜炒;蛋炒咸菜后还可加水

---

[1] 我见过已经存放八年的萝卜干,其黑如墨,让我惊讶那是用白萝卜做的萝卜干。但老人说,年代越久的萝卜干不仅越好吃,还可以治腹泻、腹痛等小病。

煮成汤。如果多加些水,再加米可煮成稀饭,足够家人饱食一顿。此外煮鱼或肉汤时,也可加少许咸菜调味。

(2)甘蔗

甘蔗是山河的四大作物之一。以前,糖和酒都是村民用甘蔗自行熬制、酿造的,但整个过程主要由男人完成,妇女只能帮忙添柴烧火。在制糖的关键环节中被认为不干净的女人甚至禁止进入烧糖的糖寮,以免烧糖失败。

甘蔗的生长周期约为一年,在这一年的甘蔗种植中,除草和拔甘蔗叶都由妇女完成。所谓拔甘蔗叶即在砍甘蔗之前,将蔗杆上的叶子去除。晒干的甘蔗叶可充燃料,所以为了方便收集,拔甘蔗叶时不能将其随意丢弃在地上,而是要绑成小把。小把的甘蔗叶晒干后再挑回家,也可收集成捆挑回家晾晒。[1] 拔甘蔗叶不仅繁琐蔗叶还很容易划伤双手或胳膊,尤其是在临近收获的甘蔗垄里,发黄的甘蔗叶不仅割人,碎屑还沾满全身,加上汗渍可让人全身又痛又痒。

(3)花生

通常在农历二、三月至五、六月种花生。妇女主要负责撒种、除草、拔花生和晒花生。花生好吃又耐储存,所以妇女常将花生留待每月初一、十五日拜拜用;或者将其做成花生糖、炒花生储存于罐中,早餐配稀饭或当零嘴。也可磨一大罐花生粉,晨起以小炭炉[2]煮成甜花生糊给早起要出门干活的家人吃。此外无米下锅时,妇女还将花生和腌萝卜一起水煮当饭吃。

花生除了可以通过上述方法食用外,还可榨成花生油(俗称火油)。村民通常是用花生换花生油,当换不起花生油时女人就将碎花

---

[1] 村民将甘蔗叶挑回家后,一般都放在与房屋有一定距离的地方。因为甘蔗叶很易燃,村民唯恐将自家房屋烧了。

[2] 过去家家户户都有用土烧制的小炭炉,方便做一些量少或须久煮的餐食,因为昔时村民所使用的锅都很大,不便于随取随用。现在在山河仍可见村民用老式小炭炉熬稀饭、煮汤、热饭等。

闽南山河人的社会与文化

生放入锅里炒菜。但用花生油做饭多在年节时,平日主要用猪油。村民在将自家养的猪卖掉时,会保留其内脏和油,炼出的猪油要维持全家人吃一年。而油渣可炒菜,也可放糖后封在罐中,想吃时稍微加热即可。

(4) 豆类

山河的豆类作物包括大豆、白豆、方豆、黑麻豆等。妇女可以用这些豆子配饭、做粿馅、打豆浆、磨豆腐或酿造酱油,其中豆浆和豆腐一般只在过节时才做。酱油也通常只在吃鱼或肉时配一小碟以蘸食,或是在喂小孩的白稀饭里放一点调味增色,平时炒菜做饭则很少用酱油。但是会酿造酱油算是巧媳妇的功夫之一,因为在此过程中,只有能细致、灵巧的把握豆子发酵和晾晒程度的女人才能酿出上好的酱油。

(5) 肉

村民常在自家养一些家禽和猪,其中鸡鸭可以留着下蛋或杀了吃肉,但多数人家还是将家禽留到过年卖钱。而养猪主要是为了换取现金,一头猪可以卖一百元左右,①这一百元钱要撙节使用,以维持家中一年的开支用度。在自养的家畜不舍得吃,又不轻易买肉吃的情况下,村民的日常饮食基本无肉,只有过年过节时才可能吃到肉。计划经济时期,过年时每人可以分到一两肉,当时大家都抢着要肥肉,只因肥肉耐吃,可将其熬成油储存起来慢慢吃。

(6) 盐

盐是妇女准备家人日常餐食必备的调料,甚或是唯一的调料,足见盐对妇女的重要性,所以女人总是家中最操心盐的人。昔时买盐不若现今这么方便,是盐贩定期从海边挑盐来村里卖,所以通常一个农户一次要买一大袋盐存放。如果钱不够就几家人凑份子买一整

---

① 当时(20世纪五六十年代)一斤猪肉约七角钱;一斤米约两角钱。后文与钱数相关的内容均以此物价为参照。

袋,然后均分。也有拿稻米换盐的,比如 10 斤稻米换 20 斤盐。一次性买回大量的盐保存是个问题,尤其是在炎热的夏天必须防止盐全部融化,山河妇女将盐倒入底部置一圆形稻草饼的桶里,如此可以使已经开始融化的盐自动沉至桶底,不致影响大部分没有潮化的盐。此外村民食用的是不易化开的粗盐,妇女在锅中热油时就放盐;或是在菜入锅后加水,据说这样不仅可以充分融化盐,还可使放油很少的菜不粘锅,同时多一些汤汁。

(7) 凉水

现在的山河家家户户无论是待客还是自饮都是茶水,茶已是村民日常生活中的必备饮品。昔时普通人家是喝不起茶的,口渴了就喝井水,或是稀饭锅里的米汤。但炎炎夏日村民很容易中暑上火,为了清热解毒,妇女会在中午用小炭炉熬好凉水,待晚上放凉了再供家人喝①。妇女不仅可以用我们早已熟知的绿豆或冬瓜等消暑食材做出各种可口的凉水,也可摘取各种野生凉草熬煮凉水,比如金石榴(*Bredia oldhami* Hook. f.)、龙舌草(水车前 *Ottelia alismoides* (L.) Pers.)、青蛙草(荔枝草 *Salvia plebeia* R. Br.)、叶花红(学名待查)、七寸金(田基黄 *Grangea maderaspatana* (L.) Poir.)等。这些凉草在路边、田埂上都可见到,村民劳动完在归家路上就可顺便采摘。妇女大都熟知各种凉草应单煮或相互搭配,需要加糖或盐,以及各种植物清凉解毒的效力。这使得她们可以根据气温或家人中暑上火的程度,灵活地熬煮适宜的凉水。

3. 炊具餐具

村民日常生活必备的炊具、餐具数量都很有限。妇女必须对自家的炊具、餐具了如指掌,并能灵活娴熟的调配运用。首先用于做饭的锅各家几乎都只有一口,妇女早起煮好饭后,要将滚烫的稀饭倒入

---

① 当地村民把喝凉水叫做"吃凉"。即使是现在,村里的主妇仍延续着为家人煮凉水的习惯,尤其是一些年龄较大的妇人。

闽南山河人的社会与文化

事先备好的饭盆里,以便腾出空锅烧热水或者煮猪食。饭锅又大又重,妇女常无力端动满锅的烫稀饭,只能用水瓢一瓢一瓢地将稀饭舀至盆中。夏天时还要用麻布做的纱网将饭盆罩上,遮挡苍蝇的同时又不妨碍散热;冬天则要将纱网换成专用于盖饭的布,以便保温、防尘。遮盖饭盆的布罩也是妇女的嫁妆。一位年过八旬的老妇人还保留着一块当年的布罩,是白色的长方形厚布,尾部还饰有花穗。

昔时没有洗洁精也没有不沾油的清洁布可用以洗碗盘,平日清水加抹布便能洗净的碗筷,到年节饭菜较为油腻时变得难以清洗。妇女利用身边天然不沾油的稻草或老丝瓜瓢,再配上热水,就使碗筷上的油渍问题迎刃而解了。

普通人家的炊具、餐具都是有限的,①有的家庭甚至没有餐桌,而子女多的家庭即使有餐桌也不够一家人围坐在一起吃饭。常将大脚桶②倒扣在地上或木桶上便是临时饭桌,搭配自制的小木凳,高低正合适。自家人可以勉强使用,但宴请客人时就不可以盆代桌了,例如办红白喜事时就须向邻舍借碗盘桌椅。当时习惯的做法是各家在借出的家具上标注特定的记号,一家一种,互不重复。其中碗盘的记号是用一种能水洗的颜料涂于底部,有红、黑、黄等多种颜色选择。但年节时几乎家家户户都有客人需要招待就没处借碗筷桌椅了,只能让客人轮番上桌,一般先来的和关系较为疏远的客人要先安排上桌。这样的场合十分考验一个女人的灵活周全和为人处世,她们不仅要忙着备菜、收盘上下桌,还要抽空招呼客人。

4. 妇女的一天

在"日常饮食"一节列出"妇女的一天",是因为在整理材料的过

---

① 只有孩子比较多的家庭才会多备一些便宜的碗盘,以防碗盘被孩子摔破。

② 多为杉木材质,呈圆形,上宽下窄,高约及小腿,可容一人坐浴。于女人来说是很亲密的伙伴,她们洗菜、沐浴,给孩子洗澡、洗衣等都会使用,男人则一般不用脚桶。

第九章
山河村妇女的日常生活

程中发现妇女一天的劳动多数都是与食物直接或间接相关的。可以说妇女不是在烹煮食物就是在为烹煮食物做准备。但是此处只记述妇女一天当中所要完成的家内劳动,而有关家外劳动的内容则安排在"行"这一部分中记述。

妇女的一天常始于天未亮的三四点,以便在出门劳动前做好早饭、洗衣、喂猪和挑水。虽然过去村民的餐食很简单,但要为至少七八个家人准备早饭也是不容易的。因为自家做饭时村民不舍得烧可以卖钱的枯树枝干,而是用不耐烧的落叶、豆壳、秸秆以及各类杂草做燃料,有的柴草甚至一入火膛"轰"的一声立刻烧尽,所以熬煮一大锅稀饭要不断向灶膛内送薪草。此外做饭所需的大量柴薪多由妇女利用夏秋时节的空闲时间捡拾收集。生产队时每月初一、初二、十五、十六日放假,但是妇女不能休息,除了拜拜,还要上山扫枯枝败叶。准备好早饭、清洗完衣服之后,妇女早起的工作除了喂猪,另一重责大任是挑水。多数人家都备有两个大水缸,六七担水才能将其装满。一般情况下,人口少的家庭只需两天挑一次水;而人口多的则需早晚各挑五担水。村中古井都是圆口深井,须借用吊桶汲水再挑回家,四五十斤的重量压在妇女单薄的肩头上,时常让她们在并不长的路途中额头冒汗,尤其当女人来月经时,更是脚下无力。①

妇女早晨在家忙完后还要和男人一样出门去田间劳动,中午回家后又要接着忙做饭、喂猪等家务,几乎没有午休时间;傍晚结束劳动后,家中仍有一堆繁杂琐事等着她们。第一件事自是准备全家人的晚饭,然后是烧全家人的洗澡水。而当家人吃饭时,还要负责给幼小子女喂饭,紧接着要帮他们洗澡,洗好之后由男人带着他们出门玩耍。此时女人才得以空闲下来吃饭、洗澡;之后她们还要洗碗,煮第二天的猪食,哄孩子睡觉,缝补衣服或处理其他杂事。

---

① 一位老人回忆,她坐月子时也要自己去井边汲水挑回家。头晕目眩的她一路上要停下来休息三四次。

5. 女人用餐的规矩

旧时有关女人用餐的规矩相对严格许多，妇女要等公婆、丈夫和男孩用餐结束才能与女儿上桌。如果有条件分桌吃饭，餐桌就有高低之分，女人须用最矮的桌子。如有客人招待，女人一般不能陪客，只能与小孩同桌吃饭；有时她们辛苦准备了款待客人的酒菜，却不能上桌，只能等客人食毕的剩菜剩饭。日子艰难时，要将稀饭里本就不多的米粒捞起来留给干重活的男人或体弱的公婆，而女人只能喝米汤。此外吃饭时女人要坐姿端正，两腿并拢，跷二郎腿是绝对禁止的；女人也不能在席间随便讲话，呵斥小孩；不能使筷子在桌上敲出声响，也不能持箸盛汤；更不能在走路时吃任何东西。如不能遵循上述规矩，不仅婆婆嫌弃，村民也会说闲话。

（二）年节饮食

年节的食物通常有一定的讲究，妇女也要遵照传统操办。在温饱有时都难保证的情况下，妇女如何张罗年节的特殊食物值得关注。

1. 年节开销

准备各种美食所需的支出，对于村民来说是一笔不小的数目了，因此年节前要先设法筹措经费。

一个普通家庭较为大宗的现金收入当属卖猪所得，但由于猪常年都吃稻糠、地瓜叶和偶尔才有的地瓜，要养肥一头猪至少需要一年半甚至两年。所以在猪仔未能出栏的情况下，村民要为过节的费用另做打算，比如售卖柴薪或食盐。其中砍柴卖钱是村民常用的方法，习惯的分工是妇女上山砍柴，男人挑往县城出售。砍柴一般是去的山林越远砍得的柴越多，当妇女徒步将柴挑回家或用独轮车推回家后总是全身酸痛。砍下的柴要晾晒一两天再由男人挑进城卖。力气大的女人半天即可收获百余斤柴，根据柴的质量好坏，一百斤柴可卖一元八角到两元。但是应付一个节日的花费，通常妇女要上山砍柴三四次。

除了卖柴，倒卖食盐也是获取现金的方法之一。每年八、九、十

第九章
山河村妇女的日常生活

月份是村民忙着腌制各种咸菜的时节,他们对盐的需求也随之变大,于是就有村民去当时的四都大悟贩盐回村卖。一位老人回忆她在十七八岁时就做过这种买卖,当时两地相距三四十公里,早饭后就出发,直到晚上才能将盐挑到家。午饭是早晨出门前先行准备的,以布包裹从稀饭里捞出的米粒及咸菜。

2. 过节的食物

节日里的食品品种多样,但实际上村民过节时常备的吃食大致有三种:肉食、米饭和粿,既是年节时村民饭桌上的佳肴,又是拜拜时所需的祭品。

节日祭拜神明祖先时必备三牲(鸡、鱼、肉)或五牲(鸡、鸭、鹅、鱼、肉),其中鸡、鸭、鹅多为自家豢养,而鱼和肉则要购买。拜拜结束后这些肉食即供家人解馋。其次吃米饭也是过节才有的享受,尤其是春节,通常过年时可以吃三顿米饭,除夕晚上、初一和初二日早晨各一顿;为了过年的三顿米饭,妇女平日就要节省用米,提前预留出过年所需的米。除了春节,每月的初二、十六日是村民祭拜暗神的日子,会以米饭做为祭品,因此也可以吃米饭。但事实上很多穷人家并不是每月都能有米做饭,于是妇女只能从稀饭中捞出饭粒权充米饭,之后再将其倒回锅中供家人果腹。有的妇女为了维护自家门面,想出了一些小伎俩。如先在大碗里倒扣一个小碗,再盛米饭;或者先在碗里放地瓜,再在地瓜上覆盖米饭。①

根据不同节日的拜拜对祭品的不同要求,粿分甜粿、红粿、黑粿(又称青粿)等不同种类,但做法大同小异,都煞费功夫。做粿前都要用水磨将浸泡了三四小时的糯米和米的混合物(3∶1.5)磨成粉、滤干、揉搓至黏磁,再做成皮,以咸菜②、地瓜叶、米糠拌地瓜、萝卜或各种豆类做馅,捏成圆形或饺子状,并在其底部垫上浸湿的竹叶,最后

---

① 即使做了米饭,一般也只有男人能吃。
② 用咸菜做粿馅时要先切好再用水浸泡,以去除些许咸味。

放入锅中蒸。① 如果家中没有糯米,妇女就用面粉替代。女人辛苦做粿却经常吃不到,因为传统的贤妻良母都将做好的完整粿品保留给翁姑丈夫子女享用,偶有开裂或外观欠佳者才会自食。

三、住

山河村人的住家多由一间房组成,全家老少都挤在同一间屋内生活,其中的不便可想而知。但以前的住房麻雀虽小,五脏俱全,妇女几乎可以足不出户,就完成全部的日常活动。以下分述女人是如何在促狭的居住环境中如厕、洗澡、睡觉等私密的日常活动。

(一)如 厕

以前的马桶多为椭圆形木桶,配有桶盖,桶外还绑有粗绳做提手。村民家中一般备有两只马桶,分别用于大小便。马桶常摆放于床头巷②的靠墙处,但有的穷人家房屋狭窄,一张床放好头尾两端就已抵墙,于是只能将马桶置于床下,便溺时再将其拖出。有的人家会用竹帘为屏风,将床和床头巷围成一个独立空间,为了遮挡得更严实,还可在竹帘上挂布帘。老人说有女人的家就有马桶,因为无论昼夜女人都须便溺。男人夜间也可以在妻子的马桶里小便,但传统规定新媳妇过门后的前四个月只能单独使用马桶,此后她们的小便桶才可以供其夫使用。马桶在一定程度上属于女人的私人用品,据说以前女人的马桶都是由娘家赠送的。常见的是即便同在一个屋檐下的婆媳也都各自拥有专属马桶,但也有婆媳共用马桶的例外,这使得身为媳妇的女人如厕十分不便,尤其是每次便溺时都要小心避开公公。

倒马桶、清洗马桶的工作通常由妇女自行负责。倒便桶讲究早,

---

① 其中红粿是加入红色食用染料,而黑粿则是加入捣碎的艾草糊。
② 床与墙之间留下的狭窄夹道。

因为一般早晨五六点清理以免撞见男人;而尿桶则可以等做早饭、洗衣、喂猪忙完之后再处理。小便通常不用倒入坑厕而是另一只桶,方便家人将尿液加水稀释后挑去园地施肥。但马桶不必天天倒,一般情况是便桶隔日清理,尿桶则视量的多少而定,因此屋里常有异味。清空马桶后要将其提至河边洗刷干净,但只有便桶每次都要刷,尿桶则不定期。如果家中婆婆行动不便,媳妇要负责为其倒、洗马桶;①反之媳妇坐月子时婆婆也要帮忙料理其马桶。

村中妇女便后并无厕纸可用,而是使用甘蔗皮、稻草或者黄麻秆。甘蔗皮是将无损坏且成形的收集起来晒干备用。稻草晒干缠绕成小草结,便可用于拭秽。黄麻秆的工序则相对麻烦,割回后要晒干、剥皮,剩下白色的手指粗细的茎,再劈成两半,截成手掌长短后方可使用。黄麻秆即使晒干了也比较软,不易刮伤皮肤,是如厕的佳品。至于粗纸,据老人回忆是新中国成立后家境较好的人家才能用的厕纸。② 家中厕纸(或是代用品)通常置于床脚边,使用后扔在马桶内即可。如果女人在家外感到内急就只能找偏僻的、有遮挡的地方解决,"厕纸"也要就地取材。土疙瘩、砖瓦碎片、野草、庄稼叶片都可救急,有水处则直接用水清洗。

(二)洗　澡

妇女洗澡时不仅要紧闭房屋大门,家中人也最好外出回避,估计洗好了再回来。③ 女人洗澡是在床前放一个直径约一米、深约四五十厘米的脚桶,倒入热水,蹲坐其中。有时会在床对面或旁边的衣柜上点一盏煤油灯照明。虽然只是一盆热水和一块澡巾,但已足够女

---

① 有些婆婆即使手脚尚且利落,也要使唤媳妇做这些事。

② 一位年近七旬的老人回忆自家开始用粗纸时是她来月经时,其母将粗纸裁成小张使用。经期如厕时她通常使用两张厕纸。

③ 男人一般不在家中洗澡,夏天他们在溪水里便可完成洗澡,冬天则是提桶热水去外面的厕所冲澡。

人放松并缓解全天的劳累。少有人能用香皂洗澡，而澡巾多由一块废布充当，由于妇女会用其擦洗下身，这块布不能晾于高处，只能挂在桌子下方的横木上，或是最低的竹竿上。夏天妇女几乎每天洗澡，冬天出汗不多，以毛巾简单擦洗身体即可。此外女人行经时必须每日洗澡，尤其是夏天，否则身体会散发出难闻的味道，但只能站立冲淋且不能洗发，淋浴前要先用布将经血擦拭干净，以免污染脚桶中的水。

（三）睡　觉

昔时村民睡觉一直使用类似传统的架子床，四角安立柱，床顶安盖，便于承遮灰尘。床的三面装有围栏，正面无遮挡便于上下床。但是与正宗的架子床相比，村民所使用的床装饰从简，却增加了实用性。床内侧的两根立柱之间增添了一块横版，在其两头分别设有大小两个抽屉，用于放置小孩的鞋、帽、衣服及银饰类小物件。床外侧的两根立柱边分别用红线坠着挂钩，用于收起蚊帐门帘。床下有两个宽且浅的床屉，女人的月经布不用时就可放置其中。床尾下方还有一根横木，月经布清洗后即晾在上面。至于床单、被面、棉被等床上用品与现在相比简单很多。由于村中并无弹棉花做棉被的工匠，棉被都须购买，所以普通人家的棉被都是有限的。但以前常常六七个人同睡一张床，为了保暖棉被不够盖妇女就将厚衣服拼凑着盖在家人身上，床单、被单则是自织的。田野调查中仍可见昔时床上用品，是一块仍保存完好的蓝底花布的被面。女人睡觉时穿的睡衣也很俭朴，即破旧的短袖单衣和由旧长裤剪成的短裤。

村民娶媳妇时如果无条件给儿子准备新房，就只能用竹帘做围墙将一间房一分为二，里面的部分做新房。新婚的女人不得不学着适应一屏之隔便睡着公婆的尴尬和不便。如果家有阁楼，将之改为卧室情况就会优于前者。以前不仅睡觉的房间挤，睡觉的床更挤，常见一张床两头睡，一头睡三四个人。孩子小时和大人挤一张床；等长大一些时就需用床板为其搭建简易的小床，也可以跟祖父母睡，通常男孩跟祖父,女孩跟祖母。

如此拥挤的环境使夫妻生活变得极为不便。夫妻通常要等到孩子和其他家人都已熟睡的深夜才能同房,并且要尽量避免发出声响,女人也会出于害羞而不做声。相比于夏天,有厚厚的棉被遮盖的冬天更有利于夫妻生活。而当妻子有孕在身不能过夫妻生活时,丈夫为了更好地控制自身,有时要另寻睡觉之地,比如祠堂。

四、行

政治环境的变化对妇女生活的影响尤其体现在日常的活动范围上。以前妇女大都缠足,尤其是富家女儿,以致不便远行。如果有稍年轻的媳妇跟着公婆在田间劳动,就会被村民默认为寡妇,否则不会出现这种情况。女人终日深居闺阁,在心理上开始变得害怕独自一人出门,担心遇见歹人。新中国成立后,同样做为劳动人民的妇女走出家门的机会大增,在新的时代妇女的生活圈有所变化。

(一)回娘家

妇女出门的最正当理由莫过于回娘家。根据山河的习俗,妇女回娘家的时间是出嫁三天后、小孩满月等时间,①此外娘家有大事时也可以回娘家。妇女少有常来常往的朋友,在婆家受了委屈或有大事需要商量时,自家亲人是她们唯一可信赖的对象。假如媳妇不堪婆婆刁难赌气回门,娘家可以想出各种借口为自家女儿撑腰;但如果女人不请自回,便会受婆家轻视。不过正常情况下妇女回娘家都不能久住,一般要当天去当天回,因为家中诸多繁杂琐事离不开她们。回娘家的频率也要小心拿捏,次数太多或太少都会遭人诟病。

---

① 女人坐月子是一整月不能出门,前四个月也不能去庙里拜拜。

（二）户外劳动

穷人家的女孩即使缠足也注定要劳累,小时候帮父母放牛、带弟妹、割草、做饭等,长大后则更加辛苦。她们多数婚后至少育有七八个子女,不仅是频繁的生产,有的妇女产后十天就须下地干活。可是女人外出干活常要背负未断奶的婴孩,夏天她们的背部常常浸在汗水里。孩子哭闹时妇女要就地哺奶,还要定时为他们把尿,即便如此也无法避免婴孩在母亲背上自行方便。其余的孩子只能锁在家中,嘱咐大孩带小孩。如果孩子不会做饭,妇女要将饭提前做好备在桌上。无人看管的小孩常把屎尿糊在身上,女人回来后即使嫌脏嫌臭也要为他们清洗。

"食"的部分已简略介绍了妇女在地里所负责的劳动,简言之即重活不多,耗时、机械性、繁琐的活却不少。但是她们也有背负小孩,同时又肩挑重担上山的时候,有时肩膀磨破流血了也不能放下手中的活。身为女人,她们在家外劳动不仅辛苦还有很多难言的不便。首先女人每月都有月经,经期下地干活,她们不仅有身体上的疼痛,还要应对一些既难受又尴尬的突发问题,比如经血有时会顺着腿根往下流。而在劳动过程中如果女人恰巧来月经了也要干完活才能回家,这时她们只好脱下一件衣服或将斗笠系在腰间暂时遮挡臀部。其次,女人在地里上厕所也很不方便,尤其是背着孩子或来月经的时候。常有女人挺着大肚子还在田间劳动,其中的不便和危险不言而喻。

新中国成立后开始集体化,女性生活圈进一步扩大。参加活动、学习文化、赶集、看戏、加入劳动等都让她们有机会走出家门。但是生活依然艰辛,为了生存,她们多数时间还是被束缚在田地里。而此时本着劳动最光荣的理念,妇女干活时常和男人较劲,不甘落后。但如此卖力有时也是迫于无奈,她们一天工也不舍得缺,尤其是当家中男人不得力的时候,否则年底分粮时就会成为缺粮户,倒欠生产队的钱,原本窘迫的家庭卖家禽牲畜所得现金就要用于还账。在生产队劳动一天,男人挣十二分工,女人挣八分工,背小孩的妇女则只计六分工。十分工等于一工,一工又相当于四角钱,条件较好的生产队一工可换六角甚至七角钱。工分的多少直接决定着每个家户年底分粮的多少,因为分粮时是将工分换算成钱,再换算等值的粮食。①

图 9-6 工分票

(三)拜 拜

拜拜都是由妇女操持的。大型的聚落性祭典对妇女而言是走出家门的机会。沿途都是或提或挑着供品的妇女络绎不绝地向大庙赶,在庙中的妇女则从一个神像转至另一个神像虔诚地作揖跪拜,偶遇相熟的妇女在拥挤的庙里寒暄。在山河无论节日大小都有拜拜的传统,除此之外,每月还有四天固定要拜拜。粗略计算一下,妇女几乎每隔六天就要进行一次例行的拜拜。

应付频繁的拜拜并不轻松,单是准备供品就够妇女忙碌。粿是

---

① 年底按人口分粮时,假设生产队一年共收获10000斤粮食,其中5000斤可按人口平均分配。假如人均有60斤粮,一个三口之家就能分到180斤粮食。但这些粮不是免费的,而是要折扣工分的。如果谁家工分不够换这180斤粮,就意味着他家是缺粮户,要补钱给生产队。而剩下的5000斤就供工分有富余的人家分。

常见的供品,但做粿的过程费时又费力,比如甜粿的制作前后需三天左右的时间。此外还要准备长钱、元宝、大银、刈金和鞭炮等。如果是重要节日,妇女更要提前打扫房屋,清洗被罩床单及桌椅碗筷等。出门拜拜的妇女穿着也须讲究,只能穿长袖衣裤,且颜色不宜为白色。节日的拜拜通常是家、庙两处都要拜,去庙里时,如果供品和金银纸较多,妇女来回都挑担子;不仅如此,有的节日还不止拜一次,例如村民每年农历八月隆重庆祝祖公(武德侯)诞辰时,十三日下午要拜拜,十四日晨要拜拜,十四日晚上迎火烛前要拜拜,十五日晨还要拜拜。接二连三的拜拜对妇女来说几乎成了体力活,有的女人不仅腿走酸了,膝盖也跪青了。但如果女人来月经、坐月子或者家中有人亡故,就不能去庙里拜拜。

五、生　理

女人与男人之间生理上最重要的差异在于她们会孕育,而这一本质性差异带给妇女更多的麻烦和痛苦,尤其是在往昔的艰难岁月里,没有人能够忽视这一点。因此后文将分两个部分叙述女人因生理的特殊性而需要额外面对的问题。

(一) 月　经

昔时,山河妇女用"骑马"代指行经,"我今天骑马"即指"我今天来月经了"。村中妇女来月经时都用布垫,俗称马布,其布料较厚,呈梯形、长方形或正方形,末端有两根长短不一的绳子,前端经折叠缝合后可穿绳。使用时将马布折叠成宽窄合适的长条置于胯下,再将长绳环腰穿过前面的道绕至另一侧腰际与短绳相系便可将其固定在身。未婚女人所使用的马布多由破衣旧布做成,结婚生子后便可用专门的大黑布裁剪。村民称此黑布为"花子布",长约五尺,可裁三块马布,是陪嫁必备之物。据说女人生产后经血量大,唯用专置的大黑布裁剪马布才妥当。此外"花子布"还寓意使用此布的女人可以男、

第九章
山河村妇女的日常生活

女孩交替生育。女人行经为时三至七天不等,不出门时只垫马布即可,如要出门劳动就要在布里包裹灶灰增强吸收能力,因为地里不便更换马布。但当经血较多时,即使不出门也要包裹灶灰以防侧漏。遇见这种情况,女人通常都不能也不敢坐,怕弄脏裤子或板凳,举止行为也要十分注意,否则马布很有可能从宽松的裤子里掉出来。

新中国成立后出现的橡胶材质(与自行车内胎材质类似)卫生带结实耐用,大大增加了使用的安全性,让经期女人少了不少尴尬与不安。其实卫生带的形状和固定方法与传统马布基本相仿,只是卫生带的前端不再可以穿绳,而是改设扣眼,纽扣即缝于其下方。使用时将有扣眼的一端下折裹住环腰系好的线圈,再与纽扣相扣即可,如此不仅方便如厕时解开卫生带,仍系在腰间的线绳还可防止其不慎掉落。卫生带较之于马布最大的变化在于其面上设有两个橡胶圈,用于固定垫布。改进的好处在于可以灵活拆换垫布,重复使用。并且在不更换卫生带的情况下,家庭条件好一些的女人也可以用粗纸替代布固定其上使用。卫生带需要从商店购买,两角钱一个,但当时很多年轻女人不好意思亲自去买,所以多由年长的妇人代购。

女人的经血被视为污秽之物,与之有关的事物都不宜示人,所以经期女人总要"偷偷摸摸"。例如马布里包的灶灰或后来固定在卫生带上的粗纸都不能随意丢弃,必须避开人偷偷扔进厕坑;有的女人羞于出去处理,就在房前屋后近便处挖坑掩埋。又如马布或固定在卫生带上的布都可重复使用,所以每次使用后要清洗干净,但这个过程也不宜让男人看见。所以女人一般选择晚上去河边洗,洗好之后也不能晾在屋外晒太阳,只能挂在床尾下方的横木上任其阴干。

以前女人通常二十岁左右月经初潮,在此之前她们几乎没有机会了解有关月经的基本常识,所以她们当中的很多女孩都经历过"初潮恐惧"。访谈中一位老人讲述了这样一个女孩:无父无母,跟随兄、嫂生活。第一次月经来潮时她被吓得躲在墙角哭,待嫂子询问缘由时她才又害羞又恐惧的哭诉了"下身流血事件"。她的经历也许是许多同样因无知而恐惧的女孩的共同记忆。月经属于女性个人的私密问题,羞与人谈论。只有上了年纪的老妇人之间才可以无所顾忌的以此话题谈笑,但也要避开旁人。对于年轻女孩来说,即使是如母亲或祖母般亲近的人也难以启齿,因此当她们在行经前或过程中出现乳房涨痛或下身坠痛时,通常都忍而不言。一位年过六旬的老人回忆年轻时的每次痛经都令她头晕目眩,脸色发青。她曾一度怀疑从身体里流出的块状物不是血而是肝,因此曾令其深陷死亡的恐惧,为了验证事实她鼓起勇气尝试用手掐碎流出的经血块。已为人妻人母的妇女虽已不再因羞于言表而忍痛惶恐,但当痛经或经期不正常时,碍于传统和有限的经济条件也不便求医问药。她们只能亲自动手,使用一些民间偏方缓解身体的不适。例如痛经时用在炭炉里烧黑的姜煮姜糖(红糖)水喝;月经不调时吃鸡蛋炒珍珠菜;白带多时用鸟仔豆煮米饭吃,加入猪肉或猪骨效果和口感更佳。

村民认为女人行经是在流毒,所以与经期妇女同房对男人的身体有害。如果同房时恰巧妻子来月经,男人就"撞到了老马头",即中了经毒,他们的眼睛会因此变模糊。由于女人的经血很毒,如不及时医治会染麻风病,具体症状为手指不能伸直,走路时一条腿不能抬起。丈夫服药期间不能与妻子同房,否则妻子不仅会出现相同症状,月经还会中断。

(二)生育的痛苦

没有便捷的避孕措施,也没有计划生育时,一个妇女生六七个孩子很正常。但由于女人怀孕时受到的照顾不多,流产率也很高,尤其在怀孕三四个月的时候,摔倒、过度劳累、在地里劳动时中暑等原因,都能导致孕妇流产。怀孕、流产甚或分娩对妇女而言,逐渐习以为常,有的孕妇甚至可能上午在地里干活,中午回家生产,下午又继续劳动。但并不是每一个孕妇都可如此轻易地分娩,从怀孕到生产再到产后恢复,整个过程中常遇到棘手或意外情况,使女人身心都承受着巨大痛苦。假如胎位不正的孕妇,每天早晨须在床上空腹跪趴两小时,晚饭消化后也要跪趴等长时间,如此持续一周才可能矫正胎位;

第九章
山河村妇女的日常生活

分娩后如果下身没有缝合好,会出现子宫脱落的现象,接生婆会用一个圆环形子宫托盘帮助产妇的子宫归位,此后每天产妇须将托盘取出清洗,再自行放入原位,直至子宫归位;如果女人无意保留腹中胎儿,常见的堕胎方法是用一种青草熬药水喝,但这样做的风险很大,可能造成大出血,甚至死亡。

多数妇女月子期间营养很难保证。多些油水的饭菜已是补充营养了,能吃一两次鱼则属高级待遇,女人的身体因此受到极大损伤。同时她们的身体也得不到应有的休养。一位老人因年轻时产后即参加劳动导致身体虚弱,曾患三次肺病,险丢性命;又因孩子刚满月就承担生产队的挑土工作,左腿至今无法承受任何重压,甚至无法持续两小时保持坐姿,否则腿部筋骨会酸痛难忍。另一位老人则因做月子时吹风受凉,留下气管炎和头痛的老毛病,有时头痛剧烈,须一整夜按着太阳穴方能缓解。由于营养不良及过度劳累,女人几乎产后一年才会再次来经。

昔时大多数妇女从出生时就开始上演操劳的命运。根深蒂固的重男轻女观念和艰难的生活,迫使很多父母选择性地遗弃刚出生的女婴。有的人家将女婴倒塞进陶罐内闷死;也有人家将其装在簸箕里拿去野地掩埋;家境稍好一些的用草席裹女婴,再扔到河水里任其漂流。

上述种种皆是对妇女肉体痛苦的关注,她们的精神生活同样不容忽视。对于昔时妇女来说最大的精神愉悦莫过于夫妻恩爱、儿女孝顺、家庭和睦。但她们多数人的丈夫都是婚前未曾谋面的陌生人,夫妻之间彼此生疏,加之丈夫多对婆婆言听计从,妇女婚后被自家男人拳打脚踢是常事。但是无论生活多么痛苦,女人都不能轻易离婚,因为她们一旦离婚就极有可能成为孤家寡人,无处可去。即使娘家人也会因为女儿离婚败坏了自家名声而嫌弃她,这就是为什么过去时常有女人因无法忍受身心伤痛,却又无路可退而最终选择上吊或服毒自杀。

结　语

　　有关 1949 年新中国成立前后中国妇女的著述多以政治运动、思想解放对妇女生活的影响为主题，资料多来源于历史文献，内容多与都市妇女有关。如果利用口述史料，从人类学视角对农村妇女的日常生活进行描写，可部分弥补已有记述对妇女生活琐碎细节的忽略。本报告对山河村妇女日常生活的记述虽尚待完善，但是一次以妇女为主体具体而细微的描写农村日常生活的尝试，从中可对昔时山河妇女的真实生活略窥一斑。

　　由于未能长时间深入田野和对调查方法的运用不娴熟，没有实现对农村妇女在日常生活中不同于男性的特殊心理及精神活动的描述，而是仅仅停留在物质层面。此外，报告内容地粗浅地落点在昔时生活的"难"上，行文基调稍显苦涩。但细品妇女生活的细枝末节不难从她们的小世界感受到积极面对、苦中作乐的大智慧。当别无选择又不得不面对时，所有的"难"激发了她们无穷的生活潜能，让我们看到了女性生活的另一种存在。如何打破单调呆板的"苦"印象，更加鲜明的呈现出立体、丰富、真实的农村妇女形象，即昔时妇女如何能动地适应她们所必须面对的生活仍待进一步深入田野调查研究。

参考文献

郭于华
　　2003　心灵的集体化：陕北骥村农业合作化的女性记忆。中国社会科学
　　　　　(4):79－92。
江纪武主编
　　1990　拉汉药用植物名称和检索手册。北京：中国医药科技出版社。

第十章

山河村的生育与养育习俗

◎ 雷春香

前　言

　　古今中外对生育习俗虽有很多记载,但由于女性长期处于受压迫、非主流地位,女性及其生育文化为此长期不被主流文化重视。随着思想的不断解放,有些学者开始关注生育习俗,目前虽然存在一些生育习俗的资料,但这些资料大多是男性学者简单粗略的叙述。1970年后女性主义人类学的研究开始发展起来,但她们对女性权利、女性政治地位等更感兴趣,对于与妇女切身有关的生育与养育行为并不见得重视。本文主要是根据2013年6月14日至7月28日在山河村的田野工作中搜集的资料撰成,旨在呈现山河村20世纪50—80年代的生育与养育习俗。对山河村生育与养育习俗的研究,主要着重于"抢救民族志",展现村民在社会历史进程中所形成的风俗,尽可能地记载即将消逝的传统习俗。

　　由于山河村面积大、人口较多,田野调查的最初一两周主要在熟悉村落整体环境,寻找关键报道人,初步与报道人建立友好关系,所以调查进度极为缓慢。其后遇到一位关键报道人——接生婆,才逐渐对生育习俗有所了解,并通过她认识更多报道人,最终的资料主要来自对 8 位年龄在 60 至 80 余岁的老人的访谈、3 家庆生满月酒的实际观察,以及 4 位孕妇及数位年轻的母亲的访谈。但是由于语言沟通的障碍,访谈对象主要是会讲普通话的村民,不能讲普通话的报道人虽可依赖初高中生做翻译,但毕竟不是与报道人之间的直接对话,对报道人谈话内容的了解难免有些出入;同时报道人年龄高、记忆力降低、田野时间的短暂等因素,也在一定程度上影响了资料的收集。

除前言和结语外,本章共分六节,第一节介绍山河村人的祈子习俗,包括巫术祈子、拜神求子及与生育相关的神明等;第二节主要根据村里接生婆的叙述,介绍山河村人的孕期及生产过程,以便了解 20 世纪 70—90 年代山河村人的接生、胎盘处理等知识;第三节呈现山河村人的孕期及做月子习俗,主要介绍当地人的孕期、产后婴孩护理、满月等相关习俗;第四节是对当地部分怪胎及杀婴习俗的简述;第五节关注抚育婴孩的习俗;第六节主要描述婴幼儿疾病的民间疗法。

一、祈子习俗

山河村人看重子孙繁衍,因为"不孝有三,无后为大"的思想早已深深地根植于村民的传统观念中,因而生育成为家族的头等大事。妇女婚后若数年不育,家人便会想办法祈求子孙繁衍,于是产生各式各样的祈子习俗。

(一)巫术祈子

祈子巫术在中国随处可见,马王堆汉墓帛书《胎产书》堪称中国封建制度下巫术祈子的代表之作,《胎产书》有云:"欲产男,置弧矢,[射]雄雉,乘牡马,观牡虎;欲产女,佩簪珥,呻朱子,是谓内象成子"

第十章
山河村的生育与养育习俗

(马王堆汉墓帛书整理小组 1985:136)。

此段文字反映孕妇通过射雄性野鸡,乘坐牡马,观看牡虎或佩戴簪子耳饰等便可以影响婴儿的性别,这是典型的利用相似律的交感巫术。山河村盛行的几项巫术求子,有换肚、采花灯、换风水、食鱼求孕等等。

1. 换肚

山河妇女婚后若一直无法生育或不能生男婴,通常会行"换肚"仪式。若欲行"换肚"仪式,妇人及其丈夫须先与娘家人协商,获得娘家兄弟同意后,才有可能为其举行"换肚"仪式。若娘家兄弟未婚,或婚后尚未生育,则会考虑影响以后自家的子嗣,而不会答应行换肚仪式,虽然女婿会不高兴,甚至会引发两家矛盾,但是岳家人也不会忽视自家传宗接代的任务,而答应女儿为其进行换肚仪式。

娘家人答应为女儿进行换肚仪式后,取竹将其劈成两半,编成一圆篮,中间夹上一纸做的石榴花,挂于墙上或床上待用。待行"换肚"仪式之日的凌晨,将整个猪肝、猪肚放入两侧绑有石榴花的陶壶 $kip\ sio$ 中煮熟,随后将陶壶放入竹篮中,盖上白布。待破晓时,外家人便将竹篮送至半路上等待的女儿、女婿手中。二人取壶回家后,将篮子置于床中央,待公婆放下蚊帐,妇人取出壶内的猪肚、猪肝,以手撕碎着吃完;之后将空壶置于床下,直至怀孕为止。陶壶因其壶嘴似男性生殖器官,遂成为生养男嗣的象征,壶嘴两边系挂的石榴花有多子多孙之意。

2. 采花灯

据说昔时山河村正月十五日元宵节大街小巷都张灯结彩,热闹非凡,千盏祈子花灯于夜间绽放祖公庙前,已婚妇女为求男婴携手前往采灯[①] $cai\ hue\ diŋ$。正月十五日一早守庙人便前往县城取回事前

[①] 闽南话中"灯"与"丁"谐音,所以村民认为元宵节采花灯,即可早日生养男嗣。

订制的祈子花灯。傍晚时分,村中好命人①和新添男丁的家户,将花灯悬挂在祖公庙前空地的竹竿上,希望她们的好运能与村中其他妇女分享。一届正月十六日子时求子妇女纷纷前往祖公庙前采花灯,采得花灯后带回家中悬挂于祈子者的床架上。村中一报道人讲述,采花灯祈子相当灵验,尤其是采到村中添有男丁者所挂的花灯,据说不久后便会生育男婴。倘若采花灯一年后还未得子,第二年元宵节围着祖公庙走一圈便可如愿。但随着村民思想的不断解放,采花灯祈子的方法现今基本不存在,年轻人也鲜有人知。

3. 换风水

若家中后代全是女孩,村民常常会认为是住家房屋建筑或祖坟风水不好,因此会邀请风水先生前来勘测化解,以求能生养男婴。以转换风水而祈求生男婴的做法,在山河村屡见不鲜,据说成效相当不错。村中流传一案例:某家第二代皆为男丁,但第三代却不断弄瓦,家主便觉家中风水不好,遂请风水先生对家中祖坟、房屋建筑等进行勘测;最终风水先生发现是祖坟位置不佳,以致影响婴孩性别,于是让XX家将祖坟在原来的山头向右移过一座山,一年后家中果然新添两男孙。因此村民认为风水严重的影响家中的传宗接代,若婚后久不怀孕或只生女婴的妇女,在所有方法试过之后,可找风水先生查看风水,以求为家中添男丁。

4. 花子布与连招花

婚礼中新娘嫁妆中有两块长宽各 5 尺(1 尺约 0.33 米)、对折后中间绑一条当地特有的花带子的黑色四方布,称为花子布 *hue tse po*。女儿出嫁时,将花子布放入篮子中,由三四十岁以上的长辈带入新郎家,以祈求新婚夫妇可早生贵子,万事顺利。昔时新娘婚后将花子布收入柜中,直至生产前,取出为婴孩做一围裙,在婴孩出生时包住新生儿腰部、腿部,以驱病辟邪;剩下的花子布可做成产妇的月经布或裤子,亦可辟邪解厄。若较富裕之家不用花子布做围裙或裤

---

① 好命人是指儿孙满堂,且丈夫、儿、女、儿媳、女婿、兄弟姐妹皆全者。

子,但也要一辈子将其收藏于柜中,而不能随意丢弃。

连招花 liaŋ tsiao hue(美人蕉 Canna L.)是嫁妆中另一祈子之物,因其名有连招贵子之意。结婚时新娘从地中亲自挖出一棵连招花,将其挂在装有猪蹄、猪肉、酒等食品的篮子提梁上,提梁另一边挂有红色石榴花,寓意婚后多子多孙、大吉大利。若猪蹄单独放于篮中,篮子提梁上一定要有连招花,以求很快能招来贵子。

5. 食鱼求孕

相传婚后久未能怀孕者,傍晚时于东溪南部捕鱼,携至家中煮熟后食之便可受胎。山河村人认为食鱼而孕者,是因一些不能投胎的孤魂野鬼附于鱼身上,后经妇女吞食,转化为妇女肚中所孕育的婴儿。这样孕育出来的婴儿虽命带煞气,但相较于无子嗣,有些人在无计可施时,也仅能试用此方法求取子嗣。

(二)祈神求子

除上述巫术祈子外,山河村人亦有祈神求子之俗—拜观音祈子。送子观音为观音菩萨的化身之一,她是中国多数育龄妇女的精神寄托,许多新婚妇女或无子者均有祈拜观音求赐子嗣之俗。山河村虽没有专门的观音庙,但新婚妇女常到邻村(上营)拜观音,以祈求神赐麟儿。上营的观音庙,常年香火鼎盛,尤其是每逢观音生日时,四面八方的香客络绎不绝,祈子者纷纷来此烧香许愿;应验者也手拎一篮四方形糕点前来还愿。此外村中的众多宗祠、庙宇中,亦多有观音佛像,村中妇女可随时前往祈子。

二、孕期及生产过程

山河村的传统生育习俗流传时间久远,目前已无报道人能说清。20 世纪 70—80 年代有一位专业的接生婆,虽未有正式的执业证,但因跟当时接生员学习和自学现代接生技术。以下就将接生婆讲述的三四十年前的怀孕生产习俗做一概述。

闽南山河人的社会与文化

1964年报道人沈秀容女士17~18岁时,被当时担任村中接生员的妇女主任看中,欲将其所知的接生技艺倾囊相授。其父认为接生只适合已婚的大龄妇女,对一个黄花大闺女并不适宜,考虑再三后,将其推脱。20余岁结婚生过第三胎后,报道人转入卫生站任出纳员。因青春时期对接生的种种热忱,认为接生是一门不错的技术活,不仅稳定可靠、挣相对较多的工分,还可在接生之余帮助家中干农活。与夫家商量后,她一面在卫生站自学现代接生技术,一面追随村中老接生员学习传统接生法。20世纪70年代初期,新中国成立后掀起第一个计划生育的高潮,1975年为响应中央政策山河村全面开始计划生育,在乡卫生站培养数名接生员,报道人便是其中一名,当时她被安排做结扎和带环两项工作,其后因她接生技术日渐成熟,村中也无多余人手可担任接生工作,便利用所学的现代及传统医学知识转入接生人员行列。现今村中11、12岁至30、40岁的村人,大多都是她接生的。而后为降低母婴死亡率,政府宣布禁止传统接生员对产妇进行接生,村中婴孩虽已不再是由她接生,但都是由她送产妇入医院。以下所述各项均为整理沈秀容女士的访问记录所得。

(一)预产期计算方法

预产期的计算十分重要,可以使产妇及其家人事前做好各种准备,以免临时手忙脚乱。医学上以末次月经第一天起按每月30天计算预产期,共280天。接生员则认为从末次月经第一天算起,预产期总共有285天。末次月经月份大于3的,其生产月份减去3,若小于或者等于3的,就加9即可得预产的月份。如末次月经月份是8月,预产期将是 $8-3=5$,即第二年的5月份;若末次月经月份是1月,预产期是 $1+9=10$,即在该年的10月份。生产的具体日子也要分农历和阳历,农历加上14,而阳历则加上10。如孕妇末次月经是农历8月5日,其预产期则是来年农历5月19日;若最后一次月经是阳历8月5日,其预产期将是第二年5月15日。

（二）胎位判断与胎位不正调整方法

孕妇最担心的是胎儿的胎位是否正常，沈女士告知胎位判断方法主要有摸和听两种。以摸来判断婴儿的胎位主要是根据头部和臀部的位置，小而硬的部分是头部，大而软的部分是臀部。正常的胎位六个月前头部在上，臀部在下；六七个月后头与臀部方位对换。听胎音也是以六个月为界，头部在上时，用听音筒听肚脐以下的部分；六个月之后，就听肚脐两侧即可。

六七个月之后，若胎儿头部仍朝上，将会引发难产。胎位调整方法是孕妇每日持续的简单锻炼，产妇于清晨起床后，先喝一两口水，再双脚跪于床上，前臂置于床面，双肘着力，每次两个小时左右，每天早晚各一次，两个星期后即可见到效果。若胎位还是无法调回正常，就必须送往卫生站医治。

孕妇开始有阵痛时，其家人就会通知接生婆。接生婆带上消毒过的接生工具，来到孕妇家，吩咐其家人烧热水，并开始做一系列的准备工作，如将消毒过的接生布叠成四方形，以便妇女生产时可以用力压住肛门，防止孕妇用力过猛将会阴震裂，同时在床上或者地上铺满粗纸或破旧的衣服，防止生产的血弄脏床或地板。

（三）胎盘处理

婴儿出生后，将与母体连接的脐带以两个镊子夹稳，并在中间空出一段距离。在离母体脐根部 1 厘米处绕一圈打上死结，再用线包扎一圈打上死结，剪断取下镊子，将剪断的母体脐带切口以二指夹住，由外到内推挤三次，使结口到肚脐的血倒流回产妇体内，再用包扎线将其缚紧。婴儿的肚脐切口的处理方式与母亲基本相同，不同的是绑线时须用镊子夹住切口，在距脐根 0.5 厘米处以包扎线打两死结，再绕一圈再打死结即可。剪断脐带后用酒精消毒再包上纱布即可，如此婴孩就不易受肚脐风。

生产时铺在床上或地板的旧衣、破布，产后产妇的婆婆要携至溪边清洗,不能假手他人,否则会为清洗破布者带来不幸。产妇若无婆婆,丈夫或者其他人(一般是关系很近的亲人)可代为清洗;请外人清洗后孕妇要致赠红包,否则对清洗者极其不利。婴儿满月时,须在当天早晨送给清洗者3碗汤圆祭拜司命公。若生产时用纸垫在床上或地上,生产后可以将纸扔入溪中,或者将其埋于溪边。

生产完后,产妇的婆婆要将胎盘绑上一块石头,沉入厕池或将胎盘埋入有水的溪边,在这过程中一定要将胎盘沉入池底或深埋土中,若胎盘浮出或暴露,婴孩吃奶时,容易被呛住。

(四)死胎及难产

山河人认为产生死胎的主要原因是妇女怀孕时以焚烧稻草灰过滤的碱水洗蚊帐、床单。若产妇生产死婴,接生婆以粗纸包住死婴,将其引导出来即可。

若胎死腹中而导致子宫感染,不能再孕,产妇可用热水泡花明颜①,在木盆中将下体浸泡数月即可治愈。四十余年前,曾有一山河妇女因胎死腹中,未及时将死婴生下,后死婴在腹中腐烂臭气熏天,医生断言她已难再怀孕,该妇女获知上述良方后,连续使用花明颜热水浸泡数月后痊愈,数年后产下一子。

产后因子宫收缩引起的小腹疼痛,或带血分泌物积于子宫内不能排出,导致产后大出血,称为血母疼,山河村流行治血母疼的方法是用益母草煮红糖服食,若无法见效,只能送往医院救治。

三、产妇及婴儿有关的习俗

婴幼儿身体各方面都较脆弱,需要得到精心的照料,但昔时医疗技术欠发达,家中幼儿偶染小恙,哭闹不止,家人束手无策时会认为

---

① 花明颜是某种植物,学名待查,报道人声称现在已经无法采得。

第十章
山河村的生育与养育习俗

是孕期、满月期间家人行为、言语的影响,故此衍生出一些孕期、满月禁忌与俗行,祈愿婴孩身体健康。

(一)孕期禁忌

山河人认为若妇人怀孕,家人必须遵守许多禁忌,如不可随意挪动家具,尤其是孕妇卧房中的物件;务必保持床下干净,不可放置木头、油料,否则小孩长大后,面若油炸食品,凹凸不平。家人不可在床上使用剪刀之类的利器,否则出生的婴儿将会是兔唇或歪嘴;在床上钉钉子,新生儿出生后眼睛将会失明。床上的蚊帐切忌使用开水清洗,否则生下来的小孩皮肤若被开水烫过般全身龟裂,终生不得治好,但可用榕树叶或石榴花蕊与水掺合在一起,缓解婴孩身上的疼痛。如果不得不清洗蚊帐,可以在洗蚊帐的头天晚上,用以前的拂尘扫扫蚊帐,将蚊帐取下后翌日清晨以冷水清洗即可。

谷神对孕妇怀孕及生产有重大的影响,临近稻谷收获时节,孕妇只能在家中,不能出门帮家人干活。但昔时生活艰苦、家中人手不足,孕妇须帮忙照顾曝晒的稻谷,为免冲犯谷神,防止流产,孕妇须在夜间星星、月亮出来后,持扫帚在稻穗上一边扫一边说:"退神,各方面的神都退去吧!"或"让小孩流掉的神都走吧,走开,走开,都走开",说完之后才可将晒干的稻谷收起来。孕妇在帮忙将稻谷脱壳前,也要于夜幕降临后,用清扫门窗的扫帚将房屋清理干净才能脱壳,否则生出的婴孩眼睛将会凸出;若在稻谷脱壳前忘记清扫,家人可将石榴花摘下煮水,洒在房间各角落及婴孩身上,即可防治。

土神也是孕妇应避免触犯的神,怀孕期间,禁止修建或修补房屋、灶,否则生产的婴孩耳朵会卷起来。若在小孩还不能独立行走时,修建新房或修补房屋,小孩会一直发高烧或整日整夜啼哭,村民称之化"土煞",家中女性长辈可前往村中的祖庙或土地公庙拜拜,即可治愈"土煞"。

除行为上的一些禁忌,怀孕期间在言语和饮食上也有很多禁忌。如家人禁说 s～e kao,村民认为说 s～e kao 小孩会骨瘦如柴,像猴子一样,难以长大。同时在怀孕期间家人也应避免恶语骂人,否则咒骂会应验在婴孩身上。

(二)产后婴孩护理

新生儿生殖器官若呈黑色,山河村人即认为是因产妇热气较重所致,产妇在生产后十二天内都不可吃肉或太过油腻的食物。产后三天内母亲只能吃黑鱼 ou he(Channidae),最好是水煮黑鱼,煮时稍加酱油即可。但由于黑鱼带有微量毒素,且属滋补食品,所以三天后母亲便不能再吃黑鱼,只能改吃比较清淡的食物。坐月子期间,若婴儿指甲过长,修剪时不可用指甲刀(因婴儿指甲较软),母亲可用针为其挑断。好动的婴孩若喜欢抓脸或身体其他部位,可以为其带一双小手套,以免婴儿不自觉地将身上的皮肤抓伤。

(三)满月仪式

闽南重男轻女的观念仍相当严重。山河村亦是如此,生男者满月酒办得隆重异常,早上八点、九点时,婴儿的祖母要担上鸡、鸭、鹅、四方糕等祭品,前往文山祖祠祭拜沈祖公、地头公、黄氏娘妈、观音菩萨、佛祖等神明,禀告神明家获男丁,感谢神明的庇佑,并祈祷神明保佑新生儿健康成长。其他家人则忙着用四方糕招待远道而来的客人。昔时生女儿家在满月当天仅在家中拜灶神即可,所办的喜宴也相对简单很多,宴请的宾客仅是自家最近的亲人。随着经济的发展,重男轻女思想的改善,现今女婴的满月酒亦十分隆重。

婴儿满月日的清晨,母亲坐月子的诸多行为禁忌也得以解除,产妇的女性长辈(多为产妇婶婶)为其理发、除面毛[①]。祖母为婴儿洗澡洗头,并为他送上吉祥语。午饭后,新生儿的堂哥或哥哥背着婴孩

[①] 将两根线交织在一起,中间留一段空隙,接近脸部细毛发之后,不断的搓缠,使产妇面上的细毛得以绞除。

一边轻碰灶头,一边说:tɕia ei pa,kuən ei p'an,k'uən ka t'in kuei kuei。意为:吃得饱、睡得香、睡到天亮亮。若背婴者年龄太小,可由家中的成年人代说;轻碰灶头三下后,转至堂屋门口,同样碰三下、说些吉祥话,如:wa mueiɤ,k'uən kau ʐei wei wei ;wa tsau,mk'uən kau ʐei tioŋ tau;wa tɕiɛ k'uən kau ʐei mei mei 。意为:偎门,困到日黄黄,偎灶,困到日中午,偎井困到日猛猛,或者k'a tsuei kuŋ miɛ,k'uən ei hou,k'uən ka t'ai jan tɕoj tiou miŋ,k'uən ka mei tiao ti 。意为:屁股撞门,睡得好,睡到太阳照到脸,睡觉不会闹;皆为祈愿婴儿安静好带,母亲和婴儿都能睡得好,身体好。昔时仪式后母亲或祖母亲自为婴孩剪胎毛,现今则抱到城里或村里榕树理发店剃胎毛。为防新生儿看见剃头刀,心生畏惧哭闹不止,母亲在出家门前,可将锅倒扣于地上,以锄头将锅灰刮下在地上形成一个黑圈,将新生儿放入圈中坐一会即可。

满月酒当天外祖母送的礼物相当丰厚:一套婴儿的里衣(多为白色)、几双袜子、一条婴儿背带①、一套红色衣裤、一顶帽子、一个红色小包。其中帽子上系有一束稻谷、一两根 be tsao②,帽子中心处有一颗外婆亲手缝上的黑色纽扣。稻谷与 be tsao 置于帽衔与帽筒接缝处,若不是收获稻谷时节,可用红色的石榴花代替。若是男婴,红色小包内置一条银项链、一对银手镯、一对银脚镯;若是女婴内置一对银手镯、一对银脚镯。其他亲戚可送猪肉和4把或8把长寿面即可。满月酒完后,产妇家将4个煮熟的红鸭蛋或红汤圆送给亲戚做为回礼。

(四)拜 丁

山河村人办婚事或家中新添男婴后,第二年正月十五日在大庙

---

① 背带上边中心处,外婆会为婴孩精心缝制一"卐"字,寓意驱邪避灾。
② be tsao 小孩佩戴,据说是外祖父母期盼婴孩平安成长。

前宴请宾客,以庆家中喜事,俗称拜丁;若生育双胞胎或新婚夫妇结婚与其生男婴在同一年中发生,则来年的元宵节便要在祖公庙中举行拜双丁仪式。

正月十五日清晨,拜丁之家人携带鸡、鸭、鹅、鱼、肉五牲,到祠堂祭拜祖公。家庭条件差的以鱼肉、鸭或鹅等三牲亦可[①]。家人祭拜完后,祠堂外本房支的长辈带上一盆花陆陆续续地来到祠堂,家人也摆上一桌好菜招待宾客。若是拜双丁,则要宴请两桌宾客,摆宴席时,饮食有一定规定,必须上 8 碗或 12 碗的菜色,其中猪肚、猪蹄、猪肝、香菇夹及蛋卷是必不可少的菜色。

往昔生活条件较差,若生双胞胎之后,家中无钱办酒宴,就以"卖大补小或卖小补大"的方式,卖掉双胞胎之一的婴孩的钱来举办"拜丁"仪式。拜丁习俗现在已消失无存。

四、怪胎及杀婴习俗

往昔村中不仅有葡萄胎、内河胃 lai he wi 等怪胎,亦盛行杀婴、溺婴等习俗。因调查时间较短,个人能力有限及语言的隔阂,下文仅对调查期间山河村人常谈及的怪胎及杀婴等习俗做一简单说明。

(一)葡萄胎

葡萄胎又称水泡状胎块,医学上将其分为完全性葡萄胎和部分性葡萄胎两种。山河人认为妇女所用的黑色月经布,洗后晾在屋外,若被虫子爬过,该妇人即可能会怀上葡萄胎。另有人认为接触不洁之物或行为不检点,也会怀葡萄胎。葡萄胎初期,孕妇的双脚会变得臃肿无比,一旦穿上鞋,脓汁就会不断往外流。若发现以上症状,家

[①] 因有无鸡不成五的说法,鸡在五牲中是不可或缺;又有"无鱼不成礼"的说法,也使得鱼变成祭品中必不可缺少之物。

人应立即将孕妇送往医院医治,否则孕妇难以再孕。第一胎生下葡萄胎后,家人常会携带除葡萄以外的一种或几种水果,前往祖庙拜神,祈求诸神保佑,以后不再生出葡萄胎。

(二)内河胃

内河胃,即生产时胎盘像大鸟的翅膀一样,紧紧地纠缠在产妇的子宫内,生产完后不能脱落;或是生产时婴儿、产妇的脐带自然缩入肚中,一直上升至婴儿、产妇胸部;抑或是婴儿出生后,脐带缠在一起导致婴孩窒息而亡。昔时产妇生产时发生内河胃,接生婆便将洗脸的面巾放入开水中,一只手将挤干水的面巾置于产妇腹上轻轻地揉捻、挤压,另一只手则托着胎盘的脐带,慢慢地将胎盘引出母体。若胎盘一直吸附在母体内不能脱落,接生人员可用手扣住产妇嘴巴,让其打嗝,若婴儿脐带一直向上回升,山河村盛行的方法是用草鞋拖住婴孩的脐带,防止脐带缩回婴孩体内。

在山河村,内河胃是一种比较常见的难产现象。一年长女性指出,自其12岁起便常听到年长者提到产妇因内河胃死亡的事件,嫁入夫家后更亲眼见过三个产妇因内河胃不治而亡。

其他怪胎主要是昔时村民针对不守妇道者的一些谣传。如昔时一尼姑因不守清规而嫁与他人,其后生出一个头像鹿的婴孩。在九侯岩有一当地人怀疑是不守妇道者所产下,并弃养的不幸孩童,年已十余岁,还形若婴儿般大小,生活不能自理,只能由九侯山上的和尚抱在怀中喂食。

(三)杀婴习俗

杀婴习俗在我国历史上虽极为普遍,但却一直没有引起足够的重视,甚至在很大的程度上对这一敏感话题有意地回避。昔时山河村人若生太多女婴,超过家庭的供养能力,只能将其遗弃路边,或将女婴遗弃于"养婴堂"。一报道人回忆,养婴堂一般都是几个村才拥有一所,通常是收留被遗弃的女婴。养婴堂工作人员若听说村落中某一家户新添一女婴,便会开始关注该家女婴的情况,待父母将女婴遗弃后,她们便会将弃婴带回堂中抚养。

相较于弃婴,溺婴在当地更为普遍,妇女连续生育几胎女婴后,常引起婆婆的不满,可能教唆子、媳或自行下手将婴孩置于水桶中淹死。据一报道人说,她本来要被祖母溺死,不过万幸的是,父亲及时返家,不忍见其溺死,便将她救下。

婴孩出生后,有些产妇的婆婆会询问媳妇婴孩的性别,若得知是女婴,常要产妇将胎儿杀死,除溺死外另一常用手段是迫使媳妇或儿子将刚剪断的脐带放在女婴的鼻下,使其窒息而亡。

五、抚育婴孩风俗

婴孩若体弱多病,民俗医疗中也有相应的化解之法,除传统自制草药外,且多与巫术相关。山河村人主要通过收惊、收契子、佩戴饰物等保证婴幼儿不受邪气侵扰、健康成长。

(一)收 惊

婴孩受惊表现的症状是半夜惊醒、啼哭不止,或受惊吓后粪便呈青色或形若蛋花状,抑或印堂发青,在山河村有一些家喻户晓的简单仪式可化解。通常为婴儿收惊的是祖母,事先准备一根与婴孩等长的稻草,于晨曦初露之际,携带香三支、纸钱若干,至门前最近的三岔路口执香祭拜并默祷:"小孩遇到了XX,将他们的精神带回来,坏的全部扔掉"。另一方法是连续三天站在门口为婴孩收惊,即母亲一手抱新生儿,另一手轮流点触母亲及婴儿的胸口,同时吟诵驱邪的咒语;点触时先点母亲的胸口,后伸向门外,收回后再点婴孩胸口,连续12次,每次皆须说:"小孩被惊到,把他的精神还给他,扔掉不好的",早晚各一次且连续三天,三天内家中尽量保持安静,也不带婴孩外出。

晚上婴孩受惊,母亲可背上婴孩走入厨房,将锅反盖于地,不断地用锄头摩擦锅底处的锅灰,直至婴孩停止啼哭;若婴孩白日哭闹不休,母亲便到公厕旁采下鸡屎藤 ke sai tiŋ (Paederia scandens)、赤心 tsia sim(学名待查)等五种草药各三根,置于锅中,加一瓢水,烧热后为婴孩清洗便可。

上述收惊者多为母亲或祖母,此外亦可求巫婆、道士等宗教人士收惊。如找村中法师画符也是收惊的另一种方法,法师画好符后,烧掉溶入水中(符水),再含于口中喷向卧室及客厅的各个角落,或象征性将符水抹于婴孩口唇上,抑或用符水为婴孩洗澡。

(二)夜　啼

夜啼多见于半岁以内的婴儿,是指婴孩夜晚连续于某个固定时间段哭闹不休,甚至通宵达旦。山河村人将夜啼分为暗哭和夜哭两种。暗哭即新生儿于夜幕降临之时,定时啼哭,母亲或祖母可背上新生儿,戴上斗笠,绕家人曾带婴孩走过的村路走一圈。路上若相识之人好奇询问:"这么晚戴着斗笠背小孩干什么去?"母亲可以"放牛去"做答,之后婴孩的暗哭便会停止。夜哭是指新生儿通宵达旦的时哭时止,经喂乳、更换尿布等皆不能安抚,家人便前赴算命先生处求取符水,连续三天夜晚于婴孩卧室喷洒,符水喷洒完可置于柜顶,至最后一天,将没用完的符水倒入人迹罕至的地方即可。

在访谈中多数报道人认为上述方法实际上是为了婴儿在定时啼哭时,消除新生儿对陌生环境中的恐惧感,以及给大人心理的安慰。随着村民思想的不断提高,现今村民已鲜少用此种方法缓解婴孩啼哭。

(三)受人胎

若婴孩被孕妇抱过或摸过之后,发生下痢或不停哭闹的情况,家人将其带到医院也查不出病因,这种症状山河村人即称为"受人胎"。若小孩不幸"受人胎",村民可用一条黑线、一条白线(和小孩身高等长)一起绑好一个小红薯,放入灶里烧。小红薯熟后,两条线都没断,便是受人胎(反之则不是)。确认是受人胎后,将烧好的红薯剥开,喂给婴孩吃便可。

(四)收契子

山河村人认为孱弱多病、易染邪气的孩童"比较难养",于是拜神明做其契子,以获取神明保佑、祛除邪气。求神收为契子须打造一条附有一八卦牌的银项链——银牌 ŋun pai(见图10-1),带到土地公妈庙前,用三炷香祭拜一下即可;该过程一般不须掷笅,但有些人为慎重起见而掷笅,若掷笅结果显示土地公妈不同意,须再求其他神明,如佛祖等。若土地公妈同意,此后每年土地公妈生日时母亲均须带婴孩的银牌前去祭拜,直至小孩十五岁生日。拜过后银项链一般挂于孩童脖颈,小孩上学前须随身携带,上学后孩童若不想带,母亲可收起来,至每年土地公妈生日时带去庙前祭拜一下便可。

图10-1　银牌

除拜上述神明为契子外,山河村人还拜云望先师为干亲。婴孩在几个月时,易碰到一些不干净、不吉利之事,从而造成腹泻、食欲不振、睡不好等状况。家人便带婴孩前往算命先生家中问签,若签文显示婴孩沾染邪秽,便指示问签人找相关法师化解;若婴孩病情较重,又与云望先师(俗称老爷)有缘分,便可拜老爷为干亲来化解其灾厄。许多报道人指出,一旦做老爷的契子后,老爷将保佑其一生免遭灾难。

（五）辟邪物

往昔医疗卫生欠发达，为防家中幼童感染邪气，家人便在其满月、四月之时为婴孩佩戴辟邪物，主要包括银牌和箍铜锁 *gu tsa suo e*（见图 10-2）两种类型的饰物。

银牌是婴孩外祖父母满月前打造好后，带到土地公妈庙中拜过地头公，满月时佩戴的银项链。昔时只有男婴才有银牌，随着经济的发展，重男轻女思想的改变，现今女婴也可佩戴银牌，但是女婴的银牌是外祖父母或其他近亲于银铺中所购，没有受过神明加持，但还是有为婴孩驱邪之意。银牌背面，从左至右以繁体字书："大廟眾神、武侯祖、五顯大帝、觀音佛祖、開山聖侯"。链上两侧分别挂有正面刻着百事无忌、背面刻有八卦图的六方形银片，以及正面刻有百家锁、背面刻有竹叶的不规则银片，两侧银片与中间银牌间各挂一铃铛。

图 10-2　箍铜锁

银牌一直伴随孩童至十五岁，每年生日时，父母携带银牌前往祖公庙中祈神，保佑小孩健康成长。在祖公庙中，首先将祭品与银牌放入一小盘中，手执三炷香，在各神像前拜三下。烧纸钱后，将盘中银牌拿起，按顺时针方向在各神像香炉前转三圈，心中默祝神明保佑小孩平安健康成长。

箍铜锁则是银手镯、银脚镯、铜脚镯三种佩戴物的总称，也是婴孩满月时，外祖父母所送之物。与银牌不同的是，婴孩在满月当天就可将银牌带上，而箍铜锁只能在婴孩四个月后方能带上。昔时箍铜锁只有男婴才戴，现今第一胎的女婴也可戴箍铜锁。

(六)拜床神

昔时山河村抚育幼儿的家庭十分盛行床神(俗称床头公/床头婆)信仰,但近年已逐渐减少。村民认为一部分是因往昔的老式床,床架上有各种镂空雕花,祭拜床神后方便插香。而今随着生活水平的不断提高,大多数家中的老式床换成新式床垫,祭拜后无处插香,十分不便;另一部分则是随着科学思想的不断传播,村民越来越不信床神。但30、40岁以上的村民,在子女出生后至其15岁,每逢七月初七、冬至、除夕夜时都有拜床头公/床头婆的习俗。

每逢七夕清晨,山河村的妇女便早早起床,准备好两套床公布①、纸元宝、三炷香、两碗饭②、两碗菜。两碗菜不一定有肉,但最好有白萝卜 ts'ai t'ao(俗称菜头,与"彩头"谐音,寓意吉利、好运气)、冬瓜 taŋkue(寓意肥胖,引申为富贵)、白菜 pe ts'ai(谐音"百财",有百财聚来之意)。但供品中却不能有空心菜和菠萝,空心菜寓意小孩将会没心,而菠萝做祭品则寓意小孩以后的头将会像菠萝一样,丑不可言。待祭品准备好后,便上香请床头公、床头婆前来享用,并默祷床头公/床头婆保佑照顾子女,让他们顺利长大,无病无灾,终生平安。祷告完后,将燃着的三炷香插入床架的缝隙;若床架无插香处,可将香插到房前的三岔路口。若孩童经常哭闹、生病,或者家人对床神特别崇信的,七夕晚上还可再祭拜一次。祭拜过程较清晨而言较为简单,用两碗菜祭拜即可。

冬至日、除夕祭拜床神与七夕无异,皆一大早祭拜,不再赘述。但清明时节切忌祭拜床头公/床头婆,具体原因因年代已久,现今已无法收集到相关资料。昔时年幼子女生病时父母亲常会祈祷床头

---

① 一种纸钱,上印有床公/床婆的衣饰花样。
② 育有男婴之家常供一碗白米饭及一碗汤圆;育女婴之家则供一碗白米饭,一碗甜饭。

公/床头婆保佑,使子女早日远离病痛。

六、婴幼儿疾病的民间疗法

往昔条件艰苦,缺乏医疗照顾,山河村人根据传统的经验医治婴幼儿疾病,若遇上小儿偶感微恙,多数村民请不起医生,只能依照祖传方法自行为幼儿治疗。下文就将昔时村民医治婴幼儿疾病较常用的民间疗法做一概述。

(一)呕吐、腹泻

山河村人认为婴孩出生四个月内,禁忌掀起凉席的任何一角,否则会引起床公/母的不满,造成婴儿呕吐、背部受凉或睡眠不安。若掀凉席引起婴孩不断呕吐,父母可摘下石榴花,加入少许清水,洒于床头,婴孩的呕吐不久后便可痊愈。若因掀凉席而造成婴孩背部受凉,父母可上山采 tsa tsao(学名待查)煮水喂婴孩,因 tsa tsao 水口感不佳,在喂食时可加入少许红糖。此外若因掀凉席引起婴孩睡眠不好而导致内火旺盛,家人可用 kou tsao 煮水,加入黑糖喂食婴孩即可。

若婴幼儿吃完奶后不断呕吐,家中长辈可将少许抹面花粉置于手心,加上几滴茶油,不断揉搓至发热,涂于婴幼儿肚脐周围,直至婴孩呕吐得以缓解。花粉是往昔女子所用的白色饼状化妆品,村民在漳州或诏安县城购得。

除上述方法外,治婴孩吐奶还可用狗尾巴草[①] kou wɤtsao(Setariaviridis,见图 10-3)、鸡屎藤 ke sai tiŋ(Paederia scandens,见图 10-4)、桃心叶 t'o sim hio(Peace leaf,见图 10-5)、竹心叶 tiak sim

---

① 下文涉及的草药均系根据报道人所述,由于报道人大多年老体弱,无法要求其上山指示所述系何植物,因此未能确认的植物仅能暂以土语注音替代。

hiap（*Phyllostachys nigra*，见图 10-6）、金不换 kim put huan（三七 *Panax pseudo-ginseng var*. *Notoginseng*，图 10-7）、竹子菜 tiak tse tsai（竹节菜 图 10-8）、圆沙石 jion nəŋ 七种草药，洗净后用红布条绑住置于锅内，加水将其全淹没，烧至沸腾。待药水稍冷后，为新生儿清洗全身。倒水时为避免别人说不吉利话，及婴儿以后百事无忌，家人要将草药及婴孩洗澡的污水倒入河内，并尽量避人耳目，不让人知晓。

图 10-3 狗尾巴草

图 10-4 鸡屎藤

图 10-5 桃心叶

图 10-6 竹心叶

图 10-7 金不换

图 10-8 竹子菜

腹泻腹疼是婴幼儿常见的疾病之一，以前山河村也流行数种可资治疗的"土方"，最简单的是以茶油抹于婴孩肚脐旁；或以铃子草（铃铛草）bo tsao 入药煮水，或将米饭包于菜叶内，烧至黑炭状而磨成粉喂服，亦可用番石榴籽或鸡屎藤煮水喂婴孩，皆可医治婴孩的腹泻。另一报道人称，若婴孩只能喝乳汁，腹泻时就将乳汁放于炒菜的锅中,用勺子在冷锅中翻炒3下,盛出后喂服婴孩即可;若婴孩开荤后,可以进食猪肉者,便用火炭烤猪蹄甲,烧至炭黑色而研磨成粉,加少许米汤喂服,也可治孩童腹泻。

(二)口腔疾病

鹅口疮是婴儿口腔的一种常见疾病,是在舌头上形成白色斑膜,伴随婴孩胃口不佳、营养不良或身体羸弱等症状。山河村流传的祖方是童子尿(不论男、女婴患鹅口疮,皆用该婴孩的尿)抹于婴孩舌头上,不久后便可治愈。严重患者用此方法医治无效,则须送到医院治疗。

若婴孩口中长疱而不能吃奶,昔时山河村人就将某种青草(待查)揉碎后,挤出汁液涂于婴孩嘴中。随着社会的发展,青草名早已失传,鲜少有年轻人能辨认此种青草。现今婴孩嘴中长疱,母亲便用针将最里面的小水泡挑破,不久后婴孩便能吃奶。

奶疹俗称奶癣,是婴儿另一种轻型发疹病,表现的症状之一是嘴巴周围长一圈白色的疹子。昔时治疗奶疹的土方是以一枝红 *tsit ki hong*(学名待查)、车前草 *so po tsao*(*Plantago depressa*)煮水喂服婴儿,现今村民则用医院中的紫药水(*Methylrosanilnium Chloride*)涂抹于患处即可。

(三)发烧、喉咙红肿

昔时婴孩发烧,贫困者家中只能将婴孩紧紧抱于胸前,直至退烧。若认为婴孩发烧系被邪秽所致,家人可摘下三支桃枝,沾上清水为其清洗三下,清洗完后至三岔路口,将婴孩的衣物鞋袜、生活用品等,在阴沟处冲洗,洗完后另觅一条小路绕回家中即可治愈。发烧、咳嗽严重的婴孩通常伴随着喉咙红肿,村民便用 *qia tsao paŋ de keim*(一种青草)煮水,加入少许红糖喂服。若喉咙红肿严重到长出水泡,可能无法救治,因此山河人另有一套预防喉咙长疮的土方,*qia tsao paŋ de keim* 加水煮一到两个小时,或将淘米水加至温热后,加入盐少许,给婴孩洗澡,即可预防喉咙长泡。若新生儿出生时消毒措施没做好,而导致喉咙长水泡,致使婴孩一吃奶即吐,家人无计可施,婴孩可能因无法吃奶而饿死。

(四)尿床、尿布疹

尿床是指4岁以上的孩童入睡后无法控制排尿,而不自觉的尿床。昔时小儿尿床,母亲可将猪小肚切成块状煮熟后,让小儿于门后吃完即可治愈。若婴孩尿床,家人可将破布做成裙子,覆于婴孩腹上,以促进腹部血液循环,并缓解其尿床习惯。

婴儿长久不换尿布常生尿布疹,俗称红屁股,是婴儿常见的皮肤病,其症状是婴儿裹尿布部位的局部起红斑或水泡。昔时婴孩患尿布疹时,母亲可从院子内取出滑石粉 *kut tsio hun* 涂抹于婴孩红斑或水泡处;若婴孩的尿布疹严重,滑石粉就会失效,有的甚至因涂抹过滑石粉而导致局部溃烂,所以在治疗婴孩尿布疹时须谨慎使用滑石粉。若无滑石粉,可将平日晒干后备用的牛粪,放于火中烧化成灰后,涂抹于婴儿红斑处。

(五)防蚊、治蚊虫叮咬及晒后长疮

入夏后随着气温的增加,蚊子也成为婴孩的大患。昔时山河村人也有土法可以驱蚊,可在夜幕降临时,将碾碎的稻谷壳置于卧室内的火炉中燃烧,并用蒲扇将燃烧谷壳的浓烟,扇至屋中各处,直至蚊虫全赶出屋外为止。此方法只能使卧室中的蚊虫减少,并不能将蚊虫完全驱赶。若蚊虫钻入蚊帐中,便以灯火去熏,在熏蚊虫的过程中,除要将火苗调小,也要眼疾手快,以防蚊帐被火点燃。

若婴孩被蚊虫叮咬不太严重,就将蜂窝加入七种特制草药,混入用火融化的蜂蜡 *pang la*,滴在蚊虫叮咬处,等蜂蜡在皮肤上凝固后,将其撕下即可。若蚊虫叮咬处严重,可将蜂窝和七种特制中药放入水中,加热至温,倒入自家酿制的白酒或醋,涂抹蚊虫叮咬处。也可将花粉碾碎后涂于蚊虫叮咬处。

炎热的夏日,婴儿细嫩的皮肤经暴晒后极容易灼伤,严重的还会引发皮肤发炎长疮。若因暴晒长疖子,家人可将家中煮熟的糯米贴于患处,或在药店买黑色药膏贴。若疮红硬尖且只能从一处挤出脓,便将青草碾碎后,加入少许黑糖敷于疮上,或碾碎芙蓉花 *P'u ioŋ hue* 的叶、花、茎,敷于疮表面。若婴儿不慎中暑,便用新娘花(马缨花 *beiŋ hue*, *Rhododendron delavayi*)煮水,加入少许黑糖喂服即可治愈。

(六)猴子病

猴子病 *tio kao* 是指往昔婴幼儿因营养不良而面容黄瘦、形体枯槁,且胃口欠佳而难以养育成人。若婴幼儿有此症状,须寻医问药为婴幼儿治疗。患猴子病的婴孩,一般被家人穿上昔时的斜襟衣藏于家中,禁止家人说脏话和一切与猴、狗相关的言语,禁止狗入家门。据说幼儿患病严重,父母可带幼儿上巫山(九侯岩的一座山名),寻找九侯山的巫山婆婆[①]诊治。除找巫山婆婆诊治外,村民可用母奶和母牛奶喂食孩童;抑或拜神祈祷后,用治小孩子呕吐的七种草药烧水为其清洗也可。

结　　语

随着时间的流逝,传统的民俗文化已成为山河村人的模糊记忆。调查期间,受访的年轻人大多对本章主题不甚了解,只能从少数老人的记忆中获取零星资料,当地传统知识面临消逝的危险。为此,通过此次暑假田野调查的观察访问所得,笔者对山河村人的祈子生育、养育习俗零星资料整理成文,希望尽绵薄之力保存山河村人的生育与

[①] 巫山婆婆:相传居住在九侯山上,独来独往,会针灸,可以帮助医治村民疑难杂症,现今供奉于九侯山,受当地人敬拜。

养育习俗。同时由于田野调查时间的短暂和个人经验的不足,本文资料略显单薄,只能呈现山河村人新中国成立前后部分的生育与养育习俗。20世纪60年代之前山河村的生育与养育文化在"文革"期间大部分已消逝,如治疗婴幼儿疾病的多数草药名和巫术疗法已被村民所遗忘。随着现代化进程的加快,医疗技术的提高,思想的解放,多数习俗已淡出村民的生活,但在山河调查期间,依旧可在祈子或满月时,见到拜"祖公"习俗。不论是旧俗还是今风均蕴含着村民延绵子孙、兴旺家庭的文化意义与价值,这些值得我们更加深入的探讨。

在调查期间,山河村人以极大的热情配合我们开展调查,提供了丰富的资料,才使得本文得以顺利撰写完成,在此向山河村所有乡亲表示由衷的感谢。

参考文献

马王堆汉墓帛书整理小组(编)
  1976 马王堆汉墓帛书·胎产书。北京:文物出版社。
中国植物志编委会
  1959—1992 中国植物志。北京:科学出版社。

第十一章

山河村的医疗保健系统 ▶▶▶

◎ 岳 圆

前 言

本报告系根据在漳州市诏安县西潭乡山河村的田野调查资料汇整而成,调查自2013年6月14日起至2013年7月28日结束为期45天。本报告的主题是山河村有关健康保健、疾病治疗方面的资料。① 主要资料来源有三大类,最主要的是通过观察和访谈了解山河人医疗保健观念。其次是通过收集样本、照片等了解山河人的草药运用知识;第三则是西潭中心卫生院提供的医疗卫生法规。

虽然笔者尽力学习山河方言,并尽可能通过各种方式(比如通过方言翻译等手段)了解村民,但是语言沟通的障碍还是难以克服,主

---

① 调查期间,得到了山河村村委会和山河村村民的大力支持和热情帮助。在为期45天的田野调查中,我得到的不仅仅是学术上的锻炼和提升,更是值得回忆的宝贵经历和毕生珍藏的珍贵情谊。在此对所有给予我慷慨帮助的山河人致以诚挚的谢意。

要的报道人还是以能讲普通话者为主,疏漏或偏颇之处在所难免,敬请方家批评指正。

本报告主要包括五大部分,一、从山河人对于一种发热症状"出丹"这一富有地方特色的疾病为例,阐述山河人的致病与治病观。二、山河人的传统保健方法,调查期间正值炎炎盛夏,村民喜食凉草,以达到去火降温的作用,村民对于凉草的丰富知识是这一部分论述的重点,并介绍了凉草的采集,准备,烹制和用途。三、村民对于疾病认识和治疗方法,着重介绍民间流传与超自然有关的治疗方法;资料的收集主要通过访问报道人,对比印证访谈资料,以及后期整合零散资料这三个步骤进行。因为本文之目的并非出于纯粹医学目的,而是通过对于疾病的认知和治疗来展现山河人独特的民俗风情。故在报道人的选择上,有意避开有医疗训练背景的村民,主要访谈普通村民。四、地方医疗体系,包括官方和非官方的医疗两大部分,并介绍诏安县的新型农村合作医疗情况。五、通过分析山河《居民健康档案》所收集之资料,分析高血压和糖尿病在村中的流行状况,并与全国的情况加以对比。

一、出　丹

在山河村的疾病观念里,"出丹"土语为 $t'su\ ta\eta\ a$ 频繁地被提起。询问过临近地区的人和同讲闽南话的人是否知道出丹,他们的答案否定。山河外出务工过的村民告知,他们在附近城镇打工,自认患了出丹时,并没有医生知道这种疾病,凡此皆可看出出丹很可能是山河地方医疗观念的独特产物。出丹这一病症,虽然大体上村民给出的描述一致,但不同身份的报道人之间仍略有不同说法。

(一)患过出丹的村民的解释

山河人一般都会强调出丹很危险,一位四十岁左右的村民就曾因出丹而失去亲人,以下是他的说法:

第十一章
山河村的医疗保健系统

  大约在十五年前，农历五月份，正值盛暑天。当时哥哥生病了，高烧不退，一直在39℃以上，持续了大约一个星期。家人都以为哥哥是得了重感冒，就送到村卫生所去治疗。医生也诊断为感冒，开了药要打吊针。结果一针后哥哥就去世了。后来才知道哥哥是出丹。当时没有意识到，一直当做普通感冒发烧来治疗导致哥哥过世。

其兄的悲剧让他对待出丹更加慎重。他说出丹是由于热聚集在体内无法散去而引起的。这也几乎是村民的共识，也是山河普遍流行的说法。因而出丹时有许多禁忌要遵循。据一位60多岁的村民说：

  出丹时非常危险，如果得病而不自知，不小心吃了稀饭或是甜的东西，就会有生命危险。即使痊愈了之后，也要隔一个星期才能吃饭，否则病情会反复，甚至死亡。造成出丹的主要原因是天气太热体内高热无法散出。表现为发烧，筋骨酸痛，手脚也是感觉酸软无力。村里就曾经有一位妇女因为出丹，自己不知情，吃了饭，很快就死去了。拍打胳膊和大腿内侧可以将热散出体外，起到医治的效果。也可以喝一些凉草煮成的凉水。

如上述所引村民的观点，一些村民认为引发出丹的热是由于天气过热使然。也有村民认为引起出丹确实是身体内热，这种热不一定是天气热才会导致，天气太冷的情况下也会使体内产生邪热。一位四十岁左右的女性村民描述她在冬天出丹的情况：

  在五六年前，大约是11月份，冬季。当时生病时自己感觉是怪怪的，好像也不是感冒，也不是中暑，就是高烧，全身筋骨酸痛，酸软无力，没劲，感觉特别冷，很难受。然后就去村诊所看医生。医生给她打了一针。她不记得当时是确诊为什么病了，但应该医生开的是消炎药。回来后病情一直不好转。隔壁的妇女提醒她可能是出丹。于是她请懂行的老人来看，老人帮他拍了胳膊和大腿内侧，拍完后皮肤上出现红红黑黑一颗颗的瘀痕，老人家就告诉她"出丹"了。并告诫她出丹不能吃饭，尤其不能吃甜食。她找到一个懂医的老妇人取了"丹粉",据说是专治出丹的。她每天什么都不吃,只单单用丹粉冲水服下,吃了几天,病情明显好转,她便觉得没有大碍,就吃饭了。结果一吃完饭立即复发。后来一位阿婆用茅梅根加盐煮水给她喝。她用这个汤药代水饮用,七八天之后彻底痊愈。后来,村里的老人告诉她出丹不能吃东西是要保持饥饿,因为空腹可以使得筋骨不发火,再吃些凉草就好了。她起初病情严重,是因为打针造成的,如果没有打针,会很快就好。因为她打针了所以康复得比较慢。出丹是由于身体内热气太重,打针就使得热气没办法散发出去,将热锁在体内,所以不能打针。村里一直流传着从前有人出丹了不知情而去打针最终致命。因而村民一般出丹了都不会去看医生而是选择找懂行的人拍以确诊,再辅以草药治疗。

虽然对于出丹高发的时间村民的认知略有不同,但出丹的病因是由于热集聚在体内无法顺利外散是村民的普遍看法。体内的热有可能是外界气候炎热造成的内热聚集也可能和气候无关。所以处理出丹的办法首先就是要排出体内的邪热。一般都是用凉草祛热,其中茅梅根是最普遍被用来治疗出丹的。另外出丹和一般的感冒发烧症状非常相像,所以分辨是否出丹关系重大。拍打胳膊或大腿内侧是最常见的方法,村民认为拍打产生的瘀斑就是体内有邪热的证据,正常人同样方法拍打是不会产生瘀斑的。所以这是一个行之有效的验证方法。

除此之外,判断出丹与否还有另一种较为流行的方法。据一位70多岁的男性报道人介绍:

> 出丹的主要症状是发高烧,头痛。他认为出丹是身体内毒导致,这些毒是从筋和骨里面化出来的,所以不能打针,否则会致命,但是可以用草药。主要判断方法就是给患者一把生绿豆来吃,没有出丹的人生吃绿豆会感觉到豆腥,而出丹的人在咀嚼生绿豆时会感觉到甜味。

村民认为出丹的人体内内热作怪,会影响到味觉。所以出丹时咀嚼生绿豆会感觉到甜味,而健康人不会尝出甜味来。

从村民对于出丹的描述可以看出,在面对身体有症状发生时,村民往往首选现代医学的帮助,但一旦确认自己是出丹时,普遍拒绝现代医学甚至恐惧排斥,而是选择民间疗法。民间疗法的主要治疗者就是山河的乡土医生,他们治疗出丹也有各自的独门秘诀。

(二)乡土医生的解释

山河村当地的民间治疗者医术大多来自祖传,有一些偏方专门治疗出丹。不同于家庭内的治疗,他们通常自有一套治疗出丹的方法,并且多用复方草药。

村里专治出丹的乡土医生沈火胜认为导致出丹的原因主要有二:其一"出丹"是由于"风火起"。所谓"风火起"是指由于气温极端,太热或是太冷,引起上火。"火从心里起然后到筋骨去",这个火是心火,"火烧心",因而引起的筋骨酸痛。其二可能是由于进山遇到"不干净的东西"即某种超自然力量,回来后感觉头晕,无力。出丹一般不分季节,冬天夏天都有可能发生。身体弱抵抗力差的人更容易患上,天气太冷,抵抗力差,冷气一刺激,会容易生火气而导致出丹。至今出丹的人依旧很多。尤其是气候变化剧烈的年份。今年因为出丹而找他看病的人比较少,主要是今年天气平和,不冷不热,发病就很少。出丹是一种急性病,来势凶猛,如果处理不好很容易致命。所以治疗主要就是祛火气。不同于村中流行的治出丹的单方草药使用和直接拍打确诊的方法,他多使用草药。他诊断病人需要先摸脉相,如果从脉相上看怀疑有出丹的可能,则如村中流行的方法一样在胳膊肘内侧轻拍。手先沾一些水,拍打胳膊肘内侧后如果皮肤上出现一粒粒黑色的瘢痕,即判断为出丹。出丹时要特别注意不能吃甜、酸的东西,也不能吃饭,不能打针,只能喝水。因甜食和酸食会"将体内火升起来",会加重病情。

另一位乡土医生沈扬清认为出丹是由于气候炎热突然受冷而致。如夏季是高发季,因为夏季多雨,天气炎热,突降暴雨,人不及躲避,就会瞬间受凉,使得热在体内无法散发,而导致出丹。所以六月份收水稻的季节,出丹的人最多。对于出丹后打针会致命的原因,他给出了解释。因为吊针的溶液为葡萄糖,而糖被看做是热的,因而如果打针就会热上加热,就会有生命危险。沈扬清诊断出丹的方法除了流行的拍打法还有独门秘诀,在前胸或是相应的后背处用手掐拧,形成太极的图案。如果拧痕是黑色的就可判断为出丹。因为出丹的人身体有内热,所以拍打和拧掐会产生黑色淤痕。

村里的另一位医者是位捕蛇人——沈成辉。平时生计主要靠上山捕蛇和采集草药,医术来自于和当地民间治疗者的学习。他说出丹时人会发高烧,这是由于身体里面火气太大,严重的话会全身长出红色的疹子,高烧不退,筋骨酸痛,甚至不能走路。通常成人易患出丹而儿童则不容易患此病。出丹时身上会长出红色的疹子,疹子不会传染,但是出疹子的人十分危险,要尽快救治。

三位民间治疗者对于流行的一些出丹时的禁忌给出了原因,大致符合大众对于出丹是上火引起的认知。但具体症状和发病时间及易感人群则有所不同。

(三)村医对出丹的解释

村部卫生所的沈辉煌医生认为出丹是由于村民不了解生化医学的基本常识,是将身体出现的某些症状归类为某种疾病。出丹不是具体一种疾病,主要表现为高烧,全身乏力,这些症状很多疾病都会引起。而由于村民间流传的出丹不能打针吃药等禁忌,往往导致原本的病情的延误,所以可能导致死亡。而关于判断出丹的方法——拍胳膊或大腿内侧,这种方法没有科学依据,是因为毛细血管扩张引起的发红,但是拍打肘部事实上不会有什么坏的影响,相反这在中医上有泻火的功效,但是将他当做一种诊断手段而不是治疗手段就很可能会引起耽误治疗,导致不好的后果。而嚼绿豆会发甜,医生认为是由于病人生病,味蕾比较迟钝所致,所以不能用于判断某种疾病的方法。他举了两个例子,这两位患者最初都被怀疑为出丹,一位是隔

第十一章
山河村的医疗保健系统

壁村的采草药的妇女被确诊为流感引起的病毒性心肌炎另一位是一名小学教师，最终被确诊的是脑炎。

邻村陈头村有一个采草药的中年妇女，在山上采药非常辛苦，天气常常阴晴不定，有时烈日当空，突然间就倾盆大雨，淋透全身，再加上身体劳累，就病倒了，高烧不退，全身畏寒。于是她找当地大庙的看庙人诊治，看庙人诊断她为"出丹"，就给她开了治疗出丹草药。过了大约一个礼拜，并不见病情改善，就来到卫生所求诊。当时她的情况已经很严重了，医生怀疑她是感冒诱发的病毒性心肌炎，开了一些点滴，且立即将她转送到县医院就诊。幸亏诊治及时，否则就有生命危险。

另一个案例是一位退休老教师，有一天头晕不舒服，全身酸痛，畏冷，发烧高热。家人请村上懂行的老人诊治，拍打胳膊内侧后，诊断为"出丹"。告诫他不能吃饭，也不能打针吃药。十天后他的女婿从外地归来，回到家发现他神情恍惚，病得很厉害，就立即送往县医院，入院后经诊断是感冒引起的脑炎。

沈辉煌医生认为出丹的观念会导致就医的不及时而拖延病情，导致严重的后果。村里流传的关于出丹致命的现象其实都是某种疾病没有及时得到有效治疗的严重后果。

关于出丹，总结来看其病因就是由于热聚集体内不能得到及时排散所致。诊断标准主要是拍打胳膊或大腿内侧看是否出现黑色或红色点状淤痕或是咀嚼绿豆是否有甜味。患病时的禁忌主要是不能进食，尤其是甜食，不能打针。治疗的方法主要是服用茅梅根等凉草煮制的汤药。好发季节略有不同一些人认为主要发病在夏季另一些人认为不论季节冬春都有可能。虽然村里有专门处理出丹的治疗者，但是普通家庭里一般都懂得出丹的诊断和处理办法。从西医的观点似乎难以将出丹做明确的疾病归类。

笔者曾翻阅资料，但很难在现代医学体系或是中医理论中找到可以对应"出丹"的一种疾病。出丹似乎更像是山河关于由热致病的集中体现，是山河极具地方特色的疾病观念。这可能和山河所处的自然地理环境有关。山河村所属的诏安县地处南亚热带海洋季风气候区,温和多雨、雨热同期、农作物生长期较长。春季多阴雨连绵;夏季长但多雷阵雨故无酷暑;秋季常受热带风暴的影响;冬季短,无严寒,干旱少雨。据《诏安县志》记载,1958—1996年,年平均气温在21℃以上,年平均降雨量1200～1800毫米,累年平均1442.3毫米,以6月份最多274.5毫米,12月份最少25.7毫米。平均年霜期仅有10.8天(福建省诏安县地方志编纂委员会1999:85-86)。如此温暖多雨的气候一方面造就了山河村多样的植被资源,成为山河人丰富草药知识的基础;另一方面,炎热的气候导致山河人对于热的特别认识,在山河人的病因观念,"热"是最常提到的关键词,各种祛热的食物在山河十分普遍。祛热不仅用于治疗疾病更是山河人日常保健的重要途径,因此能够祛热的各种凉草都做为山河人日常保健的饮品。

二、凉　　草

山河人使用的草药,大致可分为两类。一类是针对特定疾病具有疗效的"草药";另一类则是日常保健的"凉草"。凉草的作用主要是降火解暑,山河人称之为"吃凉",而由凉草煮出来的汤水——凉水,则是夏季山河人家中必备的祛暑降火的饮料。调查期间正值盛暑,村中修建房屋的工地旁的阴凉处一个大铁桶中有淡竹叶煮成的凉水,供工人饮用。在探访村民家时,热情的山河人也常用自家煮好的凉水招待。

山河人对于"凉草"的认识,虽因人而异,但村中无论男女老少都多多少少能说出几样常用的"凉草"名称,并且大都能够辨认。其中以老人和妇女对于凉草的知识最为丰富。据村中年长的妇女回忆,昔时采集、准备、烹制凉草的工作主要由妇女完成,所以特别是老妇人对于青草知识的掌握也就不仅是因生活阅历的丰富,还与性别分工有关。

第十一章
山河村的医疗保健系统

  凉草的采集非常方便,通常墙根边、房门下、大树旁就长着许多可用于吃凉的青草,用时出门即可采集。如果要一次采集较多,山河人通常就会上山寻找,采取后晒干备用。调查期间笔者就曾跟随村民一起上山采集凉草。

  通常凉水要用鲜草烹制,干草也可。烹制的方法很简单,一般是用单一凉草,洗净后放在清水里煮,水和草的比例没有特别要求,按照个人喜好添加即可,在快煮好时会加少许食盐或是砂糖、白糖、红糖,据说加盐降火的功效会更佳。目前被山河人广泛应用的凉草有以下几种,毛毡草(*Blumea hieraciifolia* (D. Don.) DC.)、截叶铁扫帚(*Lespedeza cuneata* G. Don.)、天胡荽(*Hydrocotyle sibthorpioides* Lam.)、车前草(*Plantago asiatica* L.)、淡竹叶(*Lophatherum gracile* Brongn)、苦草(*Vallisneria natans*)、灯笼草(*Clinopodium polycephalum* (Vaniot) C. Wu et Hsuan)、龙舌草(*Ottelia alismoides*)、茅莓(*Rubus parvifolius* L.)、地耳草(*Hypericum japonicum* Thunb. ex Murray)、马缨丹(*Lantana camara* L.)、马齿苋(*Portulaca oleracea* L.)、一枝黄花(*Solidago decurrens* Lour.)、白花蛇舌草(*Hedyotis diffusa* Willd.)、蓟(*Cirsium japonicum* Fisch. ex DC.)、毛大丁草(*Gerbera piloselloides* (Linn.) Cass.)、积雪草(*Centella asiatica* (L.) Urban)、球兰(*Hoya carnosa* (L. f.) R. Br.)、细花丁香蓼(*Ludwigia perennis* L.)、金丝草(*Pogonatherum crinitum* (Thunb.) Kunth)、百部(*Stemona japonica*)、地耳草(*Hypericum japonicum* Thunb. ex Murray)、乌桕(*Sapium sebiferum* (L.) Roxb.)、石胡荽(*Centipeda minima* (L.) A. Br. et Aschers.)、茶时黄(学名待查)、杉刺瘾(学名待查)、大金樱(*Rosa laevigata* Michx.)、桉(*Eucalyptus robusta* Smith)、水烛(*Typha angustifolia*)、忍冬(*Lonicera japonica* Thunb.)、铺地蜈蚣(*Lycopodium cernuum* L.)、金丝草(*Pogonatherum crinitum* (Thunb.) Kunth)、向天盏(学名待查)、风

柜斗草(学名待查)、马鞭草(Verbena officinalis L.)。[①]

三、民俗治疗法

  山河人在日常生活中积累了很多应对疾病的经验。往昔医疗卫生欠发达,村民患病首先寻求的往往是家庭处理,即在家庭层面上的自我治疗。家庭通常是第一个评估病情的地方,同时也是第一个决定治疗方案的场所。家庭层面的处理包括患者本身及其家庭、社会网络、所属社区提供的治疗措施。一般都是邻里间口耳相传或是依据个人经验,很少或几乎不参考典籍,也不记录,因而带有个体差异性。对于身体状况的判断和诊治体现出村民对于疾病的认识,也就是病因观,即如何理解身体和环境的关系。不同的文化体现出的病因观往往是有所不同的。除了对于"热"的重视,山河人对于其他身体症状的疾病诊断和治疗方法,也自有一套判断标准和措施。基于山河人对不同症状的致病原因的认知不同,治疗方法也有所不同。一部分症状是可以用草药医治的,民俗疗法的草药运用,最大的特点为单方用药,虽有一些特例,但绝大部分都是使用一种草药来医治。并且用量不定,通常依据个人经验判断。另一部分症状被认为是和超自然力量有关的,民俗疗法中也有相对应的治疗方法。对于日常常见的症状,山河人总结出了许多流行的民间疗法。

  在处理消化系统的不适,根据具体症状有不同的方法。通常肠胃不适可用车前草煮水服用。如果是胃酸过多就用南姜(Alpinia galanga (L.) Willd.)的根捣破后加盐晒干,煮水饮用。而治疗胃胀村民将青梅用盐水浸泡,浸好后,冲水服用。或是腌久了的萝卜干,一般至少储存三年以上就会呈现深黑色,取其流出的类似油状的液体,煮粥食用。针对孩童的腹胀腹泻,可以取米饭包在菜叶里放入

[①] 以上植物拉丁学名均参考中国植物志编委会 1959—1992。

灶里烧,烧成碳状,磨成后服用。或是茶油拌痱子粉,将其搅拌充分在肚脐上涂抹,据说非常有效。还有更简便的方法是直接将茶油涂在肚子上即可。

外伤的种类很多,所以处理外伤也有很多不同的办法。如果不慎被铁钉、竹片、玻璃等扎伤,可取天文草(Spilanthes paniculata Wall. ex DC.)若干捣碎取汁,加适量盐和蜂蜜调匀,敷在伤口上。处理烧伤、烫伤可将铺地蜈蚣烧成灰,敷在患处,或是将酱油淋在伤口处。

被蛇、虫等动物咬伤的治疗方法较多,如被毒蛇咬伤,将 ba：ba：hu：ai'(学名待查)捣碎,用布包住取其汁,冲酒服用。被狂犬咬伤有数种疗法,可将四叶鬼针草(学名待查)的叶子捣碎取汁加入乌糖饮用,渣滓敷于伤口处;或将夜香(Vernonia cinerea)捣碎,碎渣包裹在青壳鸭蛋外,放入火中烤熟或放入水中煮熟均可,再取鸭蛋食用;也可将夜香牛捣碎取汁服下;还可取七棵鱼腥草(Houttuynia cordata Thunb.)的根部和一个外壳完整的鸭蛋放入水中煮,煮熟后取汤,冲酒饮用;或者以银戒指在狗咬处刮,直至刮出血为止。如被蜈蚣咬伤,当地有一句俗谚"蜈蚣咬了,母鸡哈",意思就是如果被蜈蚣咬了,用母鸡的唾液涂抹于患处很快就会见效;或是取屋顶上的红砖瓦片,磨成粉,吐唾沫于其上,调匀涂抹于伤口上;也可用肥料(碳酸氢氨)敷在伤口上在水田里干活很容易被蚂蝗叮咬,蚂蝗的嘴是三角形的,叮了有麻醉作用,人没有感觉,被它叮咬之后有溶血的作用,即血无法凝固,伤口很难愈合。村民通常折斗笠上的竹叶,贴在伤口上,据说斗笠用越久效果越好。如果遇到蜜蜂叮咬,用黄土拌尿搅匀,取一些敷于伤口。

如遇鱼骨卡喉,最简单的办法是取白醋服下,用以软化骨头。或者用鳡鱼(当地称为水老虎)的鳍部在喉咙上卡住鱼刺的地方上下刮一刮;山河人认为水老虎是一种可以潜水很深,抓鱼本领很高的动物,所以用它的鳍在卡住鱼骨的部位上下刮过,可以刮走鱼骨。更为复杂的解决鱼骨卡喉的办法就是请风水先生来画化骨符(如图11-

1),通常是一符即见效。

对于跌打损伤,村民的治疗办法多是运用各种草药结合酒一同发挥功效。草药和白酒用量比例通常依照个人经验而定。如天文草就可取其叶,切碎或捣碎取汁,和鸡蛋同炒,加白酒冲服,有化瘀活血的功效;除此之外天文草直接煮水饮用,也有相应功效。另一种草药,马鞭草也可治疗跌打损伤,方法相对简单,只要将全草捣碎取汁,加酒冲服即可。而如果是由于过度劳累或是风湿导致的筋骨酸痛,村民通常是取晒干后的艾草泡酒,涂在疼痛的部位即可;泡酒的艾草有特别讲究,只有在端午节正午十二点时采摘的才有用,其他时间采摘一概无效。如果是急性腰扭伤,俗称"闪腰",可取白花蛇舌草捣碎,直接冲酒服用或取其煮水,等到快要沸腾时加酒服用。

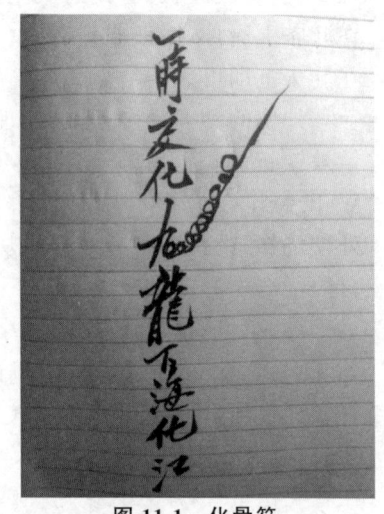

图 11-1　化骨符

对于各种身体内部疼痛的处理,村民也多用草药。一般的喉咙痛,村民认为主要是因"热"引起,所以要用凉性草药缓解。通常是取酸浆草(*Physalis alkekengi* L.)、枇杷(*Eriobotrya japonica* (thunb.)Lindl.)叶、天胡荽和香蕉树的根部这些很凉的草药煮水饮用,用量通常不定,一般凭经验。更严重的咽喉肿痛可使用铺地蜈蚣、白背叶(*Mallotus apelta* (Lour.) Muell. Arg.)、石豆兰(*Bulbophyllurn radiatum* Lindl.)煮水饮用。也可取向天盏捣碎取汁加蜂蜜调匀,将其包入纱布中,含在嘴中。如果被认定为扁桃体炎则可用地耳草煮水服用。对于脚部疼痛的症状,根据病因不同也有不同的治疗方法。脚后跟因骨刺引起的疼痛可用榕树露在外面的新鲜的根须煮水加盐,以水泡脚;或是将生姜切片,用酒精灯加热后,脚

第十一章
山河村的医疗保健系统

后跟踩在上面半小时,一天两次。风湿引起的疼痛可取艾草的叶子煮水饮用;或是用山蒟(*Piper hancei* Maxim.)和猪脚同炖,炖熟后取汤汁冲酒服用;也可涂茶油于双手,搓热捂在风湿痛的地方。痛风可取天文草和猪肉一起切碎,加盐放入油锅内炒至肉表面金黄,然后加入米,添入水蒸煮,待至熟透服用。

  村民对于牙痛的处理也有偏方,常要根据引起牙痛的原因进一步细分,一般分为蛀牙引起的疼痛和虚火引起的疼痛。如果是由于蛀牙引起的牙痛,治疗有两种方法,简单一些的方法就是取天云草(学名待查)捣汁加盐敷在牙齿上,天云草要选取白花品种,因为村民认为开黄花的有小毒。另一略为复杂的方法是首先准备三根青香蕉。特别注意的是要将其中两根各切成两段另外一根切成三段,一共切分七段,这一数字十分重要,因为村民认为七有辟邪的功能,然后取车前草,鲜草半两或者干草二钱半,天胡荽一两,材料准备好后将其放入清水中煮,两碗水煮七分,服下即可。但是这一方法有一特别禁忌就是煮制时不能让孕妇看到,否则药效就会丧失。但是如果患者是孕妇,只要煮制时孕妇不在附近,则这个方法依旧有效。虚火引起的牙痛具体疗法大致可分为以下几种。方法一:取 $wu\colon dʒa\colon ŋ\ pəu\ ga\colon ʼŋ$(学名待查)的"芯"("芯"即植物的尖末端)七个、$kŋai\ tsʼɔ$(学名待查)的"芯"七个,地耳草鲜草1两,捣汁去渣备用,同样准备三根青香蕉,其中两根各切成两段,一根切成三段,共七段,取天胡荽鲜草2～4两或者干草1两半、大叶艾草的根1两、淡竹(*Phyllostachys glauca* McClure)芯七个一起煮水,待冷却后,冲入刚刚调配好的药汁,加蜂蜜服用;此法同样忌熬煮时被孕妇看到,否则会失掉药效。方法二:取枇杷树的根部若干加白糖煮水饮用。方法三:取茶树(*Camellia sinensis* (L.) O. Ktze.)的根部若干煮水饮用。方法四:取荔枝树(*Litchi chinensis* Sonn.)的根部若干煮水饮用。方法四:取马胎(*Ardisia gigantifolia* Stapf)的根部若干加黑糖煮水饮用。

  皮肤上的症状也有对应的治疗方法。耳内生脓包可用虎耳草捣烂加盐后取汁滴在耳朵内。脚趾内侧瘙痒，可在泡脚水中加入醋。皮肤痒取香蕉皮擦于患处，或用鲫鳅钻（*Kadsura coccinea*）加盐煮水饮用。治疗鸡眼可用龙舌草（*Ottelia alismoides*）煮水饮用。若患上腮腺炎（俗称猪头皮）可以在病患处用毛笔或是红土画一个圈，里面写个"虎"字，山河人解释因为腮腺炎在当地方言中被称为"猪头皮"，而老虎捕食猪，因而写虎字于其上；也可用土蜂的窝捣碎，加入茶油或清水搅拌均匀，取一根鸡毛沾汁液涂在脸上，一天二至三次。另一种被村民称为"飞蛇"或"飞龙"的症状，是在腰间的皮肤上长出一颗颗红水泡，红肿且十分疼痛，慢慢发展为一片，最终有可能在腰间首尾相连；山河人认为飞蛇一旦首尾连贯，就会致命；但如果治疗有效，通常得一次就会终生免疫。飞蛇据村卫生所医生诊断，就是西医所指的带状疱疹。山河人治疗飞蛇主要有两种方法，其一是将小鱼仙草（*Mosla dianthera*（Buch.－Ham.）Maxim.）捣碎，用米酒冲，涂在患处；或姜切成片贴在"飞蛇"上，用香熏直至姜片被烤干为止。这种方法要在太阳落山前做，三天即可见效。另一种皮肤症状，当地称为"生瘰"，是指多生于颈部的一种肿块，也包括甲状腺肿大。山河人形容这种病为"一种皮肤肿痛，就是皮肤上，生红红的包，很痛"，认为瘰也是由热引起的。治疗的方法是用木芙蓉（*Hibiscus mutabflis* Linn.）与稀饭和在一起，涂于患处。但要注意的是稀饭必须是隔夜的才会有效。若是生疔，即在皮肤表面上长小红疖子，通常非常痛。治疗的方法是将蟾蜍的肝贴在患处，很快见效。若是"出痘"，即皮肤上长出一粒粒红色的脓包，像水珠一样。山河人通常会用一块布盖在患者的头上，然后从头顶将一筐炒熟的黑豆洒下来。村民称之为"出啥缺啥，缺啥补啥"。调查期间，遇到一位曾经出过痘的村民，她说，出痘时，就在家里的灶前放一竹筐，她站在竹筐里，取一把炒熟的黑豆从头顶倒下来，然后口中默念："保佑我出痘快好。"治疗出痘所用的豆子必须是黑豆，因为出痘痊愈后会留下一粒粒黑色的疤痕，所以用黑豆就意味着很快痊愈。若是"出糜"，表现为高烧不退，皮肤外面会长一粒粒的红肿小包，"糜"就是稀饭的意思，所以

第十一章
山河村的医疗保健系统

出糜就是指长出的小包像稀饭米粒一样。出糜时不能打针,不能吹风,要一直待在屋里,但可以进食。儿童很容易出糜,尤其是婴儿,出糜时眼睛总是很困,不愿睁开。一旦出糜,要将全身包起来,不能吹风,不能打针。因为山河人认为出糜是由于肝火旺,所以治疗对策就是要让火气发出来,而吹风或是打针会压抑火气外散,严重了会有生命危险。治疗的方法类似出痘,是用一块布盖在患者头顶,然后从头顶撒下一碗米饭。

妇女出现的症状,大都是在家中自行处理。如白带过多可用鸟仔豆(学名待查)煮水服用。若孕妇或身体羸弱的人因为被风吹到俗称受风而感到头晕,当地称这种症状为头风,此症可用艾草煮水口服。女人坐月子时受风导致的全身酸痛称为"月内风",可用水帘倒吊黄花(学名待查)煮水服用。如果女性月经期间出血过多,或其他原因失血过多,可用益母草煮水加盐服用。

眼病的处理村民也有相应方法。眼睛红肿可以取桑叶(Morus alba L.)煮水,将叶子微微煮烂,煮好后将叶子敷在眼睛上即可。如果眼睛红肿且有搔痒,灼烧感[①],可用桑叶煮水,待冷却,取汁冲洗眼睛,所煮桑叶用来外敷即可见效。另外山河人称一种眼部症状为"天文",而患上此病症即被称为"出天文"。出天文时眼睛红肿且非常痛,"眼睛肿得就好像要掉下来一样"。治疗天文先取一木桶,最好是旧时儿童洗澡用的杉木桶,盛一桶清水,在水中放一双竹筷,另备一个米筛,在米筛中放一银戒指。"出天文"的患者取米筛置于水桶上方,米筛下另一人持一捆干稻草,点燃熏患者的眼睛。患者自己持米筛,脸对着米筛摇晃它,拿稻草的人说:"天文男,一摇就轻松,天文女,一摇就好!"然后拿稻草的人用水里的那双竹筷做一个"夹"的动作,通常这时出天文的人眼睛里就会有丝掉到水中,掉入水中的丝会

[①] 可能是结膜炎,在调查采访期间,一位同学突发眼疾,被确诊为结膜炎,当地村民就指出这种症状可用此法治疗。

像油珠一样浮在水面,一颗颗黄色的,过后就会痊愈。如果出天文初期,肿痛并没有那么严重,就用天文草,弄碎,塞在鼻孔里即可。

儿童常常会遇到各种症状,比如受惊,孩童受惊可以从两个方面判断,其一,如果整夜啼哭,就有可能是受惊,而主要原因是有人大声说话,或是孩童看到打架、吵架等。其二,孩童如果受惊通常大便是酸的,跟"豆花"一样,很多颜色,花花绿绿。这时受惊的原因主要是因为被鸡、猪、狗这些动物吓到。孩童受惊需要收惊,主要有三种方法。其一,将一把大米包在布里,在门口处,向孩子的胸口拍三下即可。或者也可取一个斗,将孩童盖在身上的衣服放在斗里,然后将斗放在床底下。当太阳快要下山时,在门口烧三炷香,取出衣服盖在孩童身上,然后在门口喊:"精神回来"。还有一种方法是如果受惊的原因是在屋内,就要将孩子抱到在房间的四个角落,每个角落各拍胸口十二下,说:"精神还给孩子"。如果是在外面被鸡、狗、猪这些牲畜吓到,就在门口叫"精神还给孩子"十二次,如果刚好是闰月,就叫十三次即可收惊。如果晚上孩子哭闹不睡,可在房间内画符,将符烧掉化在一碗清水里,用榕树枝在房间各处播洒,没洒完的放在门边。

还有一种儿童常见的症状村民称为"受了她的胎"土语为 *tsai di : 'au*,是指三岁以内的孩童被孕妇抱了会不舒服,症状表现为拉肚子,且大便是绿色的。治疗方法是取两条线,一黑一白,线要跟孩子的身高一样长,将两条线捆在地瓜上,放在灶火里烤熟,烤完后,线不会断,将线取下,合搓成一条,戴在孩子的脚上或是手上,地瓜让孩子咬一口,剩下的喂狗。预防孩子"受了她的胎"的办法是在满月时让孕妇抱一下,从此则可免疫。

还有一些其他症状也有特别的处理方式。如脱发可用生毛将军煮水饮用,或将生毛将军和瘦猪肉一同下锅煮水服用。糖尿病、高血压取山苦瓜(*Momordica charantia* L.)洗净,晾干后加米酒浸泡,至少一个月后饮用,通常泡制时间越久效果越好。如肝火旺可用叶下珠(*Phyllanthus urinaria* L.)煮水服用。痰多可在稀饭中加入大粒的海盐食用,通常一碗就会见效。肝病的治疗可将蚬煮水食用。如果突然有不明原因的不舒服,山河人认为可能和"煞"有关,即"中土煞";"煞"是超自然的邪气,"土煞"即指这种邪气和土地有关。"中土煞"的原因主要有两种。其一是因为某人经过建筑工地时说了正在建筑房屋的人家的坏话,隔天就会莫名头痛,身体某处生出无名肿痛,一般医药都治不好,据说也是为了劝诫孩童做人的道理。另一种原因可能是经过山中或坟墓遇到邪气,突然生无名肿痛就有可能为中土煞。治疗的方法主要有两种,在太阳快要下山时,在门口焚香跪拜,或是取三只平时吃饭的瓷碗,分别放入一碗沙一碗米和一碗黄土,然后用黄纸将其分别封口反扣放在床下,第二天早晨将三只碗取出观察,如果发现沙、米、黄土分别少掉一半,即可确认中"土煞",继续此法,每夜放三碗于床下,隔天晨起观察,若沙、米、土不少则即康复。

四、地方医疗体系

偏方无法处理的疾病山河人必须求助于地方医疗体系,主要分为两大类,官方专业层面的医疗体系和民间医疗体系。官方医疗体系的直接提供者主要是指提供公共医疗服务的两家乡村诊所。按国家规定,每2000人口要配备一名乡村医生,主要负责村民的日常就医和公共卫生服务项目。民间医疗体系是由山河一些半合法的甚至是非法的治疗者,以非正式的方式提供治疗措施。山河的乡土郎中是民间医疗体系中重要的组成部分,他们大多祖传行医,治疗某一种疾病或某一类疾病有一定的疗效,而受到村民的欢迎。

(一)官方专业层面的医疗体系

官方专业层面的医疗体系主要是国家建构的农村新型合作医疗体系。主要提供者是两家乡村诊所。

1. 乡村诊所

山河村拥有两家诊所,都是国家许可的私人经营诊所,同时也都兼任药铺的功能。两家诊所共同承担山河村的医疗救治和公共卫生服务。

沈辉煌是其中一家诊所的医生,从1992年起就开始和其妻一起经营诊所。起初其妻是诊所中的接生员和保健员,后来外出打工,诊所就由沈辉煌一人经营,肩负了看病打针的工作,也就是既充当医生的角色同时也履行护士的职责。沈辉煌医生毕业于漳平卫校,2008年在龙岩卫校学习中医专业,去年刚刚毕业,获得中专学历。调查期间沈医生正在考取助理医师职称[①]。2002年当地开始推广新型农村合作医疗体系,乡村诊所被纳入体系中并制定了一系列资质考核规则。沈医生的诊所通过了考核拿到相关证件,于当年正式加入新农合的范畴。

据沈辉煌医生介绍,国家在《中国农村乡村医生管理条例》中规定,卫生室的工作主要有两部分,一是公共卫生,另一是日常的出诊治疗。其中公共卫生主要包括:健康档案(全村8岁以上的村民都要参加)、计划免疫宣传、药物不良反应报告、传染病的报告、健康教育宣传(每一间卫生所必须有一个块专栏专门用于宣传)、母婴保健等。每年上级卫生院会进行检查,只有各项都达标,诊所才能获得8000元的国家补贴。平时来诊所求诊的村民大都是罹患日常比较常见的普通疾病,如果经过诊断怀疑为比较复杂的疾病,沈医生就会推荐村民去更高一级的乡镇医院做进一步的治疗。如果一段时间来就诊的村民患某种疾病的比例特别高,还要向上级卫生院汇报村里患病情况。除日常门诊外,每天沈辉煌医生都要背上医药箱去所负责的辖区内村民家中,为患有慢性病的村民检查身体,更新药品。

毕业于漳州卫校的沈勇民是山河另一家卫生所的医生,经营村

[①] 据沈医生介绍,医生的职称高低顺序为:助理医师→执业医师→主治医师→副主任医师→主任医师。所以最低一级的职称是助理医师,乡村医生是"有名无份"的,乡村医生只能在本地行医,跨界或是去外地就算非法。

卫生所30多年。卫生所的药工起初是由沈勇民医生的妻子担任，现在则由他的末子沈细剑接手。药工主要职责是按处方配药，但实际他也负责打针量体温以及一些常见病的诊断。在调查期间曾见沈细剑医生为喷洒农药过敏而在诊所静脉注射的中年男子拔针，后来还为一位妇女量了血压。同沈辉煌医生一样，沈勇民医生通常都会出诊，除了病人有要求出诊外，在对一些慢性病和年老者的健康档案的填写都会亲自到患者家中，为其体检或诊治，并且还会定期检查慢性病患的服药情况和身体状况。

2. 新型农村合作医疗

村中两家诊所提供的医疗服务都是新型农村合作医疗体系（以下简称新农合）的一环，是为农村提供专业医疗救护的保障。新农合是指由政府组织、引导、支持，农民自愿参加，个人、集体和政府多方筹资，以大病统筹为主的农民医疗互助共济制度。采取个人缴费、集体扶持和政府资助的方式筹集资金。凡属本县农业户口，以户为单位，按户实际人数参加新农合，实行一村一册，一户一证。五保户、低保户、重点优抚对象（计生二女户、独女办证户）由其笔者先行缴纳60元个人基金后，县民政局、计生局再根据救助对象给予补助。参

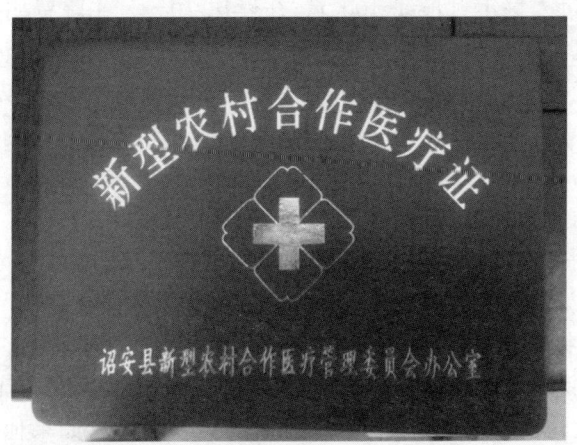

图11-2　诏安县新型农村合作医疗证

合农民可持《新型农村合作医疗证》在全县范围内各定点医疗机构就医,在县外的须往该地区的定点医疗机构。新农合医疗补助范围一般有治疗费、药费、检查费、检验费、手术费等住院药费。补偿模式采取分类补偿即住院补偿、普通门诊补偿和特殊门诊补偿。列入新农合门诊统筹补偿的病种共二十七种,主要是慢性病的特殊门诊报销补偿,包括:糖尿病、二级以上高血压(含中风)、恶性肿瘤化学治疗和放射治疗(含白血病)、重症尿毒症透析、重性精神病治疗、系统性红斑狼疮、器官移植抗排异反应治疗、慢性心功能不全、再生障碍性贫血、癫痫症、血友病、结核病(辅助治疗)、苯丙酮尿症、支气管哮喘、儿童听力障碍、脑卒中及后遗症、不孕不育症、慢性肾炎、肝硬化(失代偿期)、重症肌无力类、风湿关节炎、强直性脊柱炎、帕金森氏病及综合症、胃或十二指肠溃疡、慢性阻塞性肺疾病(含慢性支气管炎)、慢性病毒性肝炎(乙型、丙型活动期)、甲状腺功能亢进。

门诊报销比例依据情况不同而有所不同,特殊病种门诊费用补偿起付线本县为0,县外先行负担10%的补偿费用后再按本县内规定进行补偿。如特殊门诊在定点医疗机构诊治的补偿比例70%～80%。而如果是普通门诊,补偿不设起付线,次均门诊补偿限额100元,并且每人每年封顶线400元,补偿比70%。住院费用报销各定点医疗机构起付线、报销比例均不同。起付线根据医院级别从0元到600元不等,报销比例为65%～95%,封顶线100000元(详见表11-1)。关于补偿期限,当年度出院跨年度办理补偿手续的时间截止至次年的3月31日,慢性特殊门诊截止时间为次年1月31日,过期视为自动放弃补偿(诏安县卫生局2013:1—3)。

举例来说,如山河村某人患糖尿病进行检查。按照新农合规定,糖尿病在慢性病的特殊门诊报销补偿范围之内,所以如果他在本县内医院(乡镇卫生院、县医院、妇幼所、华侨医院、协和医院、中医院)就诊,持新农合医疗证,门诊花费报销不设最低值,从0元起,均可报销。若他这次门诊花费100元,则报销70～80元;如果他在县外医院就诊,报销费用个人先多负担10%即报销60～70元,然后回本县卫生院按规定补偿个人多负担的10%。若他感冒了，需要看普通门诊，不论县内外医院，一律不设起付线，每次最多报销100元，每年最多报销400元。如果某人需要住院医治，以在中医院医治为例，假设某人花费1000元，中医院的起付线为200元则超过起付线可以报销，报销比例为88%，即报销880元，则个人承担120元。报销最多不超过100000元。

表 11-1 诏安县新农合医疗费用报销规定一览表

定点医疗机构	起付线（元）	报销比例	封顶线（元）
乡镇卫生院	0	95%	100000
县医院 妇幼所 华侨医院 协和医院	200	85%	100000
中医院	200	88%	100000
县外及以上医疗机构	600	65%	100000
漳州福康医院	200	85%	100000
安定康复医院	每人日床位费80元		100000

（二）民俗医疗体系

民俗医疗体系通常包括两个方面：拟人论体系（personalistic）和自然论体系（naturalistic），两者都是根据病因观的不同而划分的。拟人论体系将疾病解释为超自然力量的干预，人之所以会生病是受到超自然力量的影响；自然论体系将疾病归因于外部环境，生病是由于外部环境对人产生影响破坏人体平衡造成的。民俗医疗者提供的治疗通常是半合法甚至是非法的，他们没有国家认可的资格，以非正式的方式行使治疗措施。土医生的用药通常都是"验方"，即经过多次验证有效的，但是土医生一般都不具备系统的医疗知识，因而施治很难做到因人而异。山河村的民俗疗者主要分为以草药医治的治疗者和以巫术医治的治疗者两类。

1. 草医

山河人称呼用草药治疗的乡村土医生为"裤头方"或是"烟壳先生",生动描述了他们行医无正规的诊所,也无正规的处方,"拿起烟壳就可以开方"的特点,也说明了他们的生存现状。草药医生和一般村民一样,依靠务农和外出打工维持生计,治病并没有成为他们的主要收入来源,他们的身份也并非专职医生。山河村草药医生(下文简称草医)不收取任何费用,所开草药也是自己上山采的,有些病人会在事后赠送一些礼物表示感谢。山河村大约有6位草医,他们的医术在村民间口耳相传,声誉很高。不但本村村民会来寻医问药,附近村民或是外地人也会来此求方。

草医一般各自有对于某种病患的独家秘方,不同于对传统草药治疗效果慢的刻板印象,草医所开药方通常只需几副就可药到病除,甚为有效。因而山河村人在各种医疗体系间选择时,草医的独家秘方常是择医的优先选择。草医用药多来自于本地山上所产植物。一般不论干鲜,所用量也不十分精细。另外药方中有时会用一些非植物类元素,如"红肉"(即瘦猪肉)常常出现在他们的药方中。

最常被村民提到的草医是现年70多岁的沈美顺。据称专治各类跌打损伤。他是村上老人会的成员,平时以务农为主,曾外出打工过,现在除务农外,也参加老人会组织的拆除房屋及清扫道路工作。沈美顺并非本村出生,20多岁时招赘来到山河村。他原本是饶平县黄仓村人,据说他的医术是继承了妻家的祖传医方,牙痛喉痛、男女败肾、皮肤疾病、关节炎、坐骨神经痛、跌打损伤、内外痔疮、无名肿毒、中暑吐泻等(见图11-3)。沈美顺在乡村的影响力不可小觑。他的医术在村中几乎人人称赞,口耳相传,外村甚至更远的外县市的人都有来求助的。而其中有很多是被大医院的医生宣判无救或是一些多年无法治愈的顽疾。在探访沈美顺时,就曾遇到外地来的求医者。通常他开的药都是他自采的本村山上所产的青草。他看病通常不收分文,他说:"为取草药改民忧"。

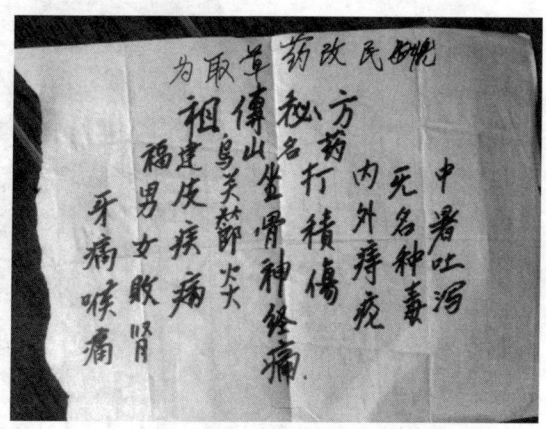

图 11-3　草药医生沈美顺主治疾病

山河的另一位村民年过花甲的沈火胜,现在负责全村的垃圾清理和转运处理,他的医术也同样来自于祖传,专治"出丹",兼治一些跌打损伤。同村里流行的判断"出丹"的方法不同,他通过诊脉判断。所开药方也不是单一用药,而是多种草药组合而成。因为医药知识是祖传的缘故,他会将草药捣碎,药效还在,可是无法辨认药草种类。祖传秘方是土医生的看家本领,也是不可为外人道的终极秘密。

村中还有一位很特别的草医是 76 岁的沈米忠,他 13 岁从军,曾经参加过朝鲜战争,在部队里学过中医,受过医疗训练,另一方面他曾和本村的土医生学习一些医疗知识,同时也使用民俗疗法治疗疾病。因而他的医治手段兼具传统中医治疗和民俗治疗的特点,常常使用传统中医的针灸、刮痧、拔火罐等疗法,运用很多中医专业器械,如银针、梅花针等。他所使用的草药,部分来自本村山上,但主要来源于自行开垦的一片地,种植各类中草药。同时他对于草药的认知(包括名称、用法等)和山河的土医生一致。他开药方也不同于传统中医用量精确,各种药的比例配置大概即可。他在当地小有名气,很多人慕名而来寻求治疗。他擅长治疗癌症,但他能治的癌症必须是外部器官的癌变,比如皮肤、乳腺等。他的方法是将配制好的草药捣碎,敷在相应的皮肤部位,另配合经过长时间自制的草药泡制的药酒,涂在患处,经过一段时间,便可治愈。但前提是患者不能经过手术,因为他认为癌症的"孔苗"在血液中,切除局部是没有用的,反而会将"孔苗"更多的扩散到血液中,就很难救治了。他治病通常一副药仅收10到20元钱。

图11-4 草药医生的药瓶

2. 巫医

巫医即通过巫术提供治疗的医者。山河村曾有一位乩童,很善治病,但现在已经去世,并且没有后继者。山河村村民寻求巫医治疗通常有两个途径,一是村中有位择日画符的沈振培,二是邻村的乩童①。

沈振培是村里有名的择日人,通常村民遇到大事情需要选日子时都会找他。他不仅会择日,画符也很擅长,两者均是祖传。他会画各种符,但平时主要画化骨符、安胎符和治猪头皮的符,这三种符最有效。治猪头皮一般画一两次就会痊愈,化骨符一符见效。画化骨符时要到室外无遮挡的地方,因为画符要对着天空才有效,画符时要准备毛笔和黄纸,在其上一气呵成,最后要用毛笔的后端在符上重重一盖,赋予符灵力。画好之后,将符用火烧成灰,化在一碗清水里服

---

① 受调查时间、精力所限,本人未能探访邻村的乩童并做观察及访问,也因此无法多做描述,但村民多称邻村乩童专门帮人看病,每次收费数十元不等。

下,立即见效(见图11-1)。

五、山河村人的健康问题

据山河村户籍资料统计显示,目前山河村总人口约为3095人,其中男性1615人,占总人口的52.18%,女性1480人,占总人口的47.82%。自2010年起山河村开始对全村8岁以上村民进行《居民健康档案》(以下简称《健康档案》)的建档工作。《健康档案》由各级卫生院负责,乡村卫生所具体执行。建档的工作属于公共卫生的一部分,每年村卫生所要向乡镇卫生院上报《健康档案》两次,并计入乡镇卫生院对村卫生所的年度考核里。到目前为止,山河村共建《健康档案》2348份。根据《健康档案》显示,目前山河村人患慢性病主要包括高血压、糖尿病、慢性阻塞性肺病、结核病、肿瘤、重性精神疾病,共计271人。其中高血压患者为197人,糖尿病患者为37人,两者占总慢性病患者的86.34%,是山河村人罹患慢性病最主要的类型。

(一)高血压

山河村共197名高血压患者,占全村总人口的6.36%,是最多的慢性病类型,其中男性109名,占全部高血压患者的55.3%,女性87名,占全部高血压患者的44.2%,性别不明者1人。患者男女比例和全村男女人口比例(男52.18%,女47.82%)[①]基本吻合。其中男性患者比例稍大于男性人口比例,女性患者比例稍小于女性人口比例,这可能和男性接触烟酒的频率大于女性有关。类比于卫生部公布的全国农村高血压比例38.5‰即3.85%(国家卫生和计划生育委员会2013:79),山河患高血压病人比例高于全国平均水平。

高血压患者年龄最小的15岁,最大的89岁。患者主要集中在

---

① 数据来源可参见本书《山河村的人口与家庭》一章。

41岁到80岁之间。基本符合高血压高发年龄范围。41岁到70岁范围内,随着年龄的增高,人数呈上升趋势,符合罹患高血压的机率和年龄的正相关关系(如图11-5)。就不同年龄组男女比例分布来看。高血压患者主要集中的41到80岁年龄段,共有患者174人,占总患者数的88.32%。其中男性为96人,占该年龄段患者总人数的55.17%,女性为78人,占该年龄段患者总人数的44.83%。值得注意的是,在20岁以下年龄段,罹患高血压的有3人,分别为15岁、17岁和18岁,是遗传或是后天原因则不得而知(如表11-2)。

表11-2　山河村不同年龄段男女罹患高血压人数统计表

		性别		合计
		男	女	
年龄	20岁以下	2	0	2
	21～30	1	2	3
	31～40	4	2	6
	41～50	22	12	34
	51～60	26	20	46
	61～70	29	26	55
	71～80	19	20	39
	81～90	6	5	11
合　计		109	87	196

在所有患者中,病史最久的为12年,最短的为1年。在全部病史统计中,病史为三年内的患者占总患者人数的81.3%,比例极高,主要是因为山河的《健康档案》的建立是从2010年底开始的。大部分村民在接受了健康普查之后才得知自己患病的情况,之前并不知情。因而医生在记录时就将这些患者的病史从当时算起。因为高血压并不见得都能引起症状,所以在没有引发症状之前,不容易被发现(见图11-6)。

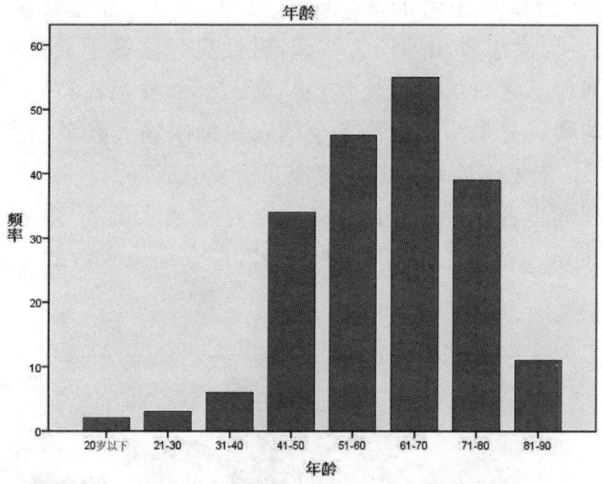

图 11-5　山河村不同年龄段村民罹患高血压频率图

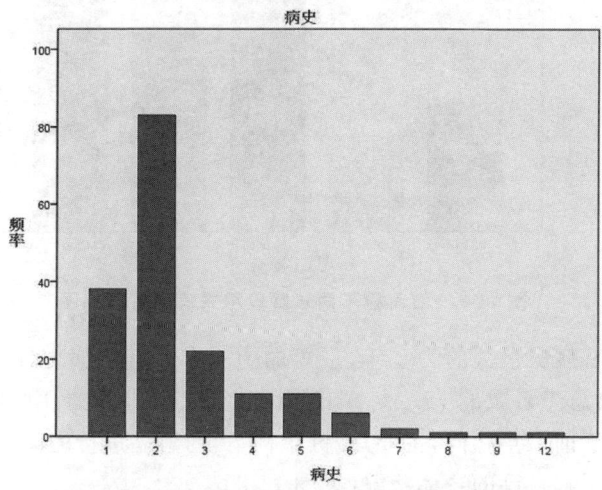

图 11-6　山河村高血压患者不同年数病史频率图

（二）糖尿病

山河村糖尿病患者 37 人，占全村总人口的 1.2%。其中男性 20

人，占全部糖尿病患者的54.05%，女性17人，占总糖尿病患者的45.95%。男女患者相差仅为3人，男性患者略多于女性患者，基本符合山河村总人口的两性比例（男：52.18%，女：47.82%）[1]，两性患者分布均衡。总患病人数高于全国农村糖尿病人数平均水平4.8‰即0.48%（国家卫生和计划生育委员会 2013：79）。

糖尿病患者年龄最小的为42岁，年龄最大的为89岁。主要年龄集中在60岁到90岁之间，共31名，占全部患者数的38.78%（见图11-7）。

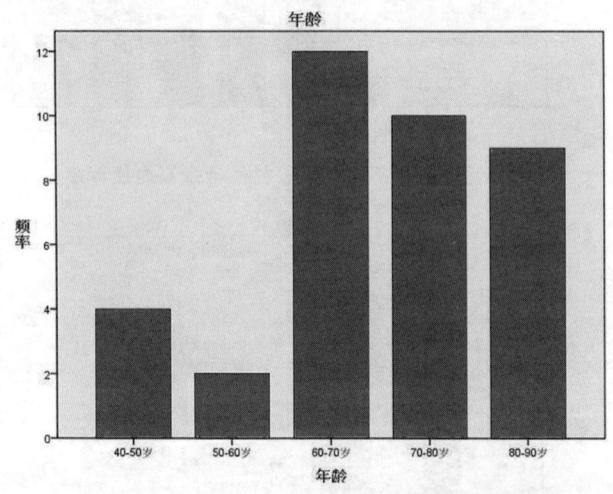

图11-7 山河村不同年龄段糖尿病患者频率图

患者病史最久的为9年，最短的为1年。其中病史在二年内的最多，占总患者数的72.2%。其原因和上文所提到的高血压患者病史集中于前三年相同，主要是《健康档案》的建立进行的健康普查，使得村民了解自己的身体状况（见图11-8）。

---

[1] 数据来源可参见本书《山河村的人口与家庭》一章。

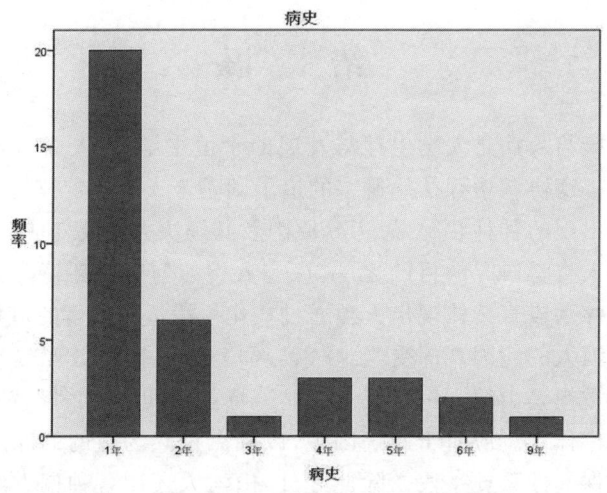

图 11-8　山河村糖尿病患者不同年数病史频率图

就不同年龄组男女比例分布来看。糖尿病患者主要集中年龄段,即 60 到 90 岁之间,共有患者 31 人。其中男性 15 人,占该年龄段患者总人数的 48.39%,女性 16 人,占该年龄段患者总人数的 51.61%。但其中 80 岁到 90 岁之间,男性仅为 2 人,女性为 7 人。相差相对较大。这和 80 岁以上人口女性比例较大有关(见表 11-3)。

表 11-3　山河村糖尿病不同年龄段男女人数统计表

		性别		合计
		男	女	
年龄	40～50 岁	3	1	4
	50～60 岁	2	0	2
	60～70 岁	7	5	12
	70～80 岁	6	4	10
	80～90 岁	2	7	9
合　计		20	17	37

结　语

健康与疾病是人类生存与发展的永恒主题,而人面对环境要保持身体平衡协调达到祛病避害的追求则是全人类都重视的。如此应对身体出现的种种状况,思考其原因及其解决办法就变成首要之举。这也是人类学研究的目的之一,探究人类如何应对环境。其中病因观和治疗手段直接体现出人类通过文化手段适应环境的过程。

山河人的病因观深受当地气候环境影响,因位处亚热带对于热的特别重视是山河人医疗观念的显著特点。其中"出丹"就是这一特点的集中体现。应对于此病因观,以降火祛热为目的的凉水是山河人日常保健的重要手段。除此之外,山河人还用各种偏方解决身体出现的症状。往昔现代医疗卫生欠发达,运用偏方在家庭内处理往往是村民患病首先选择的解决方案。偏方多治疗常见疾病,如消化系统疾病、外伤、身体内部疼痛等。在偏方无法奏效的情况下,山河人必须求助于地方医疗体系。官方的和非官方的医疗体系为山河人就医提供了保障。官方专业层面的医疗体系主要是国家建构的农村新型合作医疗体系。主要提供者是两家乡村诊所。非官方的医疗是由山河的民俗疗者提供的医治方案。山河的民俗疗者主要包括草药医生和巫医两类。

随着时代的变迁,山河民间偏方渐渐成为只有老一辈人才掌握的地方知识,民俗疗者的医术也面临着后继无人的困境。在医疗技术昌明的今天,仍旧有许多现代医学无法治愈的疾病,研究整理这些宝贵的地方智慧有其价值。

参考文献

国家卫生和计划生育委员会
　　2013　中国卫生和计划生育统计年鉴(2013)。北京:中国协和医科大学出版社。
诏安县卫生局(编)
　　2013　诏安县新型农村合作医疗。
中国植物志编委会
　　1959—1992　中国植物志(1－71卷)。北京:科学出版社。
诏安县地方志编纂委员会(编)
　　1999　诏安县志。北京:方志出版社。

附录一

《居民健康档案》封面

编号 350624-□□□-□□□-□□□□□

居民健康档案封面

姓　　名：_____
现 住 址：_____
户籍地址：_____
联系电话：_____
乡镇（街道）名称：_____
村（居）委会名称：_____

建档单位：_____
建 档 人：_____
责任医生：_____
建档日期：_____年___月___日

诏 安 县 卫 生 局 制

附录二

《居民健康档案》表单目录

居民健康档案表单目录

- 1. 居民健康档案封面
- 2. 个人基本信息表
- 3. 健康体检表
- 4. 重点人群健康管理记录表（卡）（见各专项服务规范相关表单）
- 4.1　0~6岁儿童健康管理记录表
- 4.1.1　新生儿家庭访视记录表
- 4.1.2　1岁以内儿童健康检查记录表
- 4.1.3　1~2岁儿童健康检查记录表
- 4.1.4　3~6岁儿童健康检查记录表
- 4.2　孕产妇健康管理记录表
- 4.2.1　第1次产前随访服务记录表
- 4.2.2　第2~5次产前随访服务记录表
- 4.2.3　产后访视记录表
- 4.2.4　产后42天健康检查记录表
- 4.3　预防接种卡
- 4.4　高血压患者随访服务记录表
- 4.5　2型糖尿病患者随访服务记录表
- 4.6　重性精神疾病患者管理记录表
- 4.6.1　重性精神疾病患者个人信息补充表
- 4.6.2　重性精神疾病患者随访服务记录表
- 5.　其他医疗卫生服务记录表
- 5.1　接诊记录表
- 5.2　会诊记录表
- 6.　居民健康档案信息卡

图书在版编目(CIP)数据

闽南山河人的社会与文化/余光弘,杨晋涛,杨洁琼主编.—厦门:厦门大学出版社,2015.6
(厦门大学人类学与民族学系田野调查报告丛书)
ISBN 978-7-5615-5590-3

Ⅰ.①闽… Ⅱ.①余…②杨…③杨… Ⅲ.①乡村-社会调查-调查报告-诏安县 Ⅳ.①D668

中国版本图书馆CIP数据核字(2015)第119908号

官方合作网络销售商:

厦门大学出版社出版发行

(地址:厦门市软件园二期望海路39号　邮编:361008)
总 编 办 电 话:0592-2182177　传真:0592-2181253
营销中心电话:0592-2184458　传真:0592-2181365
网址:http://www.xmupress.com
邮箱:xmup @ xmupress.com

厦门市明亮彩印有限公司印刷

2015年6月第1版　2015年6月第1次印刷
开本:880×1230　1/32　印张:11.25　插页:2
字数:320千字　　印数:1~2 000册
定价:34.00元

本书如有印装质量问题请直接寄承印厂调换